谨以此书献给各位师长和我的家人

本书获广东省高水平大学建设项目
暨南大学"华侨华人与国际问题研究"学科组团建设经费资助

广东省哲学社会科学特别委托项目

世界视野下的广东近代移民潮"（项目编号：GD13TW01 - 1）阶段性成果

教育部人文社会科学重点研究基地
Key Research Institute of Humanities and Social Sciences at Universities

暨南大学华侨华人研究院
Academy of Overseas Chinese Studies in Jinan University

国家出版基金项目
NATIONAL PUBLICATION FOUNDATION

GZC 高校主题出版
GAOXIAO ZHUTI CHUBAN

· 世界华侨华人研究文库 ·

延续与变革

1949—1956年广东侨批业管理政策研究

张小欣 著

暨南大学出版社
JINAN UNIVERSITY PRESS

中国·广州

图书在版编目（CIP）数据

延续与变革：1949—1956年广东侨批业管理政策研究/张小欣著．—广州：暨南大学出版社，2017.6
（世界华侨华人研究文库）
ISBN 978 - 7 - 5668 - 2140 - 9

Ⅰ.①延…　Ⅱ.①张…　Ⅲ.①侨务—外汇—史料—广东—1949—1956
Ⅳ.①F832.6

中国版本图书馆 CIP 数据核字（2017）第 131789 号

延续与变革：1949—1956 年广东侨批业管理政策研究
YANXU YU BIANGE：1949—1956 NIAN GUANGDONG QIAOPIYE GUANLI ZHENGCE
YANJIU
著　者：张小欣

出 版 人：徐义雄
策　　划：黄圣英
责任编辑：黄　球
责任校对：黄佳娜
责任印制：汤慧君　周一丹

出版发行：暨南大学出版社（510630）
电　　话：总编室（8620）85221601
　　　　　营销部（8620）85225284　85228291　85228292（邮购）
传　　真：（8620）85221583（办公室）　85223774（营销部）
网　　址：http：//www. jnupress. com　http：//press. jnu. edu. cn
排　　版：广州市天河星辰文化发展部照排中心
印　　刷：广州家联印刷有限公司
开　　本：787mm×1092mm　1/16
印　　张：12
字　　数：210 千
版　　次：2017 年 6 月第 1 版
印　　次：2017 年 6 月第 1 次
定　　价：55.00 元

（暨大版图书如有印装质量问题，请与出版社总编室联系调换）

总　序

在 20 世纪，华侨华人问题曾经四次引起学术界关注。第一次是 20 世纪初关于南非华工的问题；第二次是"一战"后欧洲华工问题；第三次是五六十年代东南亚国家出现的"排华"问题；第四次则是 80 年代中国经济崛起与海外华侨华人关系的问题。每次华侨华人研究成为研究热点时，都有大量高水平研究著作问世。

进入 21 世纪以来，随着全球化进程的加速和中国国际化水平的提升，海外华侨华人与中国的发展日益密切，华侨华人研究掀起了新一轮高潮。华侨华人研究机构由过去只有暨南大学、厦门大学、北京大学、华侨大学等少数几家壮大至目前遍布全国的近百所科研院校，研究领域从往昔以华侨史研究为主，拓展至华人政治、华人经济、华商管理、华文教育、华人文学、华文传媒、华人安全、华人宗教、侨乡研究等涉侨各个方面，研究方法也逐渐呈现出多学科交叉的趋势，融入政治学、历史学、社会学、民族学、教育学、新闻与传播学、经济学、管理学、法学等学科方法与视角。与此同时，政府、社会也愈益关注华侨华人研究。国务院侨办近年来不断加大研究经费投入，并先后在上海、武汉、杭州、广州等地设立侨务理论研究基地，凝聚了一大批海内外专家学者，形成了华侨华人研究与政府决策咨询相结合的科学发展机制。而以社会力量与学者智慧相结合的华商研究机构也先后在复旦大学、清华大学等地成立，闯出了一条理论研究与社会实践相结合的华侨华人研究新路径。

作为一所百年侨校，暨南大学在中国华侨华人研究中具有特殊的地位。暨南大学创立于 1906 年，是中国第一所华侨高等学府。华侨华人研究是学校重要的学术传统和特色。早在 1927 年，暨南大学便成立了南洋文化事业部，网罗人才，

开展东南亚及华侨华人的研究，出版《南洋研究》等刊物。1981 年，经教育部批准，暨南大学在全国率先成立华侨华人研究的专门学术机构——华侨研究所，由著名学者朱杰勤教授担任所长。1984 年在国内招收首批华侨史方向博士研究生。1996 年后华侨华人研究被纳入国家"211 工程"1—3 期重点学科建设行列，2000 年获批教育部人文社会科学重点研究基地（华侨华人研究）。暨南大学于2006 年成立了华侨华人研究院，并聘请全国政协常委、国务院侨务办公室原副主任刘泽彭出任院长和基地主任。2011 年，学校再次整合提升华侨华人研究力量，将华侨华人研究院与国际关系学系（东南亚研究所）合并成立国际关系学院/华侨华人研究院，继续聘请刘泽彭同志出任华侨华人研究院院长和基地主任，由华侨华人与国际问题研究知名专家曹云华教授出任国际关系学院院长兼华侨华人研究院执行院长。同时，学校还加大科研经费投入，努力打造"华侨华人研究优势学科创新平台"。研究院在加强自身科研能力的基础上，采取以研究项目、开放性课题为中心，学者带项目、课题进院的工作体制，致力于多学科和国际视野下的前沿研究，立足于为国家的改革开放和现代化建设服务，为社会服务，为政府决策咨询服务，努力将之建设成为世界一流的学术研究机构和人才培养基地。

值华侨华人研究在中华大地百花齐放、百家争鸣之际，为进一步彰显暨南大学科研特色，整合校内外相关研究力量，发掘华侨华人研究新资源，推动华侨华人研究学科的发展，暨南大学华侨华人研究院在 2012 年推出了"世界华侨华人研究文库"。文库的著作多为本校优势学科的前沿研究成果，作者中既有资深教授、学科带头人，也有学界新秀。他们的研究成果从多学科视野探索了国内外华侨华人研究的一些新问题、新趋势，具有较高的学术价值和现实意义。截至 2016年年底，文库已经出版三批 23 本，在华侨华人研究领域引起了不错的反响。

2015 年 6 月，暨南大学入选广东省高水平大学重点建设高校，"华侨华人与国际问题研究"成为学校高水平建设重点支持的一个学科组团。为了进一步发挥暨南大学的华侨华人研究优势，学院决定继续组织出版这套丛书。丛书的经费来源从之前的"211 工程"和暨南大学"华侨华人研究优势学科创新平台"变为广东省高水平大学建设暨南大学"华侨华人与国际问题研究"学科组团，编委会

也随人员变动做了一些调整。

　　本套丛书的出版得到学校领导的大力关心与支持。国际关系学院/华侨华人研究院领导与部分教师特别是高水平大学建设学科组团中的华侨华人与跨国移民研究团队的教师们也付出了艰辛的劳动，他们在策划、选题、组稿、编辑、校对等环节投入大量精力。同时，暨南大学出版社对丛书出版也给予高度重视，组织最优秀的编辑团队全程跟进，并积极申报国家出版基金项目，获得立项资助。在此，我们对所有为本丛书出版付出宝贵心血与汗水的同仁致以最衷心的感谢！

　　在前面三批的总序中，我们表示"期盼本丛书的出版能在华侨华人研究领域激起一点小浪花"。现在看来，已部分达到了目的，尽管如此，我们仍坚持不忘初心，继往开来，汇聚国内外华侨华人研究的朵朵浪花，把这套文库办成展现全球华侨华人研究优秀成果的一个重要平台。

《世界华侨华人研究文库》编委会

2017 年 6 月

序　言

　　跨国移民是一种世界性现象，从古代国家产生到当下，跨国移民一直都伴随着人类生活。由于跨国移民的出现，移民输出国与移民接受国在空间上便联结起来。这其中，侨汇就是两者联结的重要纽带。

　　侨汇即侨民汇款，泛指海外侨民向移出国的各类汇款，属国际移民研究的主要课题之一。2005年世界银行曾出版《2006年全球经济展望：移民及其汇款的经济影响》报告，详尽地讨论了国际移民与世界经济发展的关系。时任世界银行行长保罗·沃尔福威茨在该书前言中指出："移民流动的前景对于发展是关键的。发展中国家通过移民寄往家中的钱（汇款）和其本国劳动力市场压力的降低以及以此与国际市场相联系而获得其先进技术而受益。"此外，在前言中他还说："《2006年全球经济展望》指出，良好的国内政策和投资环境是多么地重要。它能够显著地增强汇款和移民的作用，改善其家庭的生存状况。"毫无疑问，对于各国移民家庭，侨汇是改善留在原居国的亲属家庭生活的外来经济来源，其数量的多少决定着家庭生活的质量。而对于移民移出国而言，大量的侨汇收入，会显著改善其国家的国际收支状况，在某些国家甚至成为其保持国际收支平衡的主要方式。

　　在近代中国，侨汇曾经在中国国际收支上发挥着举足轻重的作用，尤其是在1920—1940年期间，侨汇构成旧中国最重要的外汇来源，对近代国民经济有不可替代的影响。1949年中华人民共和国成立后，面临西方对华封锁，侨汇成为当时中国极端稀缺的硬通货的主要来源。与此同时，中国政府实施的各种侨汇政策，在当时很大程度上决定了侨汇进入中国大陆的数量和方式。其成败得失，值得今人深刻反思。

　　从学术角度看，华侨汇款是华侨华人历史研究的重要内容之一，也是近现代广东、福建、海南、广西等沿海移民大省社会经济史和近现代中国经济史研究的重要内容之一。定居国外的侨民汇款对本国经济产生影响，在世界很多国家和地区或多或少都有所表现。但是其影响的范围和程度之大，莫若近现代中国的海外华侨汇款。在近代时期，华侨汇款不仅维持和改善了粤闽两省百千万侨眷的生活，促进了东南沿海侨乡的经济发展和社会变迁，而且有力地支持了中国的近代民族民主革命和地方经济建设，有效地促进了近代中国国际收支平衡。在现代时期，海外华侨汇款从各方面支援了新中国的各项建设，改善了沿海逾千万侨眷的家庭生活，对于新生政权的巩固和发展也发挥了很大作用。

近代中国由于1840年鸦片战争后遭受西方列强的长期入侵，邮政和金融业长期不能完全自主，导致跨国金融汇兑极度混乱，不仅有国家的公营机构如邮政局、国家银行经营侨汇，而且外国资本和本国民族资本都大量介入，导致国家外汇管理失去控制，最终一发不可收拾。这方面，我们在《民国政府对侨汇的管制》一书中，曾经指出："在一个开放的市场上，公营企事业与私营企业难以竞争。由于公营企事业的性质，决定其负有一定的社会公益性，不可能完全依照市场竞争法则行事。因而公营企事业必须依托行政垄断，依靠政府的强制力和特许经营才得以在市场上占有一席之地。但这种行政垄断与真正的市场竞争最终形成的市场垄断有一个根本差别：即行政垄断通常是不考虑投入—产出成本效益的，因此也往往效率低下，而缺乏市场竞争力。长此以往，这种非正常垄断必然在各种正当或不正当竞争中败下阵来。"

鉴于国民党政权失败的教训，中华人民共和国建立之初，新生政权便采取了一系列强力措施，不仅完全控制了侨汇的输入管道，而且通过将人民币确立为中国主权货币，严格禁止外汇外钞在国内市场上流通等措施，从而彻底扭转了100多年来中央政府对跨国侨批业无法控制的局面，实现了对侨汇的全面管制。

然而，正如本书作者张小欣在研究中所得出的结论：1949—1956年，虽然中国政府成功实现了侨批业经营的国有化改造，加强了政府对于社会经济资源的控制能力，但与此同时，由于种种内外部原因，其结果仍有不理想之处，诸如侨汇总量下降、侨批业数量减少等问题，其背后的种种因由，在本书中有详尽的阐述。

小欣是中山大学优秀毕业生之一。本书是他在硕士学位论文基础上经大量增补修改完成的。作为他的硕士导师，当年我曾经与他一起在广东省档案馆查找原始档案，看到海量的一手资料，我们只有兴奋并无畏难之心。对前人的研究博采众长，对海量文献精心梳理与认真写作，更是小欣能在同学中脱颖而出的重要原因，而本书就是最好的见证。衷心希望小欣今后能在学术事业上百尺竿头更进一步！

中山大学历史系教授　袁丁

2017年6月8日

目　录

绪　论

本研究所言侨批业是指凡专营或兼营揽收或解付华侨汇款①业务并收寄华侨侨眷信件的私营企业或个人，主要包括侨批局和侨批员（在1953年5月中华人民共和国政务院下文一律用"侨批员"称呼前，国内一般将其称为水客，而侨批局一般也被称为批信局、银信局、批局、汇兑局等）。② 侨批业兼及金融和邮政双重功能，可以说一方面其发展程度和运营网络体现着国际金融和国际汇兑的发展程度和运营网络，另一方面作为近代以来中国经营侨汇的主体行业，其运行直接牵动着中国几千万侨眷的日常生活，是侨乡社会稳定的重要保障。此外，侨批业对于作为外汇的侨汇是交由国家结汇收兑，还是选择从黑市逃汇，不仅关系到一国国际收支能否平衡和国家建设所需外汇的充盈程度，而且关系到国家货币主权是否确立。因此，对侨批业的管理政策自近代以来颇为历届政府重视。

从解放战争到新中国成立后，中国社会性质发生急剧变化，先从半殖民地半封建社会转变为新民主主义社会，继而又从新民主主义社会过渡到社会主义社会。社会性质的巨大转变和冷战兴起后国际环境的改变，不仅要求新中国政府极力巩固国家政权，而且要求防止经济领域发生恶性通货膨胀，维护人民币主权货币地位，并尽可能调动一切经济资源保证国家生产生活秩序的基本稳定，其中就对新中国成立初期十分稀缺的外汇资源提出急迫需求，为此中央及东南沿海侨乡大省的各级党委和政府部门高度强调要加强对侨汇的管理政策，其中对广东侨批业管理政策的重视尤为突出。广东素有华侨大省和侨汇大省之称，据新中国成立初期统计，"广东省侨汇占全国百分之六十以上，居全国及华南区外汇收入的第一位。广东省籍国外华侨人口七百万，其中约有半数与其国内家属在经济上有着不同程度的联系。他们大部分是主要劳动力在国外，眷属及父母在国内，人口估

---

① 简称侨汇，一般指海外华侨华人汇回国内主要用于赡养家眷等的非贸易外汇款项。

② 《侨汇专用名词解释》（1953年），广东省档案馆藏广东省华侨事务委员会档案，全宗号247，目录号1，案卷号79，第67页。

计约六百万，其中主要与次要依靠侨汇为生者在三百万人以上。抗战前广东每年侨汇总平均数六千七百万美元，占广东省平均农产量总收入百分之二五点一一，最高达三六点六八。粤中区一九五〇年侨汇有三千万美元，等于该区农业收入的总值"①。新中国成立后广东地区仅继续经营的侨批局就有三百三十余家，② 约占当时全国四百七十余家侨批局总数的百分之七十，③ 而在海外侨居地如新加坡、曼谷、西贡、马尼拉等地还有侨批业一千八百余家。④ "二战"后因受通货膨胀影响，加之外汇牌价不合理，侨汇大量逃入黑市，因此侨批业长期占据着侨汇经营的绝大部分市场份额。仅以中国银行和侨批业二者的经收侨汇比例进行比较，1946—1948 年经由中国银行收兑的侨汇按年度分别占 19.5%、9.38% 和 26.35%，而经由侨批业经营的侨汇则分别占 80.5%、90.62% 和 73.65%。⑤ 由此可见，广东侨批业的运营不仅关系着千万华侨侨眷的切身利益和国家建设所需外汇收入，而且关系着主要侨区的经济繁荣与社会稳定。这一点正如 1949 年 10 月王达夫在《人民日报》发表的署名文章《促进华侨汇款》中所言，"侨批局在华侨的存汇业务上，占有极重要的信用地位，不仅与香港及欧美南洋的华侨在业务上人事上有密切的关系，而且机构普遍，手续简便，汇拨迅速，肯做赊汇（即先替寄款人汇款回国，候收款回批到达后，再向寄款人收回垫款），为华侨中基本的信用机构，应加以团结鼓励，发挥积极作用"。为此，王达夫向政府提出多项建议，例如"在华南解放以后，所有侨汇应直接汇至天津、上海、广州等地，以期迅速。同时要切断香港伪中国银行的侨汇关系（即不收由香港伪中国银行的转汇款），使其在侨汇中完全失掉作用，使其对我外汇输入与外汇政策所策动的扰乱破坏阴谋也不能发生效果"；"我们的外汇关系，在初期主要的还是侨汇，

---

① 《广东省侨汇情况及其存在问题报告（草案）》（收入 1953 年 1 月 26 日中共中央华南分局第一次华侨工作会议文件汇辑），广东省档案馆藏广东省华侨事务委员会档案，全宗号 247，目录号 1，案卷号 40，第 47 页。

② 《有关侨汇业情况资料》（1953 年），广东省档案馆藏广东省华侨事务委员会档案，全宗号 247，目录号 1，案卷号 79，第 65 页；《广东省侨批业改善经营管理方案（草案）》（1956 年 5 月 25 日），广东省档案馆藏广东省华侨事务委员会档案，全宗号 247，目录号 1，案卷号 151，第 227 页。

③ 廖承志、南汉宸：《有关三年来侨汇、投资与存在问题向毛主席、中央的报告》（1952 年 11 月 25 日），广东省档案馆藏广东省华侨事务委员会档案，全宗号 247，目录号 1，案卷号 36，第 221 页。

④ 《广东华侨》（1950 年 7 月），广东省档案馆藏中共中央华南分局档案，全宗号 204，目录号 4，案卷号 4，第 31－32 页。

⑤ 《广东华侨》（1950 年 7 月），广东省档案馆藏中共中央华南分局档案，全宗号 204，目录号 4，案卷号 4，第 31－34 页。

为了照顾侨胞的利益，自然要订定合理的外汇汇价，从人民币与各外币的比价上，从一般的国内物价与国际物价的比价上，以及从国际间金银的比价上，都宜订出一个适当的汇价，使华侨资金汇回不至吃亏，甚至有利（例如为避免华侨所在国因物价上涨所引起的货币贬值，与公开宣布的正式贬值等），以促进侨资大量归国，并根据国内经济上的需要、国际上的经济情况，适当地调整汇率，使其富有弹性，以便适合于经济发展的条件，而作灵活的运用"等等。① 显然，对侨批业的管理在新中国成立初期的外汇和侨务管理事务中占有相当重要的地位。

面对民国时期广东侨批业管理政策的失败，1949—1956 年新中国对广东侨批业采取了一系列有效管理措施，从确立人民币作为新中国的主权货币并解决侨汇逃入黑市的问题，到推动广东侨批业实现"侨汇归公"的行业变革，不仅彻底扭转了近代以来中央政府对广东侨批业长期难以控制的局面，而且最终实现了全行业的社会主义国有化改造，广东侨批业由此出现了前所未有的变化。那么我们不禁要问，民国末期广东侨批业管理政策为何失败？新中国各级政府对广东侨批业到底采取了哪些具体管理措施？这些措施产生了怎样的影响？这一改造过程又是如何进行的？面对这一系列问题，特别是新中国成立初期的广东侨批业管理政策，学术界迄今尚未有较系统的专门研究来做出回答，但这些问题是华侨史研究十分重要的组成部分。因此，本研究以 1949—1956 年广东侨批业管理政策为主题，对上述问题力图做出深入探讨。

在正式探讨前，先借绪论部分对本研究的几个关键性词语做出规范性解释，再就相关的学术史做一回顾和简评，以明确本研究得以开展的前提和基础。

一、书名释义

第一，"广东"。书名中的"广东"与现在的广东在行政管辖和区划上有较大区别。1949 年 4 月 8 日中共中央香港分局改称中共中央华南分局，并于 6 月迁至粤东解放区。同年 7 月中共中央为加强对华南地区工作的领导，决定派遣时任

---

① 王达夫：《促进华侨汇款》，《人民日报》，1949 年 10 月 27 日第 5 版。

北平市军事管制委员会主任兼北平市市长叶剑英组建新的中共中央华南分局。[①] 8月1日，中共中央发出指示，决定华南分局以叶剑英为第一书记，张云逸为第二书记，方方为第三书记，华南分局领导广东、广西两省和香港工委，其中广东不成立省委（1955年7月中共广东省委正式成立），可设潮梅、东江、北江、南路、中区等几个区党委或地委，受华南分局直接领导，同时华南分局受中共中央华中局（1949年12月改称中共中央中南局）领导。[②] 1949年10月14日中国人民解放军解放广东省省会广州市（广州市作为中央直辖市直至1954年6月才划归广东省管辖），11月6日成立广东省人民政府，12月21日湛江解放后，广东的大陆地区得以全部解放。1950年4月16日中国人民解放军8个团胜利登陆海南岛，5月1日全岛获得解放，新中国广东省行政区划从此初步确定。全省设潮汕、兴梅、东江、珠江、西江、粤中、高雷、钦廉、北江9个专区和海南行政区，地级市有汕头、湛江、北海、海口、韶关、佛山、江门7市，肇庆为县级市。1952年3月，怀集县从广西省划归广东省，广东省则将钦州专区（由钦廉专区改）合浦、钦县、灵山、防城4县和北海市划归广西省。1955年6月广西省钦州专区和北海市重归广东省管辖，并更名为合浦专区。1959年3月20日广东省再次全面调整行政区划，并屡经变动，直到1965年形成专区级的广州市，汕头、佛山、韶关、肇庆、湛江、惠阳、梅县7个专区和海南行政区，以及1个自治州、9个县级市、97个县、5个市辖区。同年6月26日，广东省合浦县、灵山县、钦州壮族自治县、东兴各族自治县和北海市再次划归广西。1988年4月13日，经中共中央批准，海南行政区从广东省划出并成立海南省，省会海口市。[③] 此后，广东的行政区划面貌基本保持至今。

第二，"侨批业"。正如文首所说，侨批业是指凡专营或兼营揽收或解付侨汇业务并收寄华侨侨眷信件之私营企业或个人，具体则包括甲种批局、乙种批局和侨批员。甲种批局指凡接受国外侨批局或侨批员直接委托，将国外侨批局或侨批员汇入的侨汇，自行解付给侨眷或转委托其他批局解付给侨眷并收寄华侨侨眷

① 中共广东省委党史研究室：《中国共产党广东历史》（第二卷）（1949—1978），北京：中共党史出版社，2014年，第4页。

② 《中央关于华南分局、华中局、西南局的干部配备及其管辖范围的指示》（1949年8月1日），中央档案馆编：《中共中央文件选集》（第18册），北京：中共中央党校出版社，1992年，第402－403页。

③ 广东历史地图集编委会编：《广东历史地图集》，广州：广东省地图出版社，1995年，第187－190页。

信件的侨批局。乙种批局指与国外侨批局无直接业务往来关系，只单纯接受甲种批局或其他乙种批局委托解付侨汇并收寄侨民家属信件的侨批局。侨批员则指凡来往于国内外，本人在国外向侨胞揽收侨汇并自行返国派解侨眷，在国内无一定机构，以个人方式经营侨汇及收寄华侨侨眷信件业务者。① 侨批业在国内主要集中于闽粤地区，是当地社会的特色行业。

第三，"1949—1956 年"。这一时期是中国社会性质由半殖民地半封建社会向新民主主义社会和社会主义社会急剧转变的时期。其实早在延安时，毛泽东就先后发表了《中国革命和中国共产党》《新民主主义论》《论联合政府》等一系列论著，明确指出了中国革命必须分两步走：第一步是完成新民主主义革命，建立新民主主义共和国和新民主主义社会；第二步是进行社会主义革命，建立社会主义社会并最终实现共产主义。从新中国成立后的实际情况来看，中国社会也确实经历了从新民主主义社会向社会主义社会的转变，即从 1949 年 10 月到 1952 年的新民主主义阶段，以及 1953 年到 1956 年社会主义改造完毕的社会主义过渡阶段，此后新中国全面进入了社会主义发展时期。社会性质巨大转变背后所体现出的正是中国社会经济生活的重大变革。在 1949—1956 年的中国社会经济领域中，就既包含了新民主主义阶段国家资本主义经济的推行，又包含了社会主义过渡时期的社会主义国有化改造。

什么是国家资本主义经济？1948 年 9 月张闻天在《东北局关于东北经济构成及经济建设基本方针的提纲》中就已提到，国家资本主义经济是国家为了经济上的需要，为资本家提供一定的生产或经营的条件，而私人资本家则利用这些条件从事生产或经营，这是一种国家同资本家的自愿两利的合作。在这种合作中，资本家可以获得一定的利润，国家则可以对资本家的生产或经营进行必要的管理。这种经济形式是私人资本主义经济中最有利于新民主主义经济发展的，应该成为私人资本主义发展的方向。② 对此，1949 年 3 月 5 日毛泽东在七届二中全会的报告中进一步强调，"中国资本主义的存在和发展，不是如同资本主义国家那样不受限制任其泛滥的。它将从几个方面被限制——在活动范围方面，在税收政

---

① 《侨汇专用名词解释》（1953 年），广东省档案馆藏广东省华侨事务委员会档案，全宗号 247，目录号 1，案卷号 79，第 67 页。
② 《东北局关于东北经济构成及经济建设基本方针的提纲》（1948 年 9 月），中央档案馆编：《中共中央文件选集》（第 14 册），北京：中共中央党校出版社，1987 年，第 402 页。

策方面，在市场价格方面，在劳动条件方面。我们要从各方面，按照各地、各业和各个时期的具体情况，对资本主义采取恰如其分的有伸缩性的限制政策"①。1949年9月29日中国人民政治协商会议通过的共同纲领第四章第三十一条也明确说明，"国家资本和私人资本合作的经济为国家资本主义性质的经济。在必要和可能的条件下，应鼓励私人资本向国家资本主义方向发展"②。

但是随着新中国成立后国民经济恢复任务的逐步完成，中共中央在1952年下半年遂开始酝酿并于1953年正式提出了过渡时期总路线。1953年12月毛泽东在亲自修改审定的中宣部关于过渡时期总路线的学习和宣传提纲中完整地讲道，"从中华人民共和国成立，到社会主义改造基本完成，这是一个过渡时期。党在这个过渡时期的总路线和总任务，是要在一个相当长的时期内，逐步实现国家的社会主义工业化，并逐步实现国家对农业、手工业和资本主义工商业的社会主义改造"③。"一化三改"就成了对过渡时期总路线的基本概括，而按照社会主义公有制原则对人和社会制度进行的改造，也随之成为过渡时期各行业国有化改造的主要形式。

二、学术史回顾与简评

本研究选题的问题意识实际正是源于前人在侨汇研究领域的长时期积累。就近代侨汇问题研究的学术史回顾而言，2014年广东人民出版社出版的中山大学袁丁教授等撰写的《民国政府对侨汇的管制》④一书绪论部分已做了较详细的介绍。本着略人所详和详人所略的原则，本研究的学术史回顾将侧重于介绍并简评学界对1949年及之后中国侨汇、侨批业问题研究的重要成果。

岭南大学西南社会经济研究所出版的刊物《社会经济研究》将1951年第2期作为"华侨研究专号"，刊发了著名经济学家冯肇伯的长文《南洋侨汇与美洲

---

① 毛泽东：《在中国共产党第七届中央委员会第二次全体会议上的报告》（1949年3月5日），《毛泽东选集》（第四卷），北京：人民出版社，1960年，第1321 – 1322页。

② 《中国人民政治协商会议共同纲领》（第四章第三十一条），中共中央文献研究室编：《建国以来重要文献选编》（第一册），北京：中央文献出版社，1992年，第8页。

③ 毛泽东：《毛泽东著作选读》（下册），北京：人民出版社，1986年，第704页。

④ 袁丁、陈丽园、钟运荣：《民国政府对侨汇的管制》，广州：广东人民出版社，2014年。

侨汇》。冯文思考了如何使侨汇数量增加并使之完全经过国家银行汇返而不流入黑市以达到"外汇归公"的原则，指出侨汇政策要注意侨胞的利益和他们的汇款能力，使侨汇能够绵绵不绝地进入祖国以促进经济建设发展，特提出侨汇分区理论，其中将侨汇来源地分为"美洲侨汇"和"南洋侨汇"两大侨汇区，并就两大侨汇区的侨汇数量、华侨人口、华侨地位、华侨所承受的政治经济压力、侨汇经营机构和华侨籍贯的不同、汇款的效率差异等一系列问题展开比较研究。例如在两区侨汇机构比较方面，冯文就提出南洋侨汇大多采用批信局票汇法或信汇法，批信局是民营的侨汇机构，办理侨汇已有七八十年历史，深得南洋侨胞信任，且批信局多具有地方性，潮州帮、梅属帮、琼州帮以及福建帮为其大帮别。美洲侨汇则有所不同，主要采用昃纸（Cheque，即支票）邮寄的方法，侨胞通常是寄挂号信至内地侨眷，或者寄交香港朋友或商号请其转汇国内家属，又或者寄交广州或家乡的商号再转交其家属等。冯文在文末的建议中提到"二战"后南洋各地政府限制资金汇出甚严，而华侨在当地大部分散居于各都市以及偏僻村落，故南洋的侨汇机构一方面仍应注意借助各批局和水客，由国家银行在各该地的分支机构领导他们吸收侨汇；另一方面仍须注意通过国家银行的海外分支机构，扶助各地侨胞的生产事业，培植他们的汇款能力。至于美洲方面，因当地侨胞既集中于几个较大的都市，而素来的侨汇机构又为现代中外银行，故只要注重国家银行汇率的合理订定、汇款手续的简化以及给予侨胞相应方便等问题即可。[1] 冯文的侨汇分区理论对于细化侨汇研究具有重要的学术价值。事实上冯肇伯就职的岭南大学在新中国成立前已开展华侨问题研究，1948 年西南社会经济研究所就出版有著名东南亚史专家、岭南大学校长陈序经的专著《南洋与中国》，重在阐述南洋华侨对中国的影响。1952 年全国院系调整期间，岭南大学西南社会经济研究所大部分人员被并入中山大学历史系。从 1952 年起，中山大学历史系开始了亚洲史的教学和科研工作，并在此基础上成立了亚洲史教研组，重点进行东南亚史和东南亚华侨史的研究。[2] 1957 年，中山大学历史系成立亚洲史

① 冯肇伯：《南洋侨汇与美洲侨汇》，《社会经济研究》1951 年第 2 期。
② 《中山大学东南亚研究所规划草案》（1956 年），广东省档案馆藏中共广东省委文教部档案，全宗号 215，目录号 1，案卷号 255，第 46－52 页。

7

研究室，① 1959 年 3 月在已有研究基础上又正式成立东南亚历史研究室。②

1956 年 10 月 1 日，厦门大学南洋研究所正式成立。南洋研究所是新中国成立后全国开展研究有关南洋华侨历史、政治、经济和文化教育等问题的专门性科研机构。③ 建所初期，庄为玑、林金枝、桂光华等历史研究组、政治经济研究组、资料室教师 6 次赴福建省晋江专区的泉州、晋江、南安、惠安、同安、安溪、永春、德化、莆田、仙游和福清 11 个县市的侨乡进行调查，1958 年编写出《福建晋江专区华侨史调查报告》，报告中就专门提到晋江专区的侨乡经济基本依靠南洋侨汇，全区 100 个以上侨乡，其接收到的侨汇数量占国民经济的比例普遍在 70% 以上，侨乡的公共交通、教育事业较为发达，侨汇对地方经济社会发展贡献很大。④ 尽管受到当时研究条件的限制，但是调研组共访问到华侨史迹 8 处，收集到华侨族谱 80 部、华侨传说歌谣 4 首、口述资料 70 件、侨务文件 105 件、墓志铭 26 件等，其实地调研的研究方法拓宽了新中国成立后国内侨乡研究的视野。

1967 年，美国斯坦福大学胡佛战争、革命与和平研究所出版了台湾"中国文化学院"副教授吴春熙（Chun-His Wu）⑤ 的著作《美元、侨眷与教条：输往共产党中国的侨汇》（*Dollars，Dependents and Dogma：Overseas Chinese Remittances to Communist China*）⑥，这是冷战时期学术界对新中国侨汇、侨批业进行专题研

---

① 李锦全：《中山大学历史系一九五六学年度的教学和科学研究工作》，《历史研究》1957 年第 1 期。

② 《编后记》，《中山大学学报（社会科学版）》1959 年第 4 期。

③ 《我校南洋研究所、华侨函授部举行成立大会》（1956 年 10 月 16 日），厦门大学校史编委会编：《厦大校史资料》（第三辑）（1949—1966），厦门：厦门大学出版社，1989 年，第 118 – 119 页。

④ 庄为玑、林金枝、桂光华：《福建晋江专区华侨史调查报告》，《厦门大学学报（社会科学版）》1958 年第 1 期。

⑤ 吴春熙，福建晋江人，生于 1914 年。1934 年毕业于中央政治学校第一期华侨班，1937 年任《民意周刊》及独立出版社编辑、马来亚槟城《现代日报》驻汉口特派员。1938 年夏任职于厦门大学。抗日战争胜利后任职于厦门市政府，兼任厦门《中央日报》总主笔及南侨通讯社社长。1949 年在台湾创办《南国周刊》。1950 年任台湾"行政院"侨务委员会委员，"中央"委员会第四组总干事、秘书。后调任中国国民党"中委会"海外工作会专任委员。1970 年起任国际关系研究所研究员、董事兼合作交换组召集人、特约研究员。1964—1965 年受台湾"国防研究院"主任、著名历史地理学家张其昀推荐赴美国斯坦福大学从事一年学术研究，1966 年在张其昀创办的私立"中国文化学院"担任副教授，并在台湾革命实践研究院第十五期、联战班第二期受训。参见刘国铭主编：《中国国民党百年人物全书》（上册），北京：团结出版社，2005 年，第 1050 页；CHUN-HIS WU. Dollars，dependents and dogma：overseas Chinese remittances to Communist China. Stanford：The Hoover Institute on War，Revolution and Peace，1967，Acknowledgement，p. Ｖ.

⑥ CHUN-HIS WU. Dollars，dependents and dogma：overseas Chinese remittances to Communist China. Stanford：The Hoover Institute on War，Revolution and Peace，1967.

究的一本著作。作者的资料主要取材于中国大陆、香港、台湾以及东南亚等地的一些报刊资料和学界已有研究成果，力图细化从 20 世纪初到 1964 年之间华侨汇款总额和国别侨汇数量等的变化，并借以说明侨汇数量的升降与政府政策的关系、侨汇对中国社会经济发展的重要影响、香港作为侨汇进入内地的中转站所扮演的重要和特殊角色、侨汇输出的各种方式和方法以及不同侨居国作为侨汇输出地在侨汇总量中所占的不同比重等问题。该书第一部分还专门对这一时期侨汇的"赡家"性质做出判断，并援引大陆《侨务报》的数据加以佐证，数据显示，"二战"前海外侨汇中赡家型侨汇约占侨汇总数的 84.5%，企业投资或储蓄等其他目的只占 15.5%，而"二战"后特别是 20 世纪 50 年代海外侨汇中赡家型侨汇更占到侨汇总数的 90%，而投资仅占 2%。该书在第三部分专门讨论了 1950—1964 年新中国对侨汇的各项政策，认为政府将争取更多侨汇作为主要目的而未能发展出一套有益的、持续性的侨汇体系。此外作者还将 1950—1964 年中国的侨汇政策划分为四个时期，分别是 1950—1952 年争取侨汇，1953—1957 年保护侨汇，1958—1962 年社会主义下的侨务政策，1963 年后争取更多侨汇资金。作者始终认为政府对侨汇的争取比对侨汇、侨眷的保护更为重视，而且为争取侨汇而实行的优待侨眷政策引发了社会不平等，但这一问题政府无法解决。最后作者还列举了一些政府对侨汇管理措施的原文规定，以说明新中国成立初期政府实施的具体侨汇政策。尽管吴著在数据的收集、整理和分析上下了一定功夫，但其史料来源比较薄弱，没有系统接触到银行、侨务部门、侨批业等的一手档案数据，因此其对进入中国大陆的侨汇总量主要是估算，同时也正因为资料有限，吴著对新中国政府政策的讨论过于粗疏，像朝鲜战争、"五反"运动等重大事件对侨汇政策的影响只一笔带过，并未做具体探讨。另外作者对中国社会的政治、经济背景和当时国际冷战格局快速变化的复杂性未能做出详细分析，故而对新中国成立初期的侨汇政策未能给出一个全面客观的评判。

此后直至改革开放时期，对新中国侨汇研究的成果开始大量涌现，呈现出繁荣发展的景象。1987 年 6 月中山大学东南亚历史研究所林家劲副教授指导的硕士研究生冯元所撰硕士学位论文《侨汇与广东——1950 年至 1957 年广东省华侨汇款的考察》①，是较早利用广东省档案馆、广东省人民银行、广东省侨务办公室所藏档案资料开展新中国成立初期广东省华侨汇款问题研究的专门性成果。在学位论文基础上，同年12月冯元还在《东南亚历史学刊》第4期发表了题为"建国初期广东侨汇浅析"的论文。②《侨汇与广东——1950年至1957年广东省华侨汇款的考察》全文主体分三个部分，分别论述了近代广东侨汇发展的历史、1950—1957年广东侨汇的发展变化和新中国成立初广东侨汇对广东省及侨乡社会的影响。作者应用了大量档案和侨乡调查资料，使得全文论据充分，在论述过程中，作者对侨汇性质的分类、广东侨汇变化趋势及原因和侨汇对广东侨乡社会影响三方面用功最深，其中有关侨汇对广东侨乡社会影响的分析，显然受到陈达《南洋华侨与闽粤社会》③一书启发，作者努力用社会学的方法对侨眷与普通农户在个人收入、消费支出、消费结构、传统风俗习惯影响等方面的异同做出比较，并最终得出侨汇将使侨乡经济稳步向前发展的结论。冯文提出，新中国成立后广东侨汇的主要用途是储蓄、建筑、投资和特殊消费，但这些资金逐渐引起市场商品短缺，不得不依靠国家计划性商品调拨来加以满足，从而保证侨乡经济的稳步发展，与此同时，侨眷与普通农户在经济收入上的差距也逐渐显现。此外，冯文已开始部分涉及广东侨批业，其中他在第二章第三节就以"侨批业与广东侨汇"为题谈到两个问题，即新中国成立初期侨批业经收侨汇在广东侨汇总量中的比重，以及20世纪50年代中期汕头、海南两地侨批业的特点。虽然这部分并非全文重点，在落笔处也未谈及政府对侨批业的管理政策、实施情况、前后变化和侨批业经营运行状况等，但是冯文对开启新中国成立初期特别是从新中国成立一直到新中国全面进入社会主义阶段这一时期的广东侨批业研究有所贡献。

冯元研究成果的背后实际上体现出从20世纪70年代后半期起，中山大学从事东南亚研究的学者们对侨汇史问题的大力关注和着力研究。1975年1月8日中山大学以党委1号文的形式向广东省高教党委、省革委科教办提出拟在中山大学

---

① 冯元：《侨汇与广东——1950年至1957年广东省华侨汇款的考察》，中山大学硕士学位论文，1987年。
② 冯元：《建国初期广东侨汇浅析》，《东南亚历史学刊》1987年第4期。
③ 陈达：《南洋华侨与闽粤社会》，上海：商务印书馆，1936年。

举办东南亚研究所，① 同年 2 月 3 日广东省高教党委批复同意中山大学党委报告。② 随着"文革"结束，1978 年暨南大学复办，同年 8 月暨南大学东南亚研究所也开始复办，该所最早是在中国科学院和广东省委领导下由广州哲学社会科学研究所（广东省社科院前身）和暨南大学联合设立的东南亚研究机构，1970 年停办。中山大学经研究并报省文教办，将中山大学东南亚研究所改名为中山大学东南亚历史研究所。③ 此后直至 1988 年 11 月，为适应中国改革开放形势的发展和研究领域的扩大，研究所才又更名为中山大学东南亚研究所。④ 中山大学从事东南亚研究的学者们在二十世纪七八十年代就着手研究侨汇问题，部分研究人员深入侨乡收集有关侨汇资料，如对新会地区利用侨汇办企业所做的调查报告，以及对广州东湖新村华侨利用侨汇购房情况的分析，同时有意识地引导硕士研究生以广东侨汇为毕业论文选题，而冯元的硕士学位论文正是其中的代表作。到 20 世纪 90 年代初中山大学东南亚研究所再度派出研究人员，兵分三路到广东重点侨乡——潮汕、兴梅和五邑地区调查侨汇情况，并组织人力到广东省档案馆大量查阅新中国成立前有关广东侨汇的卷宗，得到一批史料价值珍贵、从未有学者利用过的侨汇原始材料，经整理分析撰写出一系列有关新中国成立前的广东侨汇论文，并从 1992 年 4 月起先后发表于中山大学东南亚研究所所办《东南亚学刊》。⑤ 1999 年由该系列论文辑录而成的《近代广东侨汇研究》⑥ 一书正式出版。该书尽管未涉及新中国成立后的侨汇问题研究，但对本研究有启发的是对作为金融中心、贸易中心和自由港地位的香港在华南地区侨汇流通过程中所起重要作用的较深入论述，其实正是由于香港在侨汇转驳过程中所起的跳板作用，使得该地区拥有大量避港外汇，而且港币也作为有保值价值的货币而广泛流通于华南特别是广东地区，这对新中国成立后人民政府对侨批业管理措施的制定产生了重大影

① 《复办东南亚研究所的再请示》（1975 年 10 月 3 日），广东省档案馆藏广东省革委会档案，全宗号 229，目录号 5，案卷号 42，第 104－107 页。

② 《同意复办东南亚研究所》（1975 年 2 月 9 日），广东省档案馆藏广东省革委会档案，全宗号 229，目录号 5，案卷号 42，第 108－113 页。

③ 《同意将东南亚研究所改为东南亚历史研究所》（1978 年 10 月 5 日），广东省档案馆藏广东省革委会档案，全宗号 229，目录号 5，案卷号 89，第 88－89 页。

④ 《中山大学东南亚研究所简介》，陈乔之等主编：《中国的东南亚研究：现状与展望》，广州：暨南大学出版社，1992 年，第 137 页。

⑤ 林家劲、罗汝才、陈树森等：《近代广东侨汇研究》，广州：中山大学出版社，1999 年，前言部分。

⑥ 林家劲、罗汝才、陈树森等：《近代广东侨汇研究》，广州：中山大学出版社，1999 年。

响。另外，《近代广东侨汇研究》一书还分章对侨汇方式、侨汇种类、侨汇政策、侨汇功能及影响等加以论述，该书是研究民国时期侨汇问题的一部相当系统的论著。

1992年厦门大学南洋研究所林金枝在《南洋问题研究》第2期上发表的《侨汇对中国经济发展与侨乡建设的作用》[①] 一文提出，侨汇不但是国内侨眷的主要生活来源，是国外华侨和祖国家乡密切联系的纽带，也是国家非贸易外汇的重要收入，对国际收支和贸易平衡，国家的经济发展以及侨乡的建设都起着积极作用。林文还根据广东、福建两省有关部门提供的侨汇数字并结合其他资料，对1950—1988年的全国华侨汇款数字进行了统计，得出共计96.10亿美元的结论，并将1950—1988年侨汇的增长变化分为六个时期，对各个时期侨汇数额增减原因进行了分析。1993年福建人民出版社出版了厦门大学南洋研究所李国梁、林金枝、蔡仁龙撰写的《华侨华人与中国革命和建设》[②] 一书，书中专门提到"二战"后福建地区侨批业的发展和1949年后福建省侨批业的改造问题。其中指出，1945—1949年可以说是侨批业的畸形发展时期。抗战胜利后海外侨胞纷纷汇款接济国内眷属，侨批局纷纷在厦门、泉州等地设局或兼营，南洋各埠和省内各地民信局迅速复业。国内外的民信局利用当时国民政府币制的不断贬值及交通不便的情况，几乎将侨汇全部攥在自己手中，一般利润都在10%～15%。国内外侨批局相互联合，利用侨汇进行投机，造成了"二战"后侨批业的畸形发展。新中国成立初期，华侨汇款大部分为侨批业经营，仅福建省登记的侨批局就有185家，其中厦门86家、泉州30家、福州25家。福建省的资料表明，1950—1958年侨批业经营的侨汇占福建全省侨汇总数的78.7%～86.91%，进一步说明侨批业在新中国成立初期收汇比重相当大。1950年在北京召开全国归侨侨眷福利会议，规定国家银行按侨汇数额付给侨批局12.5‰的手续费。为了引导侨批业逐步走上集体化道路，1955年前后福建省各地侨批业成立联营处，统一解付侨汇。1957年各地侨批业先后成立联合派送处、派送站或派送小组，把过去长途专跑分散解付改为短途接力派送，缩短了派送时间，提高了解付效率。[③]《华侨华人

---

① 林金枝：《侨汇对中国经济发展与侨乡建设的作用》，《南洋问题研究》1992年第2期。

② 李国梁、林金枝、蔡仁龙：《华侨华人与中国革命和建设》，福州：福建人民出版社，1993年。

③ 李国梁、林金枝、蔡仁龙：《华侨华人与中国革命和建设》，福州：福建人民出版社，1993年，第238-240页。

与中国革命和建设》一书对本研究有参考价值。

在方法论上对侨汇研究有所创新的作品当推日本学者滨下武志的研究成果，其《近代中国的国际契机——朝贡贸易体系与近代亚洲经济圈》① 一书，摆脱了西方"冲击—反应"模式对中国和亚洲近代化所做的解释。作者认为正是历史上曾有过的朝贡贸易、帆船贸易使得中国与东亚、东南亚国家间形成了一个广泛存在并持续发挥作用的金融和贸易网络，西方国家不是冲击破坏而是适应、利用并改造了这一网络，因此该网络的存在和运行才是亚洲步入近代化所拥有的真正国际契机。文中，作者还对侨汇和侨批局做了专门论述。他认为西方国家在亚洲兴办的农场、工矿企业等对中国劳动力的需求，引发了大量移民并使之具有一定的收入，这是造成近代侨汇增多和大规模流动的原因。但侨汇在流动中因为上述亚洲金融和贸易网络的存在，而直接或间接地与欧美经济发生联系，因此侨汇并不仅仅具有赡养家庭、归还债款等功能，还具有国际贸易结算、外汇投机、经济投资以及平衡一国国际收支等多项作用。而侨批局作为经营华侨汇款的金融机构，则具有邮政和汇兑银行的双重性质，它既发挥着形成和维持华南—东南亚交易圈在金融上的功用，又兼有从事贸易事业和金银交易的业务职能，因此它的存在就形成了中国与东南亚国家间的外汇兑换汇款网络。侨批局在亚洲金融和贸易网络中的重要性由此可见。可以说滨下武志的上述研究为侨汇、侨批局问题的进一步探讨提供了新的视角和观点。

2001 年中国银行行史编辑委员会编著的《中国银行行史（1949—1992 年）》（上、下卷）② 正式出版，全书分专节对新中国的侨汇政策、中国银行做好侨汇工作的措施、联合召开全国华侨侨眷福利会议、扶持私营侨汇业等进行了论述。2001 年出版的庄国土《华侨华人与中国的关系》③ 一书，在主体上用七章内容概括了从秦汉时期到改革开放后海外移民同中国的关系，其中第四章谈到"1949年以后中国政府对海外华侨华人的政策及其成效"，作者认为新中国成立初期中央政府对华侨的政策主要有三点：首先是号召和教育海外侨胞团结在中央人民政

---

① 滨下武志著，朱荫贵、欧阳菲译：《近代中国的国际契机——朝贡贸易体系与近代亚洲经济圈》，北京：中国社会科学出版社，1999 年。

② 中国银行行史编辑委员会编著：《中国银行行史（1949—1992 年）》（上、下卷），北京：中国金融出版社，2001 年。

③ 庄国土：《华侨华人与中国的关系》，广州：广东高等教育出版社，2001 年。

府周围，组成海外统一战线；其次，保护与促进海外华侨以侨汇为主要手段支持中国的经济发展，动员华侨协助祖国建设；最后，明确海外同胞的侨民性质，规定海外侨报、侨教的中心任务是宣传爱国主义和培养爱国华侨后代。文中对国家"外汇归公，利益归私"的侨汇政策进行了简短说明，又对土地改革运动在侨眷中的影响有部分涉及。但总的来说，作者对该时期政府的侨务政策并未展开论述。同年，由艺苑出版社出版的邹金盛《潮帮批信局》① 一书，则以潮汕地区侨批业从产生到结束为主线，论述了清代、民国和新中国等不同时期潮汕侨批业的发展历程。同时该书还专门列举了潮帮600家批信局的侨批封图例及简史，有较好的文献价值。

2002年3月杨世红发表在《当代中国史研究》第2期上的《新中国侨汇工作的历史考察（1949—1966年）》② 一文，是近年来涉及新中国侨汇研究为数不多的论文之一。作者以侨汇收入为主线，将1949—1966年分为三个时期，即1949—1956年、1957—1962年、1963—1966年，分别论述了新中国成立后土地改革、三大改造、反右派、"大跃进"、人民公社、两条路线斗争等运动对侨汇、侨眷和侨务政策的不同影响，以及为维护侨汇收入，侨务部门在一系列侨务政策制定上保持连续性、一贯性等不同于"左"的做法的原因。而作者由此得出的结论对我们极有启发，"当侨务政策不能得到很好执行时，归侨、侨眷的权益就会受到侵害，国家侨汇收入就会下降。这时，国家有关方面就会采取相应的政策措施——或者是重申以前的侨务政策或者是通过新的具体政策措施——来制止对归侨、侨眷权益的侵害，扭转侨汇收入下降的趋势。这种互动关系使得'文革'前的侨务工作没有受到大的或持续的冲击，侨务政策大体上保持了连续性和一贯性"。这点对我们理解新中国成立后人民政府对侨批业的政策有所帮助。但是杨文所依据的资料主要是江苏省档案馆藏江苏省华侨事务处档案，其局限性在于江苏并非华侨大省，侨汇收入有限，其侨汇数量变动并不能代表全国侨汇收入的变化。另外该文未涉及新中国政府对侨批业的管理。

2005年6月厦门大学焦建华的博士学位论文《私营经济与国家控制：福建

---

① 邹金盛：《潮帮批信局》，香港：艺苑出版社，2001年。

② 杨世红：《新中国侨汇工作的历史考察（1949—1966年）》，《当代中国史研究》2002年第2期。

批信局与国家邮政及银行之关系研究（1928—1958 年）》①，大量利用了福建省档案馆藏福建省省政府秘书处档案、省财政厅档案、省邮政管理局档案，厦门电信局档案馆藏厦门邮电局档案以及厦门档案馆藏厦门侨务局档案等一手档案史料。其第六章专门论及 1949—1958 年后福建批信局与国家邮电局及银行之关系，并在史料论证基础上提出，新中国成立后，"批信局的邮政职能相对弱化，金融职能日益突出。批信局与邮局关系处于相对从属地位，批信局与国家银行的关系占据主导地位，更显重要。因国外侨汇受到严格管制，批信局的侨汇业务受到很大制约，国内外批信局的联系日益受到限制；国内则因新中国政府极力加强对经济的干预与控制，批信局逐渐被纳入国家银行管理和控制的社会主义经济轨道上"②。这一判断具有相当的合理性。

2005 年东京论创社出版的日本学者山岸猛的论著《華僑送金：現代中国経済の分析》，于 2013 年由刘晓民译为《侨汇：现代中国经济分析》并出版。③ 该书以改革开放后中国的侨汇数量发展和新移民发展为相互交织的主线，重点探讨了福建晋江和广东台山地区的侨汇问题，同时还以新中国各类公开经济统计数据为基础，着重对 20 世纪 90 年代以来中国侨汇数量迅速增长的现象进行分析，指出了侨汇数量增长背后是中国海外新移民的不断增长、中国内地经济的迅猛发展及其资本回报率较高等原因，进而提出侨汇发展的引导及其监管问题。该书对新时期侨汇问题所做的探讨对本研究具有一定启发意义。

2007 年王炜中、杨群熙、陈骅编著的《潮汕侨批简史》④ 一书，专门论及新中国成立后潮汕侨批业的发展和变化，该书提出潮汕地区解放后由于中央和各级地方政府认真贯彻"便利侨汇，服务侨胞""外汇归公，利润归私""维持保护，长期利用"的方针政策，使潮汕地区侨批业得到较快恢复和发展，潮汕地区也杜绝了走私套汇和黑市买卖外汇的活动，使潮汕侨批局成为国家银行吸收外汇的一种代理机构，侨批业的性质因此发生了变化。直至 1979 年，根据国务院"侨批业应归口银行"的指示，潮汕侨批业完成了历史使命。该书中收集到不少有关潮

---

① 焦建华：《私营经济与国家控制：福建批信局与国家邮政及银行之关系研究（1928—1958 年）》，厦门大学博士学位论文，2005 年。

② 焦建华：《私营经济与国家控制：福建批信局与国家邮政及银行之关系研究（1928—1958 年）》，厦门大学博士学位论文，2005 年，第 171 页。

③ 山岸猛著，刘晓民译：《侨汇：现代中国经济分析》，厦门：厦门大学出版社，2013 年。

④ 王炜中、杨群熙、陈骅编著：《潮汕侨批简史》，香港：公元出版有限公司，2007 年。

汕地区侨批局的详细信息和资料，有些还整理为图表，具有一定的参考价值。

2013年中山大学历史系王冰瑾的硕士学位论文《汕头地方政府对侨汇政策的宣传与执行（1958—1966年）》，主要利用广东省档案馆藏华侨档案、汕头市档案馆藏专属侨务局档案、广东省华侨事务委员会机关报《广东侨报》以及口述、访谈资料等，对汕头市贯彻中央和广东省侨汇政策的过程从宣传教育视角做出分析，其中作者强调这一时期归侨侨眷与国外亲人的通信被赋予重要意义，特别是侨批中的回批回文工作已不再单纯是为侨眷代书的服务，而是一支群众性的向国外华侨进行宣传的队伍，是争取华侨支援祖国建设的一种方式。[1] 尽管全文篇幅不长，但是视角颇有新意，对侨汇政策的落地过程从基层的视角做出了有意义的分析，深化了相关研究。

2013年中国华侨出版社出版了邓锐的《梅州侨批》[2]，全书第五章论及新中国成立后梅县侨批业的部分发展情况，如其提到1949年10月24日潮梅行政委员会公布了《潮梅解放区外汇管理暂行办法》《私营侨汇金圆券侨批业务管理暂行办法》《水客管理暂行条例》《侨汇业申请登记办法》《优待侨汇业条例》《优待侨汇结兑办法》等，给侨汇业以优待侨汇价结汇及免收侨汇转汇汇费的优待等。但新中国成立后国家对金银实行严格管理，金银收购统一并由中国人民银行办理。1950年6月成立了中国银行梅县支行，中国人民银行国外部与海外中国银行以及香港、澳门各家中资、侨资银行逐渐建立了通汇关系，使中国银行国内外联行和代理行结成了广大的通汇网络，进行收汇汇入与解付。根据外汇归公、利润归私的政策，水客与侨批局的收汇，可通过香港银行汇入国内，通过国内银行结汇、验批、解汇；海外侨胞也可以在海外银行直接汇入，或通过香港转汇内地，进行解付。邓著对于了解新中国成立初期的梅州侨批业简略发展情况有所助益。

2014年袁丁、陈丽园、钟运荣撰写的《民国政府对侨汇的管制》一书出版，

① 王冰瑾：《汕头地方政府对侨汇政策的宣传与执行（1958—1966年）》，中山大学硕士学位论文，2013年，第3页。

② 邓锐：《梅州侨批》，北京：中国华侨出版社，2013年。

该书植根于前期厚实的研究成果之上，① 史料主要取材于广东省档案馆藏民国时期中国银行、邮政厅、财厅档案，主要研究 1927 年至 1949 年民国政府对华侨汇款的管制，包括中央政府的各项侨汇政策及其实施的过程、粤闽地方政府的相关法规及政策、公营银行业以及邮政储金汇业局对华侨汇款的管制、民信业（侨批业）的侨汇经营及其同官办机构的竞争等等。特别着重于研究国民政府时期的各种侨汇政策与实施过程，包括 1927—1949 年中央政府政策的演变、地方当局的施政、公营行局与民间侨批业的竞争等方面。其中特别对 1949 年新中国成立前夕华侨汇款的逃避问题进行了专门论述，指出了侨汇逃避问题出现的根本原因、逃避方式和影响等问题，揭示了民国政府通货膨胀和不合理汇率等侨汇管理政策最终导致大量侨汇通过外商银行、民营侨批局、钱庄、银号等机构流入黑市，这不仅是民国政府腐朽统治的结果之一，也是其最终垮台的原因之一。此外，该书在 1947 年广东省银行编印的刘佐人《金融与侨汇综论》一书的基础上，对侨汇逃避形式做了深入探讨，对汇单买卖、与进出口商划拨款项和金银现钞走私三种逃汇方式进行了具体说明，这不仅直接展示出新中国成立后侨汇管理方面所面对的基本现实，而且使我们对此后新中国政府做出的一系列侨批业管理措施得以有深刻理解。

另就史料出版方面来看，可以说反映新中国成立后侨批业的相关史料汇编的出版作品种类十分丰富。

就广东地区而言，1991 年《广东中国银行历史资料汇编（1949—1989）》②由中国银行广州分行行史编写组编写完成，其中就辑录了部分有关广东侨汇和侨汇业管理政策的文件内容。2003 年潮汕历史文化研究中心编写的《潮汕侨批萃编》（第 1—3 辑）③正式出版，收录了不同时期大量潮汕侨批影印件。而潮汕历

① 这些研究成果包括袁丁、陈丽园：《1946—49 年国民政府对侨批局的政策》，《南洋问题研究》2001 年第 3 期；袁丁、陈丽园：《战后国民政府侨汇经营体系的重建》，《八桂侨刊》2001 年第 2 期；陈丽园：《1946—1949 年广东侨汇逃避问题》，中山大学硕士学位论文，2001 年；钟运荣：《近代侨汇与国家控制——以民国邮政与广东批信局的关系为中心（1928—1945）》，中山大学硕士学位论文，2002 年；袁丁：《国统区与沦陷区之间的侨汇流通》，见钱江、纪宗安主编：《世界华侨华人研究（第一辑）》，广州：暨南大学出版社，2008 年；陈丽园：《民间侨汇网络与跨国华人社会的建构：以民国时期的潮州社群为例》，中山大学历史学博士后出站报告，2010 年，等等。
② 《广东中国银行历史资料汇编（1949—1989）》，中国银行广州分行行史编写组编印，1991 年。
③ 潮汕历史文化研究中心编：《潮汕侨批萃编》（第 1—3 辑），香港：公元出版有限公司，2003 年。

史文化研究中心从 2007 年开始至 2015 年累计出版《潮汕侨批集成》① 共计三辑 108 册，收录了近十万份潮汕地区不同历史时期的侨批影印件，具有较高的文献价值和历史价值。2011 年潮汕历史文化研究中心等编辑出版了《梅州侨批档案选编》，其中主要收录了新中国成立初期梅州籍水客熊耿基经营侨批的较完整单据。② 同年，潮汕历史文化研究中心等编辑的《泰国侨批业资料汇萃》③ 出版，该书辑录了 20 世纪初至 50 年代末期与泰国侨批业有关的各类报业报道、评论和广告等，具有一定的史料价值。2011 年江门市档案局和五邑大学广东侨乡文化研究中心合作出版的《江门五邑侨汇档案（1940—1950）》④，也收录了个别新中国成立后的侨汇档案。2014 年广东省档案局编印了《梅州侨批　世界记忆——魏金华收藏侨批档案汇编》⑤，其中收录有不少梅州地区的侨批彩照。2015 年暨南大学出版社出版了《古巴华侨银信：李云宏宗族家书》⑥，该书收录了江门李氏家族三代 86 封古巴银信，展现了跨越清末、民国、新中国三个不同时期的江门籍古巴华侨家族的百年奋斗史。

就福建地区而言，1994 年和 1996 年由中国银行泉州分行行史编委会编辑，厦门大学出版社出版的《泉州侨批业史料》⑦ 和《闽南侨批史纪述》⑧ 两书，则是将新中国成立后与泉州侨批业相关的当地报刊文章、政府档案资料、已有研究成果和相关人员回忆录集合在一起的"史料集"，其重要性也正在于两书的史料价值。《泉州侨批业史料》分上下两编，叙述了 1871—1976 年泉州侨批业的发展历程，以及新中国对侨批业经营的继承、管理和改造。《闽南侨批史纪述》一书除对新中国成立前泉州地区侨批业历史做出说明外，还集中论述了新中国成立后泉州侨批的邮路和批路、侨批业的经营管理、部分侨批局的发展史，同时该书还将部分侨批工作者的回忆录整理成文，集中刊载，这为新中国成立后对泉州侨批

---

① 潮汕历史文化研究中心编：《潮汕侨批集成》（第一辑）（36 册），桂林：广西师范大学出版社，2007 年；潮汕历史文化研究中心编：《潮汕侨批集成》（第二辑）（36 册），桂林：广西师范大学出版社，2010 年；潮汕历史文化研究中心编：《潮汕侨批集成》（第三辑）（36 册），桂林：广西师范大学出版社，2015 年。

② 潮汕历史文化研究中心等编：《梅州侨批档案选编》，香港：天马出版有限公司，2011 年。

③ 潮汕历史文化研究中心等编：《泰国侨批业资料汇萃》，香港：天马出版有限公司，2011 年。

④ 刘进、李文照主编：《江门五邑侨汇档案（1940—1950）》，北京：中国华侨出版社，2011 年。

⑤ 《梅州侨批　世界记忆——魏金华收藏侨批档案汇编》，广东省档案局编印，2014 年。

⑥ 李柏达编著：《古巴华侨银信：李云宏宗族家书》，广州：暨南大学出版社，2015 年。

⑦ 中国银行泉州分行行史编委会编：《泉州侨批业史料》，厦门：厦门大学出版社，1994 年。

⑧ 中国银行泉州分行行史编委会编：《闽南侨批史纪述》，厦门：厦门大学出版社，1996 年。

业的全面认识奠定了基础。这两部著作为广东侨批业研究提供了重要借鉴。同样是反映福建侨批业的资料，1997 年《中国银行福建行史资料汇编（1949—1990）》① 正式出版，其中收录了大量关于新中国成立后福建省侨批业有关行业登记、成立侨汇联合派送机构、反限汇斗争等管理政策的银行史料，具有很高的史料价值。1999 年厦门大学出版社出版的《中国银行厦门市分行行史资料汇编》（上）（1915—1949）、（中）（1950—1978）、（下）（1979—1995）② 三册是史料价值极高的银行史资料集，该套书将 80 年来中国银行厦门市分行的各时期经营资料分阶段编辑成册。其中中册详细列举了 1950—1978 年中国银行厦门市分行各项经营活动和行业规章，并对厦门侨批业的管理措施分章予以归类，其中主要涉及侨汇的处理办法和管理规定、侨批业的登记管理、侨批业的机构与人员状况、对派送机构的改造、侨批业收汇与盈余分配情况、侨批业的取消等内容。该书是了解新中国成立后厦门地区侨批业发展变化的一部权威、翔实的史料集，对本书的写作多有参照和借鉴意义，而且还能弥补广东侨批业现存资料的不足。2016 年《闽南侨批大全》（第一辑）③ 正式出版，共收录 1894—1992 年闽南地区侨批及相关资料 6 000 多份，包括侨批、回批、信局汇票、汇款单据、电汇单等文献资料。

此外，反映新中国成立初期侨汇管理和侨批业管理政策的还有以广东和福建为主的包括两省各基层市、县的华侨或侨务志，诸如《广东省志·华侨志》④、《广州市志》（卷十八）⑤、《汕头市志》⑥、《台山县华侨志》⑦、《惠阳华侨志》⑧、《珠海侨务志》⑨、《福建省志·华侨志》⑩、《厦门华侨志》⑪、《漳州华侨志》⑫

①　中国银行福建省分行行史编委会编：《中国银行福建行史资料汇编（1949—1990）》，福州：海风出版社，1997 年。

②　《中国银行厦门市分行行史资料汇编》编委会编：《中国银行厦门市分行行史资料汇编》（上）（1915—1949）、（中）（1950—1978）、（下）（1979—1995），厦门：厦门大学出版社，1999 年。

③　本书编委会编：《闽南侨批大全》（第一辑），福州：福建人民出版社，2016 年。

④　广东省地方史志编纂委员会：《广东省志·华侨志》，广州：广东人民出版社，1996 年。

⑤　广州市地方志编纂委员会：《广州市志》（卷十八），广州：广州出版社，1996 年。

⑥　广东省汕头市地方志编纂委员会编：《汕头市志》（4 册），北京：新华出版社，1999 年。

⑦　《台山县华侨志》，台山侨务办公室编制，1992 年。

⑧　惠阳市人民政府侨务办公室编：《惠阳华侨志》，广州：广东人民出版社，1999 年。

⑨　张英龙主编：《珠海侨务志》，珠海：珠海出版社，2009 年。

⑩　福建省地方志编纂委员会编：《福建省志·华侨志》，福州：福建人民出版社，1992 年。

⑪　《厦门华侨志》编委会编：《厦门华侨志》，厦门：鹭江出版社，1991 年。

⑫　漳州市人民政府侨务办公室编：《漳州华侨志》，厦门：厦门大学出版社，1994 年。

等，其中都包含不少相关内容，在此不一一罗列。

综上，我们可以认识到：第一，包括侨批业在内的新中国成立后侨汇问题研究以及相关侨批资料的影印出版，在研究和出版对象的地域上仍以闽粤为主，而且闽粤两地学者做出了大量基础性的重大贡献，极大地丰富了侨史研究。第二，利用闽粤以外地区侨汇史档案进行研究的著作渐渐出现，[①] 这些现象一方面从一个视角反映了侨史研究机构和队伍逐渐扩大，另一方面也反映了侨史研究领域的繁荣和发展，这对于进一步促进新时期华侨华人研究具有重要意义。第三，在专门性的侨史研究著作中强调一手档案史料的挖掘和应用，是侨史研究深化并形成新的选题的重要方法论基础，也是进一步推动侨史研究不断发展的内在要求。第四，尽管前人研究成果较多，但真正对与本研究相关的档案史料的挖掘还有大量工作待做，而随着档案馆藏部门的法治化、规范化以及保存与利用并重、加快档案电子数据化管理理念的推广，大量涉及新中国成立后的侨汇档案史料得以逐步公开，加之银行部门对于档案史料的整理出版，特别如中国银行及闽粤地方分支行档案史料的整理出版工作，为进一步开展新中国侨汇史研究提供了重要条件。第五，就1949—1956年广东侨批业管理政策研究这一选题而言，重在强调从政策视角来考察政府与社会私营经济组织及个体经营者的关系，不仅要考虑新中国成立后的发展过程，还要考虑到从民国政府崩溃到新中国政府建立这一复杂历史时期相关政策的变化与发展，这就需要多方面深入搜集这一时期相关资料并将其管理过程刻画清楚，由此就要求进一步深入挖掘相关历史时期广东省政府不同机构所涉及的侨史档案资料，这也是本研究得以开展的重要前提。

以上是相关学术研究的回顾与简评，本书的写作正是在前人研究的基础上得以展开和逐步深入的。

---

① 除了前文所提及的杨世红的论文外，还有诸如复旦大学尤云弟在《党史研究与教学》2013年第4期上发表的《上海侨汇与1950年人民胜利折实公债》等文。尤文主要利用上海市档案馆所藏档案资料等，分析了新中国成立初期国家坚决保护、努力争取侨汇，并实行"便利侨汇，服务侨胞"和"外汇归公，利益归私"的政策以保障侨胞利益，主动创造和利用任何可能的契机来推动外汇国有化以促进经济建设。当时上海虽然不是传统意义上的侨乡，却汇入和接治了数额巨大的侨汇，从新中国成立至1954年底上海共接收侨汇8 333万美元，占上海地区全部对资本主义国家外汇收入的21.5%。1950年政府发行人民胜利折实公债之际，政府采取"原币转汇、侨汇优待牌价、侨汇购债牌价"等举措，吸引了侨胞汇寄侨汇购买公债，支持了新中国经济建设。

第一章　新中国成立前国民政府对
广东侨批业的管理

一、"二战"后政府侨汇经营的恢复与
侨汇逃避问题的严重化

抗战期间由于日军封锁、汇路阻滞、行局迁移、侨眷避战以及国民政府相关金融机构管理不善等，造成大量侨汇积压甚至遗失，致使广东全省各地侨眷在经历了惨痛的战争灾难之余，还蒙受了巨大的经济财产损失。因此，对于华南地区以及广大侨眷而言，战后重建的要务之一便是要求政府尽快恢复通汇工作。而自抗战全面爆发以来，国民政府的海外侨汇经营主要交由国家行局如中国银行、交通银行、邮政储金汇业局等负责，其中中国银行经收侨汇份额占全国半数以上。在抗战结束前夕，国民政府处理战时金融事务的联合管理机构四联总处即就战后国家侨汇经营进行了规划和安排。1945 年 6 月 14 日四联总处第 273 次理事会通过《改善华侨汇款办法》，其中提出：

一、由中国银行在闽粤游击区附近增设办事处，沟通侨汇，所有各该地解付侨汇所需钞券，由中央银行尽量供应，目前并以在长汀拨交现钞为原则，嗣后随军事进展随时洽商拨交现钞地点。

二、菲律滨（即菲律宾——笔者注）业已解放，应即由中国及交通两行派员前往设行或复业，并应尽先办理侨汇，以应需要。

三、南洋马来亚等地侨胞众多，一俟各该地光复，应由中国银行派员迅往复业，并应尽先举办侨汇业务。

四、目前四邑（即今江门地区——笔者注）侨汇，既奉委座核准令饬航委

会准由该行派员搭乘该会军用机，并携同钞券、侨汇委书、帐册、电台机件，运汀转粤，应即由中国银行克期洽办，俾谋早日通汇，以应侨眷急需。

五、所有因战事关系未能解讫之四邑侨汇一亿三千五百万元，应由中国银行限期设法早日解讫。①

从以上《改善华侨汇款办法》的部分内容可以看出四联总处就侨汇问题进行了认真研究并形成具体决议，足见国民政府高度关注侨汇问题，同时从该办法还可见国民政府的金融管理在战后仍主要依靠国家行局开展侨汇经营，其中主要依靠中国银行，并将闽粤侨胞聚居的东南亚地区和四邑侨胞集中的北美地区作为侨汇经营的重点。该策略符合海外侨情发展的实际情况，但缺点是没有提及近代以来就大规模从事民间侨汇寄递的侨批业，事实上国家行局的侨汇经营与广大侨批业的合作关系长期存在。在近代中国社会经济环境下，侨批业因特殊的地缘、血缘、亲缘、业缘等多重关系所建构起来的行业优势，使国家行局无法取代。这也说明近代以来国家与民间金融业务的差异化经营始终存在，如果不处理好政府金融机构与侨批业在经营侨汇业务上的关系，仅凭战时国家逐步实行的外汇统制政策，国民政府将难以实现外汇资源集中于中央的目标。

尽管《改善华侨汇款办法》没有提及侨批业，但战后侨汇经营复建期间国家行局还是与广大侨批业建立起了一定的合作关系。此外，与国家行局同时开展侨汇复营工作的还有大量地方银行，粤闽等侨乡大省所属地方银行如广东省银行、福建省银行就长期经营侨汇业务。此类地方银行在侨汇经营方面不仅有地缘优势，同时也与广大侨批业建立了较广泛的业务合作关系。国家行局、地方银行与侨批业合作所开展的战后复建工作，推动了侨汇数量的增长。如中国银行"抗战胜利后，国内沦陷地区该行原有行处，均次第复业。尤以广东四邑一带为侨汇集中地区，该行首先派员随军以赴，以最迅速之方法使之复业。计（1945年——笔者注）九月间首在广东江门设立支行，专以办理解付侨汇事宜，次第恢复新昌、台山、赤礐等办事处。其他如广州、韶关等地行处，亦先后复业。至国外方面，除原有纽约、伦敦、夏湾拿（哈瓦那——笔者注）、加尔各答、孟买、

----

① 《改善华侨汇款办法》（1945年6月14日），重庆市档案馆、重庆市人民银行金融研究所合编：《四联总处史料》（下），北京：档案出版社，1993年，第215－216页。

雪梨（悉尼——笔者注）等行外，其他国外各地因交通关系，原有行处均于胜利后经积极筹备，已先后复业者，计有仰光、河内、海防、新加坡、槟榔屿、吉隆坡等行。荷印各地因政局关系，未能立即设行，现正拟将巴达维亚（今雅加达——笔者注）机构先行恢复。至泗水、棉兰等地机构，一俟当地环境许可，再行尽先设法恢复。此外如越南西贡亦正在筹备设行。在沟通侨汇，便利侨胞之原则下，以后仍当继续随时注意推进"①。而中国银行为推进业务发展，与海外侨批局先后建立委托关系，由海外侨批局广泛吸收侨汇转由中国银行在国内解付。如1946—1948年东南亚和香港地区就有大元、大安、大德、大丰、大吉、三元、万众、万泰、万盛、万合发、中菲、江南、合发、元大、庆德、庆合兴、泉中、金润、南生、南中、南通、南华、南元、南兴、正大、正诚、友联、民益、民兴、民利、兴隆、益通、建国、建南、建安、建裕、建隆、胜安、宝发、达华、和安、捷发、交通、路透、浔江、华泰、华章、安发、源泰、源发、源崇美、丰成、丰顺、吴南、鸿昌、鸿发、瑞记、瑞德、顺茂、启南、远胜、东和、添源、侨务、汇丰、福利、信通、信义、联合、荣源兴、林成泰、林源成、胡瑞隆、戴良坚、许耀铨等九十多家民信局、特约商号委托中国银行解付侨汇，这些海外委托批局中部分在新加坡公开挂牌代理中国银行新加坡分行业务并接受一切信汇、票汇以及法币存款，而更有部分批局挂牌兼营国内各地中国银行汇兑业务。②

1945年11月邮政储金汇业局也恢复海外侨汇经营，"查战前邮汇局（即邮政储金汇业局——笔者注）办理华侨汇款业务，主要地点在香港，于三十年十二月八日太平洋战事爆发后停顿，直至上年（1945年——笔者注）十一月间始行恢复，仍由香港通讯处办理。嗣为指挥便利起见，于本年五月初移转上海综理一切，经数月复员工作，内部组织渐臻完备，并先后与原承办代理机构洽妥收汇，计有马来亚各地华侨银行、马尼拉中菲汇兑信托局、澳门民信钱庄、旧金山广东银行暨香港简鉴清汇兑号等五家。又有纽西兰（新西兰——笔者注）侨胞汇回赡养眷属之零星汇款，其安南（今越南——笔者注）暹罗（今泰国——笔者注）

① 《秘书处关于复员后初期中国银行办理侨汇业务情形的报告》（1946年10月3日），重庆市档案馆、重庆市人民银行金融研究所合编：《四联总处史料》（下），北京：档案出版社，1993年，第223页。
② 《抗战胜利后东南亚和香港地区民信局直接委托闽行解付侨汇情况》，《中国银行厦门市分行行史资料汇编》编委会编：《中国银行厦门市分行行史资料汇编》（上）（1915—1949），厦门：厦门大学出版社，1999年，第550页。

等处侨汇，正在接洽中。上述侨汇，以华侨银行汇款最多，数额亦最庞大"①。

而广东省银行是广东省所属、经营海外侨汇最为著名的华南地方银行。战后在接收伪省行的基础上，广东省银行迅速恢复经营海外侨汇工作，1945 年 11 月广东省银行新加坡分行复业，"并在南洋各属觅得代理店九家吸收南洋各埠侨汇，香港分行于本年（1946 年——笔者注）二月复业转驳美洲及澳洲等埠侨汇，澳门支行则加强组织继续营业，沟通葡属及欧洲侨汇。海外侨汇网已建立根基，倘能获准于美洲设立机构则工作更易开展。至内地方面，如潮梅四邑及琼崖等地行处均经恢复及准设，其尚未设有行处之地点则陆续设置解付侨汇代理店，现已有十二家，其余仍在商定合约中，以期与侨眷密切联络。故本年一月至六月底止，吸收华侨汇款已达三十四亿二千余万元。同时，加强航电联汇以期迅速确实办理侨眷登记、水客登记，以利联络。本行在战时尽力为侨胞服务，已取得侨胞信仰，今后自当继续努力随时改进，以慰侨望"②。

在国家和地方金融机构积极复业的作用下，相较于太平洋战争爆发后的侨汇低落，战后初期侨汇经过政府金融机构流入侨乡的情况得到大幅改善。粤闽侨汇数量占中国侨汇收入总量的 90% 以上，其中粤省为数最多。闽粤侨汇区域可分粤之四邑、东江、海南及闽南四区。根据战后中国银行统计估算，四邑华侨以旅居美洲为最多，人数有 30 万，每月汇款估计约为美金 500 万元；东江华侨多数居于暹罗、荷属印度尼西亚、越南、马来等地，人数有 200 余万，每月侨汇合港币 400 余万元，约折合美金 80 万元；海南华侨旅居新加坡者 20 余万，每月侨汇约合叻币 60 万元，约折合美金 20 万元，旅居暹罗者约 40 万，每月侨汇约暹币 200 万铢，约折合美金 9 万元，此外旅美海员约 800 人，每月侨汇约为美金 1 万元；闽南华侨多分布于菲律宾、新加坡、爪哇、巴达维亚、槟榔屿及其他南洋各地，人数以马来及荷属印度尼西亚两地最多，在 400 万以上，菲律宾每月汇款几占闽南侨汇的 8/10，折合菲币约达 320 万元，约折合美金 160 万元，其他各地每

---

① 《秘书处关于邮汇局恢复侨汇的报告》（1946 年 10 月 3 日），重庆市档案馆、重庆市人民银行金融研究所合编：《四联总处史料》（下），北京：档案出版社，1993 年，第 224 – 225 页。

② 《广东省银行办理侨汇经过与展望》（1946 年），广东省档案馆藏民国广东省银行档案，全宗号41，目录号 3，案卷号 520，第 112 – 120 页。

月约合美金 40 万元。以上侨汇收入共计每月约有美金 810 万元。① 1945 年 12 月中央银行业务局局长徐柏园发布 1946 年度经营方针时强调，"自胜利以后，侨汇骤增，每月约一千万美元，中央银行斟酌情形，随时调拨筹码，俾尽先供给侨汇，大约每月拨国币五十亿元左右，运钞方法：　（一）陆上由重庆运往，（二）海上由上海运往，均在广州集中分配"②。徐氏所言抗战胜利后侨汇骤增的数量与战后中国银行的统计估算数额大致相当，仅中国银行一家，1945 年 10 月当月经办的侨汇就有美元 546.7 万、英镑 6.7 万等。③ 中国银行的侨汇业务报告显示，"自去年（1945 年——笔者注）九月份战争结束初期，收汇数额月有增加，每月均在一亿元以上（另加二十四倍补助金④）。迨三月四日汇率重订后，则三月份即达三十六亿元，四月份更增至五十七亿元"⑤。侨汇数额的增长，既反映了海外侨胞汇款接济和赡养国内侨属的急迫心情，也反映了侨汇作为进入中国国内的非贸易外汇资源在战后国民经济重建方面所具有的重要意义。

　　然而国民政府自战时实行的外汇统制造成外汇黑市发展猖獗，战后初期随着国土全面收复，情况反而更为严重，侨汇在黑市的兑换价格已经远超官方汇价。在不得已的情况下，国民政府决定放开外汇市场并大幅度贬低国币币值，希望借此刹住外汇黑市炒风并提振国内经济事业。1946 年 2 月 25 日国防最高委员会会议提出，"查现在买卖外汇无公开市场，对外贸易陷于停顿，因之工商企业并相观望，实为经济复员之一大障碍。且以解决办法尚未公布，以致群起猜测，黑市之纷扰，乃日甚一日，近更牵动黄金市价，尤足影响金融，刺激物价，自应速将汇市纳入正轨，以促成经济之发展与民生之安定"，会议议决将中国官价外汇汇率予以废止，并规定中央银行应察酌市面情形并依照供求实况随时供给或收买外汇。同日《中央银行管理外汇暂行办法》通过，规定只有中央银行审核通过的指定银行、准许经营行号及外汇经纪人才得以经营外汇业务，此举旨在打击外汇

　　① 《1947 年 9 月 15 日闽、粤两行关于加强吸收侨汇之建议》，《中国银行厦门市分行行史资料汇编》编委会编：《中国银行厦门市分行行史资料汇编》（上）（1915—1949），厦门：厦门大学出版社，1999 年，第 547 页。

　　② 《中央银行发表明年度营业方针》，《申报》，1945 年 12 月 28 日第 4 版。

　　③ 《中央银行发表明年度营业方针》，《申报》，1945 年 12 月 28 日第 4 版。

　　④ 因币贬值，1945 年 7 月国民政府宣布侨汇按照官方汇率兑换后另给予 24 倍津贴，1 美元侨汇可实际兑换国币 500 元。

　　⑤ 《秘书处关于复员后初期中国银行办理侨汇业务情形的报告》（1946 年 10 月 3 日），重庆市档案馆、重庆市人民银行金融研究所合编：《四联总处史料》（下），北京：档案出版社，1993 年，第 223 页。

黑市。① 该案于 3 月 4 日正式颁行，并公布 1 美元兑换国币 2 020 元，该汇价较之前政府所定侨汇按照官价再加 24 倍津贴后的 1 美元兑换国币 500 元而言，已是大有改善，但黑市汇价随着政府汇价调整却不断高涨。尽管 8 月 19 日官方再次公布 1 美元兑换国币 3 350 元，但始终无法赶上市场汇价。

战后华南市场特别是香港市场对外汇的渴求，已经造成官方汇价与黑市汇价的巨大价差。《申报》报道 1946 年 1 月广州市场强烈反映官方侨汇汇价过低，"要求修正华侨汇款至华之汇率，战前汇款数字，年达数百万美元之巨。目下所定汇率为美金一元合法币五百元，致使许多华侨反愿汇款至香港，套换法币，藉以避免照官价折算，盖经香港一转，即可多得法币八百元，设由黑市套换，则可多得法币一千三百元之多，广州商人认为设政府维持旧汇率，则失却获得美金准备之大好机会"②。尽管官方调高汇价，但是与市场的汇价差距使得以中国银行为代表的国有行局的经收侨汇数额，在国民政府放开外汇市场后开始出现大幅波动和下降（见下文 1946 年度中国银行经收侨汇折合国币统计表）。根据《四联总处 1946 年度重要工作报告》，"中国银行自本年（1946 年——笔者注）一月份至十二月份共计经收侨汇折合国币总数为六百十一亿余元，计一月份经收侨汇折合国币数为八千七百余万元，二月份为四千二百余万元，惟当时美金汇率系照美金五元合法币百元计算，中国银行并系遵政府规定，加给补助金二十四倍（一二月份经收侨汇数额此项补助金并不包括在内）。自三月份起，汇率调整，国府公布中央银行管理外汇暂行办法，该行经收侨汇折合国币数额，即系按照新定汇率折算，故三月份经收侨汇折合国币数额激增为四十七亿四千八百余万元，四月份更增至八十六亿一千九百余万元，五、六、七三个月份略为降低，八月份为八十三亿余元，九、十两月份各为七十余亿元，十一、十二两月份则更降低，计十一月份为四十七亿余元，十二月份为三十六亿七千余万元。盖此时中央银行美汇牌价（三三五〇）与黑市价格相差甚巨（黑市价格约六千元上下），部分侨汇颇多逃避流入黑市，总计一至十二月份共经收国币为六百一十一亿余元，经收美金为

---

① 《国防最高委员会通过开放外汇市场的提案》（1946 年 2 月 25 日），中国人民银行总行参事室编：《中华民国货币史资料》（第二辑）（1924—1949），上海：上海人民出版社，1991 年，第 775 – 777 页。
② 《粤商要求修改华侨汇率》，《申报》，1946 年 1 月 13 日第 4 版。

四百十二万余元，经收英金为一百廿八万余镑，经收印币四万余罗比"①。由此可见，按照汇价折算，1946 年 1 月中国银行经收侨汇尚有 436.365 万美元，7 月则减少为 201.075 2 万美元，而 12 月则仅有 109.805 5 万美元，与 1 月相较差距高达 300 多万美元。广州中国银行新昌（在今江门市）办事处 1946 年业务报告也谈到，"至抗战胜利后，本处首先于卅四年十一月一日复业，侨汇于是畅通。年来颠沛流离之侨眷生活乃得复苏，商业亦渐见活跃。迨本年下期侨汇牌价与黑市差价逐渐演成远距离，以致美属各地侨汇大部逃港，本行侨汇日见减少，大有今非昔比之感"。"侨汇为本行主要业务。本年收到侨汇总数计共 115 亿 5 千余万元，介讫总数达六万余笔计国币 112 亿余元（其中包括赤磡付款处一至六月份介付数二万余笔计二拾捌亿元）。本年一月份因复员未久旧积侨汇仍多，同人日以继夜积极清理，故是月份所介付侨汇达二万笔计国币二拾亿元，创全年各月份之最高纪录。迨三四月旧积渐轻，收付侨汇之数目逐月减少，直至五月间……侨胞汇款略为踊跃，且每笔款额亦比之前稍大。本行复于此时举办美金及英镑之原币汇款。因此，六月份介付侨汇数字复增，侨汇业务大有蓬勃之势。惟不及数月，即为外汇黑市影响以致侨汇大量逃港。经本行汇来者，已逐渐成为寥寥之数，侨汇业务至此又陷于萎靡不振难以进展状态。"② 1946 年 12 月《申报》根据中国银行统计报道称，每月侨汇逃港数额估算高达 1 000 万美元。③

表 1　1946 年度中国银行经收侨汇折合国币统计表

月份	折合国币总数	月份	折合国币总数
一月份	87 273 000	七月份	4 061 720 000
二月份	42 611 000	八月份	8 300 994 000
三月份	4 748 490 000	九月份	7 291 107 000
四月份	8 619 610 000	十月份	7 112 501 000
五月份	6 725 763 000	十一月	4 703 110 000
六月份	5 790 335 000	十二月	3 678 487 000

---

① 《四联总处 1946 年度重要工作报告》（1947 年），中国第二历史档案馆编：《中华民国史档案资料汇编》第五辑第三编"财政经济（三）"，北京：档案出版社，2000 年，第 405 页。

② 《昶处卅五年度业务年报》（1947 年），广东省档案馆藏民国广州中国银行档案，全宗号 43，目录号 1，案卷号 1492，第 72 - 82 页。

③ 《上月份侨汇又减　走私商套购其数甚大》，《申报》，1946 年 12 月 15 日第 7 版。

注：1. 一、二月份折合国币数不包括政府补助金在内；

2. 自三月份起按照中央银行管理外汇暂行办法办理，即1946年3月4日起按照1美元兑换国币2 020元，1946年8月19日起按照1美元兑换国币3 350元。

资料来源：《中国银行经收侨汇统计》（1946年），中国第二历史档案馆编：《中华民国史档案资料汇编》第五辑第三编"财政经济（三）"，北京：档案出版社，2000年，第406页。

二、对侨批业的批评与抑制

尽管如前文所言，侨批业在战后初期政府金融行局恢复侨汇经收中发挥了作用，但是这种合作多以委托、代理方式进行，其收益为从以官方汇价兑换后的国币款项中抽取固定比例的手续费，从以下1945年12月源兴信局与中国银行签订在侨乡代理派送解付侨汇的契约来看，手续费规定为千分之八，收益偏低，但其责任相对较大，且承诺放弃先诉抗辩权，未体现出保护侨批业的态度。另外，一旦中国银行侨汇数额低落以及国币币值出现大幅贬低，侨批局收益将会受损，这种委托合作方式与侨汇的黑市谋利相比，利益收入悬殊。

受贵行委托送解侨汇信款如有因派送错误及任何亏短贵行款项时敝局与保证人对于贵行所开款项数目应立即履行赔偿，并抛弃先诉抗辩权。

代解侨汇信款暂定为每千元手续费八元，每月月终结算一次，由敝局立据向贵行收领；如有增加或减少，须经双方同意，另行协定方为有效。

代解侨汇信款，所有应用回文一切材料由贵行发给应用，对于回文及封面决不批以任何文字或盖图章。

代解侨汇银信，该信款每次由贵行随侨信发给敝局具领，分别送解。

敝局领到侨信款时应立即派人分送，不得积压迁延，如有积压迁延致发生任何损失时，敝局与保证人应负完全责任赔偿。[①]

---

① 《源兴信局代理送解侨汇信款契约》（1945年12月），《中国银行泉州行史资料（1916—1949）》（征求意见稿），中国银行泉州分行行史编委会编印，编印时间不详，第154页。

　　而且从 1945 年四联总处《改善华侨汇款办法》缺少对侨批业的管理内容可见，至少国民政府金融决策者对于如何将侨批业纳入国家侨汇经营轨道尚未提出具体举措，但 1947 年 6 月中国银行福建、广东两省分行经理吕越祥、王振芳却联名将当时侨汇状况及拟具加强吸收侨汇办法上报中国银行总行，其中直接提出"联络批信局利用其机构以为接近华侨之工具"。二人均认为，"查南洋批信局历史悠久，情形特殊，年来环境变迁虽多，不特未受影响，反日见增加，自有其生存之因素，盖其组织简单，服务便利，与顾客直接往来，无营业时间之限制，有旧式商店之便利，汇款人多属同乡或亲戚，易受侨胞信托，时势所趋，只有设法与之联络，使其逐渐就范。此种批信局其范围大者，在海内外有总分局兼营外汇黑市买卖；其范围小者，仅在国外经营汇兑，在国内并无联号，须托人代理，如能利用此类范围较小之批信局取得联系，在可能以内予以便利及通融，必要时或允许其短期内之透支，藉资縻羁笼络，并可诱导其将外汇售与我行，使其有助于国策，对于吸收侨汇当大有裨益"[1]。吕、王二位经理的建议不可谓不中肯，其举措也不可谓不具实操性，但是二人也认识到要做到广泛联络侨批业，至少要采取措施使汇价尽量接近黑市，"查经黑市侨汇之银号、金山庄或批信局，在业务方面如汇价较高，递送周妥，均有其独到之处，侨胞已安之若素，本行欲争取侨汇于此种银号、金山庄或批信局之手已属不易，今后必须于服务上，力求迅速便利，以满足侨眷之望，更须于汇价上不使侨胞吃亏，俾其乐于就我，故经办侨汇不宜于汇价上沾取利润"[2]。但事实上调整官方汇价以达黑市价格的办法在当时难以行通，其根本原因在于其时中国国内生产事业凋敝，大量物资供应全凭从外国特别是美国进口，且随着内战兴起，国民政府无意全力发展生产事业，当时中国社会竟出现"无货不美，无美不备"的局面。

　　1946 年 3 月 4 日国家汇价调整为 1 美元兑换国币 2 020 元，原本已接近黑市汇价，但该汇率公布后黑市价格随之增高，物价随之又大幅上涨。为维持国币币值，国民政府所属中央银行不得不大量抛售美元、黄金平抑市场需求，最高峰时

　　① 《1947 年 9 月 15 日闽、粤两行关于加强吸收侨汇之建议》，《中国银行厦门市分行行史资料汇编》编委会编：《中国银行厦门市分行行史资料汇编》（上）（1915—1949），厦门：厦门大学出版社，1999 年，第 548 页。

　　② 《1947 年 9 月 15 日闽、粤两行关于加强吸收侨汇之建议》，《中国银行厦门市分行行史资料汇编》编委会编：《中国银行厦门市分行行史资料汇编》（上）（1915—1949），厦门：厦门大学出版社，1999 年，第 547 – 548 页。

竟达到日抛售黄金 10 万两，然而中国国内市场对外国商品的需求终究难以阻遏，8 月 19 日中央银行在无力应对后不得已将汇价再次调整为 1 美元兑换国币 3 350 元，11 月 17 日国民政府又公布修正进出口贸易办法限制进口，但是此举的结果是进一步推动黑市汇价走高。从 1946 年 3 月到 1947 年 2 月国民政府共动用美元 3.54 亿、黄金 350 万两平抑市场，几乎耗去国家美元和黄金储备的半数，但是市场求购外汇进口物资的需求仍然难以得到满足，侨汇逃避继续发展。[①] 1947 年 9 月主管战后国民政府经济事务的宋子文被免去行政院院长一职，同时行政院临时政务会议任命其转赴广东接替张发奎、罗卓英担任广州行辕主任、广东省政府主席和广东省保安司令。宋子文离开中枢转而主政地方，多被视为国民政府内部对其经济政策持否定态度的结果。为应对国币贬值，1948 年 8 月 19 日行政院公布《金圆券发行办法》，以金圆券 1 元折合国币 300 万元的比率收兑市场上流通的所有国币，并规定国家强制收兑金银和外币，禁止金银和外币流通。尽管金圆券在发行初期对市场确实有过短暂的稳定作用，但在不到十个月的时间内金圆券数额就突破 20 亿元的发行限额，发行数量竟达 60 万亿元，致使金圆券币值信用全无，物价急剧飞涨，而侨汇逃避也难以阻遏。这也是全面内战爆发后国民政府为应付庞大军事开支而采取恶性通货膨胀政策所产生的结果。随着侨汇逃避问题的严重化，以及外汇黑市经营根本无法消除，汇价差距问题也无法解决，将侨批业纳入国家侨汇经营轨道的基本前提无法具备，导致政府行局与侨批业的竞争关系日益凸显，批评和要求压制侨批业的声音不断出现。在此背景下，政府越发视侨批业为争夺侨汇资源和经营黑市外汇的主要力量而加以打击。

战后，要求限制侨批业的声音一直存在。1947 年 1 月《申报》曾发文提出："顷据金融界权威方面告称：关于上年度大量侨汇之逃避，其症结所在，当系外汇牌价与黑市相差悬殊，但是项逃避侨汇，亦非如外传之甚，均落在当地钱兑庄手中，实则多半为当地民信局所包揽。因民信局之历史较邮局悠久，我国在明末清初之时，已有民信局之设立，故延至目前仍握有相当势力，且颇得各地侨胞之信赖。最近复据中行方面统计，上年十二月份该行收入侨汇，其数字又较十一月份减少，故今后对民信局之承兑寄递侨汇，确值得注意之。"[②] 12 月 24 日《申

---

① 陈昭桐主编：《中国财政历史资料选编》（第 12 辑）（下）（国民党政府时期部分），北京：中国财政经济出版社，1990 年，第 313 – 315 页。

② 《侨汇逃避 多经民信局》，《申报》，1947 年 1 月 16 日第 7 版。

报》再以"财部将取缔华南民信店"为题报道，称"财部及国行现为缩小侨汇走私之领域起见，将设法取缔盛行于华南之'民信店'，按此种组织性质原为邮递，清代中叶已有，清末民初更盛行，因华侨早年带信回国时，信内往往夹带外币，习以为常，至于今日遂成为侨汇走私之重要途径"①。

1947 年 7 月广东省银行行长刘佐人撰文提出，复员后因银号、钱庄、批信局等纷纷复业，中国银行承兑侨汇比率约减为 30%，其余 70%，大多由外商银行或国内银号、批信局经汇，侨汇已大量逃避。目前不论美洲各国或英国属地，侨汇大多集中于香港，香港已成为侨汇逃避中心。数月来因外汇黑市远较官价为高，侨汇逃港数目与日俱增。据估计，最近侨汇逃港每月达美金一千万元。侨汇逃港结果对国家经济影响主要体现在三点：①使中国失去弥补对外贸易入超之外汇源泉，今后国际收支难以平衡。②侨汇流入外商银行之手，成为冻结资金，非但不会投资于国内生产建设事业，且如变为游资参加投机活动，则更加深国内经济风险。③直接助长香港繁荣，间接弥补英国国际收支之入超额。② 刘佐人的评论也指出了侨批业是侨汇逃避的重要渠道。而上海《金融日报》对侨汇逃港问题的剖析更为深入，其中提到侨批业是侨汇逃避的主要操作方，"目前大量的侨汇逃到香港去，已成为中国最严重的金融问题。这不单独使外汇蒙受极大的损失，而且造成了华南猖獗的走私，促使国币汇价的升腾，间接刺激物价的上涨。侨汇逃避的数量是惊人的。据美国商务部估计，1945 年侨汇汇往中国为二千四百万美元，经香港的二千四百六十万美元。到今年（1947 年——笔者注）更为厉害。三月份中国银行所收理的侨汇国币一百七十余亿，而透过民信局及私人汇往香港者，据统计在六百亿元以上。四月份侨汇激增，单广州中国银行所收侨汇便有一百五十亿。大家推测侨汇逃港已成过去，然而四月份的逃港数额则增至一千五百亿。这严重的现状，现今继续天天增加着"③。至于侨汇为何逃往香港，《金融日报》给出了五点原因：

---

① 《财部将取缔华南民信店》，《申报》，1947 年 12 月 24 日第 7 版。
② 《广东省银行总经理谈当前的侨汇问题并提出改进侨汇政策的纲要》，《申报》，1947 年 7 月 7 日第 6 版。
③ 《〈金融日报〉谈侨汇逃港问题》（1947 年 6 月 2 日），中国人民银行总行参事室编：《中华民国货币史资料》（第二辑）（1924—1949），上海：上海人民出版社，1991 年，第 849 - 850 页。

（1）牌价问题。公价汇率常与黑市汇率相差极大。如美汇公价在三千三百五十元，黑市则在七八千元以至七八千元以上；（2）美洲与南洋限制侨汇。美国现在规定每人每月只准汇出美元一百元，星洲每人每月四十五元叻币，因此，汇款额超过这个规定的都汇到了香港；（3）国币币值不稳。侨汇为避免遭受国币贬值的损失，直接汇返国内很不放心；（4）银行办理手续麻烦迟滞，而私人机关和民信公司则迅速确实，款项可直接送达收款人；（5）头寸不足。国内指定侨汇银行时常缺乏头寸，一时无法付出侨汇款额，致常生积压现象。①

邮政储金汇业局的业务报告不仅认为侨汇逃避无可扭转，还认为侨批业助长侨汇逃避已成为严峻问题。《邮政储金汇业局1947年度业务报告书》指出，"本年内，政府两度改订外汇管理办法，原期侨汇成绩，得以改观，终因币值不断跌落，外汇黑市与牌价距离过远，大宗侨汇逃避香港，无法引入正途。影响所及，不仅侨胞常遭意外损失，且使国家丧失巨量外汇，殊可惋惜"②。其后该局在分析侨汇业务衰退之主要原因方面，认为"（1）国内局势变化，国外侨胞每多与国内侨眷失却联络，经常之赡家汇款，大部陷于停顿。（2）国内各地金融状况混乱，金圆券急速贬值，批信局或以黄金原币或谷米解付侨汇，致使本局无法与之竞争。（3）币制改革后，情况未见彻底改善，侨汇业务最盛之粤省各地人民，多乐于使用港币，不愿收受银圆券，实为侨汇最大阻碍。（4）政府当局，对于鼓励侨胞汇款，及改善侨汇解付等事项，迟迟未能妥订办法，以致有失时机"③。

尽管多方在分析侨汇逃避时提到了种种原因，但比较一致的是都认为侨批业与侨汇逃港密切相关，大量侨批及侨汇单据不愿接受官方汇率兑换后的国币、金圆券解付款，更愿意选择逃避政府控制进入香港市场及本地黑市，按照黑市更高汇率汇兑成国币或者直接兑换为港币、美元，这是国家应该加以管理的重大问题。事实上，战后政府机构对于侨批业采取了一定的管制办法。如国民政府就要

---

① 《〈金融日报〉谈侨汇逃港问题》（1947年6月2日），中国人民银行总行参事室编：《中华民国货币史资料》（第二辑）（1924—1949），上海：上海人民出版社，1991年，第849－850页。

② 《邮政储金汇业局1947年度业务报告书》（1948年），中国第二历史档案馆编：《中华民国史档案资料汇编》第五辑第三编"财政经济（三）"，北京：档案出版社，2000年，第250页。

③ 《邮政储金汇业局业务报告书》（1949年9月），中国第二历史档案馆编：《中华民国史档案资料汇编》第五辑第三编"财政经济（三）"，北京：档案出版社，2000年，第323－324页。

求侨批业仍按照战前方式向交通部邮政总局申请执照，①并对已申领执照和未按期申领执照的侨批局进行分类登记，对未按期申领执照的侨批局提出予以取缔的要求，表2是1946年底广东省政府要求对汕头市侨批业已申领执照和未按期申领执照的侨批局进行调查摸底的情况调查表，在未按期申领执照的侨批局中，利亨、永裕、和和、万德、利源宏茂、展亚、永昌利、张长顺、同益九家接受汕头市政府财政股检查，被确定为兼营或代理侨批性质，并遵照政府要求进行整改后才被宽免，其余十数家因对政府政令置之不理而被建议取缔。②1946年底广东省政府社会处为进一步区分正规钱庄和地下钱庄，下文汕头市政府要求当地侨批业同业公会会员必须申领财政机关核发之证件，并将该会会名更改为"钱庄业商业同业公会"方可营业。1947年1月汕头市侨批业同业公会呈文汕头市政府并力争，"侨批局之设立，其设在外洋批局，向侨胞收集批款后，批信则总包寄之邮局，款项则总数汇之银行，到汕时由设在汕头批局，分别向邮局银行领取批款，逐一派工至侨眷家中分送，取得回批，寄还华侨为据。办理迄今，达百数十年，从无变异，业务本质如斯，当非钱庄业可以混一而语，其营业纯基乎华侨特殊情形而产生，并非通常之商业"③。尽管广东省政府社会处接受了呈请同意其不更改名称，但汕头市政府仍遵令要求侨批业同业公会会员承诺不开展存取款及兼营银行业务，并按侨批局每户提交核查表，经政府审核同意方得营业。④此后在汕头尚未经政府核发证件之批局或由他处迁来汕头营业之批局，除正常申领执照外还需要报汕头市政府发核查证书并报汕头市侨批业同业公会知照。⑤

　　在批局业务运营管理方面，1947年1月30日国民政府侨务委员会颁布战后

---

①　汕头市侨批业同业公会：《为陈明本市侨批业情形请乞再予核示以便遵照办理由》（1946年10月19日），汕头市档案局、汕头市档案馆等合编：《潮汕侨批业档案选编（1942—1949）》，香港：天马出版有限公司，2010年，第230–231页。

②　（汕头市政府财政股第三科）王忠、林少杰：《签呈件》（1946年12月19日），汕头市档案局、汕头市档案馆等合编：《潮汕侨批业档案选编（1942—1949）》，香港：天马出版有限公司，2010年，第241–242页。

③　汕头市侨批业同业公会：《为奉令改易名称谨释明侨批业务本质叩乞转请收回成命以免影响华侨批款递寄由》（1947年1月20日），汕头市档案局、汕头市档案馆等合编：《潮汕侨批业档案选编（1942—1949）》，香港：天马出版有限公司，2010年，第263–266页。

④　汕头市政府：《布告（三财字第1969号）》（1947年2月28日），汕头市档案局、汕头市档案馆等合编：《潮汕侨批业档案选编（1942—1949）》，香港：天马出版有限公司，2010年，第270–271页。

⑤　汕头十六家侨批商联名呈报汕头市侨务局：《为呈恳准予转函汕头市政府核发侨批业证书俾资信守而利营业由》（1947年5月22日），汕头市档案局、汕头市档案馆等合编：《潮汕侨批业档案选编（1942—1949）》，香港：天马出版有限公司，2010年，第277–278页。

的《批信事务处理办法》（详见下文），除继续贯彻战前的侨批业管理精神外，在规定上则更为细致，如要求侨批局必须进行年度登记才能获发新照，往来批信局总分号间之批信及回批不在当地邮政局所投递界以内者概应纳费交邮寄递，批信局不得私自派人带送，如送达批信之地方批信局并未设立分号者，应将该项批信纳费交邮寄往该地邮局作为存局候领邮件，由批信局派人前往具领后自行就地投送，其收取之回批亦应纳费交由该地邮局寄回总号，不得自带等，以此防止侨批局私带侨批并走漏邮资等问题。

表2　1946年11月2日汕头市侨批业调查表

商号名称	主事人姓名	店址	经营何地侨汇	奉准发给营业执照字轨号数及原照填发日期	核发执照机关	备考
普通	魏子家	永和街109号	新加坡 暹罗	汕头邮局换照收条第46号 1946年2月21日	交通部邮政总局	新照现未颁发到汕
万兴昌	许允一	永安街60号	暹罗	汕头邮局换照收条第43号 1946年2月20日	同	同
光益	钟少岩	永和街85号	新加坡 暹罗 安南	汕头邮局换照收条第57号 1946年3月8日	同	同
广顺利	谢子和	荣隆街22号	暹罗 安顺	汕头邮局换照收条第49号 1946年3月1日	同	同
陈炳春	陈克翕	潮安街17号	新加坡 香港 暹罗	汕头邮局换照收条第36号 1946年1月16日	同	同
许福成	许质彬	永平路133号	暹罗	汕头邮局换照收条第54号 1946年4月3日	同	同

（续上表）

商号名称	主事人姓名	店址	经营何地侨汇	奉准发给营业执照字轨号数及原照填发日期	核发执照机关	备考
万丰发	魏长荣	升平 13 横街 9 号	暹罗　坤甸新加坡	汕头邮局换照收条第 52 号 1946 年 3 月 2 日	同	同
光益裕	周照秋	永泰街 34 号	新加坡　坤甸	汕头邮局换照收条第 33 号 1946 年 1 月 16 日	同	同
有信	芮弼卿	永和街 68 号	新加坡	汕头邮局换照收条第 55 号 1946 年 3 月 5 日	同	同
洪万丰	洪贤良	永安街 53 号	新加坡槟榔屿	汕头邮局换照收条第 34 号 1946 年 1 月 16 日	同	同
玉合	林文彬	杉排路 4 号	安南　香港	汕头邮局换照收条第 51 号 1946 年 3 月 2 日	同	同
振盛兴	曾寿田	永兴街 41 号	暹罗	汕头邮局换照收条第 6 号 1946 年 1 月 11 日	同	同
合丰	马文龙	永兴街 62 号	暹罗　安南	汕头邮局换照收条第 38 号 1946 年 1 月 18 日	同	同
马源丰	萧松文	永和街 112 号	暹罗	汕头邮局换照收条第 11 号 1946 年 1 月 11 日	同	同
荣成利	许衍衡	升平路 176 号	安南　新加坡香港　暹罗	汕头邮局换照收条第 17 号 1946 年 1 月 12 日	同	同

（续上表）

商号名称	主事人姓名	店址	经营何地侨汇	奉准发给营业执照字轨号数及原照填发日期	核发执照机关	备考
永安	周镇昌	永和街 99 号	新加坡	汕头邮局换照收条第 23 号 1946 年 1 月 13 日	同	同
协成兴	许汉平	永泰路 71 号	暹罗	汕头邮局换照收条第 29 号 1944 年 12 月 13 日	同	同
理元	马承章	永和街 83 号	暹罗	汕头邮局换照收条第 21 号 1946 年 1 月 13 日	同	同
马德发	马星五	永安街 30 号	暹罗	汕头邮局换照收条第 12 号 1946 年 1 月 12 日	同	同
泰成昌	刘宗翰	安平路 136 号	暹罗	汕头邮局换照收条第 35 号 1946 年 1 月 16 日	同	同
悦记	张炳荣	永和街 110 号	暹罗 新加坡 安南 马来亚 香港	汕头邮局换照收条第 37 号 1946 年 1 月 18 日	同	同
李华利	李润初	新潮兴街 94 号	实叻	汕头邮局换照收条第 13 号 1946 年 1 月 11 日	同	同
成顺利	郑国泰	永和街 97 号	暹罗	汕头邮局换照收条第 9 号 1946 年 1 月 11 日	同	同
和合祥	张伯宽	安平路 223 号	暹罗	汕头邮局换照收条第 30 号 1946 年 1 月 16 日	同	同

（续上表）

商号名称	主事人姓名	店址	经营何地侨汇	奉准发给营业执照字轨号数及原照填发日期	核发执照机关	备考
同发利	徐百河	永兴 6 横街 11 号	暹罗	汕头邮局换照收条第 1 号 1946 年 1 月 9 日	同	同
钟荣顺	张云	镇邦路 50 号	暹罗	汕头邮局换照收条第 40 号 1946 年 2 月 20 日	同	同
复安	陈植芳	荣隆街 6 号	暹罗	汕头邮局换照收条第 7 号 1946 年 1 月 11 日	同	同
陈协盛	陈传治	永泰路 81 号	暹罗　安南	执照第 21 号 1946 年 1 月	同	同
福茂	邱庆琮	潮安街 47 号之 3	暹罗　安南	汕头邮局换照收条第 4 号 1946 年 1 月 11 日	同	同
福兴	刘士彦	海平路 22 号	槟城　日里	汕头邮局换照收条第 41 号 1946 年 2 月 20 日	同	同
福利	黄伟初	永泰路 130 号	新加坡　香港	汕头邮局换照收条第 5 号 1946 年 1 月 11 日	同	同
潮利亨	陈子余	杉排路 54 号	槟榔屿	汕头邮局换照收条第 28 号 1946 年 1 月 15 日	同	同
信大	陈欣泽	永泰路 128 号	新加坡　安南日里	汕头邮局换照收条第 24 号 1946 年 1 月 14 日	同	同

（续上表）

商号名称	主事人姓名	店址	经营何地侨汇	奉准发给营业执照字轨号数及原照填发日期	核发执照机关	备考
福成	陈宏生	吉安街41号	槟城　吉蕉怡保	汕头邮局换照收条第19号 1946年1月13日	同	同
源合兴	陈梓良	永兴街127号	安南	汕头邮局换照收条第3号 1946年1月11日	同	同
和兴盛	马东洲	永兴街91号	暹罗　日里槟榔屿	汕头邮局换照收条第144号 1946年1月11日	同	同
胜发	杨厥中	升平路96号	新加坡　暹罗坤甸	执照第112号 1944年	同	同
陈万合	陈开宗	海平路75号	香港	执照第146号 1944年	同	同
致盛	郑应林	德兴路49号	香港	汕头邮局换照收条第29号 1946年1月11日	同	同
荣丰利	黄宗周	永兴街130号	暹罗　香港新加坡	汕头邮局换照收条第14号 1946年1月11日	同	同
森春	魏应元	海平路8号2楼	实叻　新山	汕头邮局换照收条第61号 1946年1月15日	同	同
老亿丰	刘宗道	安平路136号	暹罗　香港安南　新加坡	汕头邮局换照收条第26号 1946年1月14日	同	同
恒记	林成禧	怡安街7号	槟城　荷属	汕头邮局换照收条第18号 1946年1月12日	同	同

（续上表）

商号名称	主事人姓名	店址	经营何地侨汇	奉准发给营业执照字轨号数及原照填发日期	核发执照机关	备考
四兴	陈云腾	镇邦路 51 号	实叻　槟城 安南　日里	汕头邮局换照收条第 20 号 1946 年 1 月 13 日	同	同
裕大	陈喜镇	永安街 65 号	实叻　山打根	汕头邮局换照收条第 12 号 1946 年 1 月 11 日	同	同
广泰祥	李星海	育善街 29 号	暹罗　实叻	汕头邮局换照收条第 22 号 1946 年 1 月 13 日	同	同
成昌利	萧介珊	永兴街 62 号	暹罗	汕头邮局换照收条第 48 号 1946 年 2 月 22 日	同	同
陈长发	陈少怀	永安街 47 号	新加坡　暹罗	汕头邮局换照收条第 27 号 1946 年 1 月 1 日	同	同
捷成	刘迪予	福平路 120 号	暹罗　新加坡	汕头邮局换照收条第 60 号 1946 年 1 月 14 日	同	同
陈富通	陈勤争	至平路 71 号	新加坡　吧城	汕头邮局换照收条第 64 号 1946 年 1 月 5 日	同	同
义发	孙振服	安平路 42 号	暹罗　新加坡	汕头邮局换照收条第 15 号 1946 年 1 月 11 日	同	同
荣大	蔡荣贵	永兴 4 横街 17 号	香港　暹罗 实叻　西贡	执照第 121 号 1944 年	同	同
广源	陈哲民	升平路 165 号	暹罗　安南	执照第 22 号 1946 年 1 月	同	同

（续上表）

商号 名称	主事人 姓名	店址	经营 何地侨汇	奉准发给营业执照 字轨号数及原照填 发日期	核发执 照机关	备考
振丰盛	陈君健	仁和街82号	日里	执照第111号 1944年	同	同
张广泉	张文泰	棉安街23号				照据不在汕，一时不能提出查验
宏通	张公垣	万安街14号				
绵发	陈义芝	外马路294号				

资料来源：汕头市侨批业同业公会：《为呈缴侨批业调查表请察核由》（1946年11月5日），汕头市档案局、汕头市档案馆等合编：《潮汕侨批业档案选编（1942—1949）》，香港：天马出版有限公司，2010年，第234-238页。

表3　1946年10月汕头市未领执照侨批业商号一览表

店号	店址	店号	店址
明兴	安平路246号	张长顺	潮安街48号
利源宏茂	安平路108号	永昌利	潮安3横街5号
倪两兴	永泰路104号	瑞生祥	永安街81号
万德	永泰路41号	展亚	升平路136号
同益	永泰街15号	永裕	永兴4横街14号2楼
和和	永泰街37号	张利丰	镇邦路42号
利亨	商平路165号	长兴利	福安1横街19号
潘合利	商平路163号	裕昌	永和2横街7号
永泰丰	永安街61号2楼	福胜昌	吉安街85号
承福兴	益安街35号	英昌	至平路64号
富春	至平路84号	友亨	金山直街29号

资料来源：汕头市侨批业同业公会：《为遵令呈报非会员业批商号请察核由》（1946年10月23日），汕头市档案局、汕头市档案馆等合编：《潮汕侨批业档案选编（1942—1949）》，香港：天马出版有限公司，2010年，第240-243页。

批信事务处理办法①

（1947 年）

第一条　各批信局应于每年底填具声请书检同原领执照并附纳手续费国币四百元送由主管邮局转呈邮政总局换发新执照。

前项声请书应载明批信局名称、开设日期与地点及营业人姓名、年龄、籍贯，有分号者其分号名称、开设日期与地点及营业人姓名、年龄，如国内外均有分号者，应分别注明国内外字样并须注明详细地址。

第二条　执照如有毁损遗失得邀同铺保二家叙明缘由，缴纳手续费国币四百元声请补发，但须刊登当地报纸十天声明原领执照作废。

第三条　批信局之分号如有增设或闲歇情事，得检同原执照附缴手续费二百元随时声请分别添注或注销，批信局停业时应将原领执照缴由该管邮局转呈注销，不得私自转让或顶替。

第四条　邮务视察员于查视局所时应调验批信局执照并于执照背面注明查验日期以资查考。

第五条　批信及回批得用总包交寄，但寄往荷属及法属地方之回批须将邮票逐件粘贴，至寄往香港、英属马来亚、北婆罗洲及暹罗者，得将邮票贴于总包外面并于包皮上批明内装确实件数。

寄往国外之回批总包如已缴呈挂号资费者得按挂号邮件寄递。

第六条　批信回批及押函之资费如左（如下——笔者注，下同）：

一、批信

甲、寄往国内各地分号者按总包每重二十公分或畸零之数收费一百元。

二、回批及押函

甲、由国内分号寄往总号转发之回批，得按总包每重二十公分或其畸零之数收费一百元，但来往国内各地之押函应按每件每重二十公分或其畸零之数收费一百元。

---

①　侨务委员会：《批信事务处理办法》（1947 年 1 月 30 日），汕头市档案局、汕头市档案馆等合编：《潮汕侨批业档案选编（1942—1949）》，香港：天马出版有限公司，2010 年，第 285 – 290 页。

乙、寄往美属菲律宾、法属印度支那、荷属东印度之回批及押函，按每件每重二十公分或其畸零之数收费一百九十元。

丙、寄往英属马来亚、北婆罗洲暨暹罗之回批及押函，按每件每重二十公分或其畸零之数收费九十五元。

丁、寄往香港之回批及押函，按每件每重二十公分或其畸零之数收费一百元。

第七条　进口批信应由相关邮局于接收时妥为核对，如系总包并须核对所贴邮票有无短少，乃加盖日戳留待批信局派人到局于相关信件清单上盖章领取，如系挂号并须掣取收据。

第八条　出口回批经相关邮局核对所贴邮票加盖日戳后，分别按普通或挂号邮件办理，如普通回批与国外到达局向有编列号码之习惯者，从其习惯，但总包交寄之回批须不时令批信局来人开拆检验，以觇有无匿报回批数目及短贴邮票情事，其散寄而情形可疑者亦同。

第九条　往国内各地之批信及回批，其总包封发手续依挂号邮件套例办理之。

第十条　批信局得就当地邮政局所投递界以内自行派人带送批信及回批。

第十一条　往来批信局总分号间之批信及回批不在当地邮政局所投递界以内者，概应纳费交邮寄递，批信局不得私自派人带送。

第十二条　如送达批信之地方批信局并未设立分号者，应将该项批信纳费交邮寄往该地邮局作为存局候领邮件，由批信局派人前往具领后自行就地投送，其收取之回批亦应纳费交由该地邮局寄回总号不得自带。

第十三条　寄往未设分号地方之批信，如有必要，批信局得按件贴纳国内邮资交由邮局查验盖销邮票并加盖"国内互寄邮资已纳呈特准批信局专人带送"等字样之戳记后，准予发还，自带回批需自行携回总号者亦同。惟自带之批信及回批不得享受总包纳费之利益，其带运人并仅以批信局总号指定之专人经相关邮政管理局发给正式证明文件（粘贴相片）者为限。

第十四条　批信局不得私运批信及回批，如有查获，除按件征收两倍邮资外，应责令缴纳违约金，第一次国币六千元，第二次一万五千

元，第三次三万元并将执照吊销，但进口批信总包如有短纳邮资情事，按欠资例办理。

批信局及其国内分号不得兼营国内信件，倘有查获，除按件征收两倍邮资外，亦应责令缴纳违约金，第一次国币六千元，第二次一万五千元，第三次三万元并吊销其执照。

匿报回批件数或夹带他件者，如有查获，除按件征收两倍邮资外，依前项规定之违约金减半征收，但每次匿报回批件数不逾总数百分之三者准予补缴邮资，免缴违约金。

第十五条　前条违约金应以百分之七十发给查获人，百分之三十发给告发人，无告发人者发给全数，但邮政人员查获者发给百分之五十充奖。

第十六条　违约金应登入营业外收入四一〇科目内，奖金登列营业外支出五一六科目内报销。

第十七条　批信局倘有私运匿报及夹带情事，经查获后应用 D 字第二九二号单式造具邮件查扣报告（即拿获邮件案内清单），俟案结后寄往邮政管理局转呈邮政总局备核，如不能于一个月以内解决者，在报告内注明"尚未办结"字样，俟结束后再行补呈一份。

第十八条　收寄及投递批件之各局，应依附表式样逐日登记，并按月依式造具批信统计表（D－37X）三份，以一份寄邮政总局视察室，一份寄邮政总局统计课，一份存档。

（附表略）

三、民国末期广东侨批业管理的成效

宋子文主粤后，广东省一方面与香港积极协商以期解决外汇黑市问题，另一方面则按照 1948 年 8 月 19 日《金圆券发行办法》关于禁止金银和外币流通的政策，在财政部广州金融管理局配合下打击了一些广东地下钱庄银号。如 1948 年 10 月 18 日广州金融管理局破获在上海、香港、湛江之间经营黑市套汇的陈氏地下钱庄，当场逮捕正在交易人员 10 人，起获港币万余元、金圆券 4 500 元及账簿

汇单等物品。① 10月30日广州金融管理局再次破获六二三路之广丰行、合丰行经营的地下钱庄，前者搜出金圆券11万余元及港币若干，后者搜出金圆券2万余元，并收缴套汇单据、密电码等物品。② 在广东省政府打击外汇黑市的同时，社会舆论对侨批业经营性质的质疑和批评升级，认为其与外汇走私关系甚大，而地方政府责任不可推脱。为此，1948年10月汕头市政府呈请广东省政府明确，汕头市侨批业系以经营南洋各埠华侨汇款兼代发批信为主要业务，是否合法抑或应依何项法令取缔，请广东省政府定夺。汕头市政府从之前明确帮助侨批业同业公会与广东省政府社会处协调，保护侨批业行业名称，到致电广东省政府请其决定侨批业是否合法及如何取缔，背后体现出汕头市政府承担着社会各种质疑以及各类检查、打击政策的巨大压力，并将矛盾交由广东省政府裁决，以彰显汕头市政府无袒护之嫌，此举可谓变相转移压力，其实质在于对国省两级政府会认真彻底整顿侨批业的可能性并不相信（这一点从下文汕头市政府处理国民党驻暹罗总支部党团统一委员会电诉暹汕侨批业从事黑市经营一案更能看出）。广东省政府为此电请财政部决定，10月31日财政部致电广东省政府"查关于如何管制侨批业增加侨汇收入一节，本部现正搜集各方意见，研拟妥善办法。贵省在海外侨胞甚多，应请贵省政府转饬各侨胞集中乡镇，将侨眷对侨汇所感困难及改善意见详细列报汇转本部酌核办理"③。为此，广东省政府电令所辖各县市等进行调查汇报。在财政厅档案收录的各项回复中，防城县县长之回复仅寥寥几言，意即本县侨汇甚少，无意见可提，紫金县则提汇率问题请政府加以解决，而唯以蕉岭县县长曾涤民所复文电最为具体，其文称：

查各侨眷对于侨汇最感困难者厥为汇款多为各侨批业所挪用，甚或在中途各埠利用汇款放息或营谋生意或购储港纸、黄金等牟利，以致迟迟不兑，币值日贬，损失非轻。倘遇所谋失利，则汇款毫无保障，且因指定紧急用途，每因汇款无兑或久延所误。至于改善办法，莫若请政府设法严加管制，一面将各侨批业登

① 《穗破获地下钱庄》，《申报》，1948年10月20日第2版。
② 《穗破获地下钱庄》，《申报》，1948年10月31日第2版。
③ 《准财政部电请转饬各侨胞集中乡镇将侨眷对侨汇所感困难及改善意见列报乙案电仰遵办具报由》（1948年11月22日），广东省档案馆藏民国广东省政府建设厅档案，全宗号006，目录号003，案卷号1010，第287页。

记并核发营业证方准营业，一面调查各侨汇数量、姓名、地址、汇款及到兑时日，如发现各侨批业有上项情事，则予停业处分及科予罚金，或由政府原设汇兑机构尽量改善，汇率减低，手续简捷，如此则华侨乐于汇款，侨汇自可增加。①

　　从蕉岭县县长曾涤民的电文中可以看出，尽管侨眷对侨批业有种种批评意见，但并不主张取缔该行业，而是要求政府严加管理。同时，就目前查阅到的防城县、紫金县等几则复电来看，也均未要求取缔侨批业。但像防城县对省府文电的态度，既没有进行细致调研和认真思考，也没有任何建议，仅回复无意见者估计还大有人在，可见不少地方政府对于省府此类要求与汕头市相仿，消极应对，且等政府政策如何变化，以应付了事，同时也从另一侧面显示出从基层视角来看侨批业在沟通侨汇作用方面的难以取代性，对国省政府的相关政策抱以消极态度，其实质在于表明不予支持。而关于侨批业特殊性这一点，正如汕头市侨批业同业公会所言，"侨批业务，系为华侨递寄信款，与钱庄性质不同，良因潮汕人民，以南洋各港为谋生尾闾，越海梯山，博得血汗微资，逐月书一信函，将款寄回国内赡养家属，侨胞在外，散处范围极广，无论深林绝漠，海澨荒陬，皆有侨胞足迹，既不能一一至通商大埠依照托汇手续将款汇之银行，且人数浩繁，数额琐碎，银行举穷日之力，亦不能一一应付办理。侨胞学识简陋，所书信函简略异常，类多地址欠明，姓名厥略，非素识之人不能送达。侨眷之在国内，多系老弱妇孺，居于僻壤穷乡，华侨寄交之简略批信，既非邮政所能投达，即欲使侨眷至都市银行领取信款，无论在交通上、手续上、经济上，皆感绝大困难，不能办理"，由此可见华侨汇款之特殊性和侨批业之重要性。② 而仅据蕉岭、防城、紫金等基层县府的回复意见，广东省政府以及财政部也无法做出取缔侨批业的决定。同时就海外而言，海外侨社对于侨批业的批评也日益增多，其中以国民党驻暹罗总支部党团统一委员会电诉暹汕侨批业从事黑市经营一案影响较大，但广东省政府的措施仍是采取就事论事以及层层传递交办的方式加以查核，地方政府回

① 《为据各侨眷对于侨汇之意见电复察核由》（1949年1月5日），广东省档案馆藏民国广东省财政厅档案，全宗号004，目录号002，案卷号0009，第10－11页。
② 汕头市侨批业同业公会：《为奉令改易名称谨释明侨批业务本质叩乞转请收回成命以免影响华侨批款递寄由》（1947年1月20日），汕头市档案局、汕头市档案馆等合编：《潮汕侨批业档案选编（1942—1949）》，香港：天马出版有限公司，2010年，第263－266页。

应的结果由此也可以想见。

1948年10月18日国民党驻暹罗总支部党团统一委员会致电广东省政府主席宋子文，要求彻查汕头侨批业参与外汇黑市致使金圆券价值贬跌一事，电文如下：

查我币制改革以来，海外一般侨胞对于金圆券之信用尚见坚强，但近数天来本谷（曼谷——笔者注）金圆券价值连日贬跌，甚为惊心，已自四铢八十三士丁跌至明现市侨批收价四铢壹拾士丁，现黑市批价三铢五十士丁，一月期批价电汇黑市壹铢八十士丁五十士丁不等，惨跌之情势至堪惊人。附其原因：一、受半月来军事形势失败之影响；二、奸党专集巨资于暹、港、马、汕各地固意破坏；三、利令智昏之冷血商人从中兴波作浪；四、国内管制松懈及国外使领馆、国省行与本党脱节；五、据报杜月笙因其子被捕愤而由沪将大批金圆现钞运港，雇员大量抛出，致港市金圆大为贬跌等。月前此种紊乱及波动情势如再不能予以有效之严密管制，对我国脉前途殊属堪虞。兹本部已从各方探得本京（曼谷——笔者注）破坏金圆券制造黑市之各商号及其在汕头联号并其秘密汇兑方法，计：一、本京石龙军路永顺利银信局汕头联号永顺利号，该号上海也有分号，且拥有政治后台，为本京操纵金圆黑市之巨擘；二、本京达叻仔港乾唐双合号以泰鱼公司名义操纵金圆黑市，汕头联号为集成昌号，该号上海亦有分号，且拥有政治背景；三、本京三聘街振泰丰批局汕头联号为万丰发号（本京至少有十余家批局由该万丰发号负责代发潮汕批款）；四、本京公司廊路陈炳春银行，汕头由该号分行负责；五、本京石龙军路光信利银信局，汕头联号为永泰路信大号，该号前在谷明目张胆公开在新潮报刊刊登广告低压国币价值，其司理王鸣歧且四处作反政府宣传。

查中央政府规定海外侨汇必须归由国省行办理以利管制，而此间奸商目前黑市汇汕方法：一、由曼谷本号函汕头联号或有关商号以提货为名（货名即系其秘密取款暗码），按照货款若干照付，如汕头无现款付给者，则嘱就中食息先行分发使汕头银根吃紧，而此间金圆券日益跌价，彼则可在此即收现款，假数日后汇水益跌，时汇还汕方联号付偿以得厚利，此种办法有直接嘱咐汕方联号办理者，有间接转由香港然后由港方转有关汕号办理者；二、黑市价批须附收家信，此种信件递送系由谷方批局雇用专人回国递送。闻汕方在改币初期检查严密，因而奸商无所施技，现则汕方检查人员受贿者多，故能畅行无阻，稳坐黑市，为所欲

为，而国家命脉受尽此辈摧残，言之痛心，特此电达。①

　　根据《新编暹罗国志》估算，1950 年前后在暹潮汕人约有 220 万，② 由此可以想见暹罗潮汕侨汇数量之惊人及侨批业经营手法之繁多与灵活的可能性。国民党驻暹罗总支部党团统一委员会的代电不仅披露了参与外汇黑市的暹汕侨批业具体名号，还披露了侨批局从事黑市的具体手法。但经财政部广州金融管理局局长朱盛荃办案后向行政院广州区经济管制督导员、协导员汇报，永顺利、集成昌两商号均非侨批业公会会员，地址不详，又未挂牌，无法查找。陈炳春、万丰发、信大三家有欠额者、有款未汇来汕者、有无总账可查者，饬其限期整改。③ 汕头市的调查报告更令人吃惊，不仅文中只字未提万丰发批局，将集成昌号全部误写为集利昌号，且报告中直言陈炳春、信大为汕头市侨批业同业公会正式会员，经查并无经营黑汇情弊，集利昌号（实为集成昌号）为新创立批局，并无违法证据，永顺利号在汕并未查到该号店址，振泰丰号在汕为协成兴号，有秘密经营黑市港汇嫌疑，交请汕头地方法院检查处侦讯。而"私带批信系触犯邮章，关于私带信件之检查，向由海关暨邮政局办理，并非本府职权。当经分函汕头邮政局暨潮海关税务司署查照，请切实办理以杜奸巧。至黑汇方式，亦经严令本市侨批业商业同业公会通饬各会员商号切实禁止，如敢再违，一经查觉当予依法严惩"④。从以上财政部广州金融管理局和汕头市的办案内容来看，自相矛盾的地方甚多，如财政部广州金融管理局说永顺利、集成昌两商号无法查找，汕头市政府却说集利昌号（实为集成昌号）为新创立批局，并无违法证据；财政部广州金融管理局提到万丰发，但汕头市政府却未提到；财政部广州金融管理局未提到振泰丰，而汕头市政府却言振泰丰在汕联号协成兴号有黑市经营嫌疑，交由汕头地方法院检查处侦讯，等等。此外，汕头市政府还将相关工作一一推脱给他人并

---

① 《国民党驻暹罗总支部党团统一委员会关于金圆券价值连日贬跌及调查贬跌原因一事的代电》（1948 年 10 月 18 日），广东省档案馆藏民国广东省政府财政厅档案，全宗号 004，目录号 005，案卷号 0040，第 50－53 页。
② 杨群熙辑编点校：《潮汕地区侨批业资料》，潮汕历史文化研究中心、汕头市文化局、汕头市图书馆编印，2004 年，第 29 页。
③ 《为关于调查汕头侨批业情形一案呈复鉴核由》（1948 年 12 月 4 日），广东省档案馆藏民国广东省政府财政厅档案，全宗号 004，目录号 005，案卷号 0040，第 45 页。
④ 《呈复关于暹京商号及汕头联号私运批信秘密汇兑一案办理情形请察核由》（1948 年 12 月 29 日），广东省档案馆藏民国广东省政府财政厅档案，全宗号 004，目录号 005，案卷号 0040，第 43－44 页。

47

以"下不为例"的严惩方式"警告"汕市侨批业，体现出的无异于纵容和维护。

国民党驻暹罗总支部党团统一委员会反映的大案，经由财政部广州金融管理局和汕头市政府两家查询办案后却大事化小、小事化了，仅满足于应付上级问询，对于真正查办案件和处理外汇黑市恐怕是无心无力，这也是民国末期基层政府普遍办公状态的写照。实际上这并非仅指广东省内的地方政府，就是广东省政府查处此类案件也多表现得疲于应付和无可奈何，甚至是草草应付了事，特别是随着1949年1月中国共产党领导的解放战争快速推进，广东省级层面主政者进行了较大调整。在余汉谋接替宋子文担任广州绥靖公署主任、薛岳接替宋子文担任广东省政府主席兼保安司令后，广东相关机构对于打击侨汇黑市的行动越发表现得形式化，有时甚至在区分正常侨汇和黑市侨汇时发生的执法问题还引发海内外较大侨愤，这又需要长时间才能平息。同时还可以看出，此类案件发生过程中官方多将重心置于平息侨愤，但对于案件本身的侦查和事实真相的挖掘则表现出虎头蛇尾和不作深究的行事风格，其行政、执法和司法的形式化取向深入机体。

1948年10月30日，财政部广州市金融管理局判定加拿大华侨经营之侨批局——幸福通讯处有经营外汇黑市嫌疑，遂查扣现场清缴钱款并拘捕司理曹宗照等人。[①] 11月12日加拿大温哥华禺山总公所主席陈日进致函宋子文主席，"敝公所刻接广州市幸福通讯处函电称该处司理曹宗照于本年十月卅日突被市金融管理局检查员拘去并搜夺店中港币美元汇票一大批，诬为有犯黑市等情，闻讯不胜骇异。按该处为敝邑鸦湖乡代理通讯代转侨汇机关，数千侨眷赖此外汇生活。店中收入所得扣佣悉数拨助乡中教育慈善建设等事业，纯属公益性质，绝非营业图利，更何来商场黑市，且政府颁布金融管制例曾有声明收兑外币至十月卅一日止截，而该检查员竟于同月卅日未满期前擅将曹宗照拘去，不特滥捕无辜，违背法令，且失政府保护华侨惠爱侨眷之德意"[②]。11月15日陈日进再次致函宋子文主席，称幸福通讯处"系代转侨汇机关，绝无以上情弊，乞查明将曹宗照释放及发

---

① 《呈为广州金管局检扣幸福通讯处一切侨民汇款，损失惨重，恳迅予赈济由》，广东省档案馆藏民国广东省政府财政厅档案，全宗号004，目录号001，案卷号0240，第81－82页。

② 《加拿大温哥华禺山总公所关于广州幸福通讯处司理曹（宗）照被拘请予释放及发还财物等情的呈文》（1948年11月12日），广东省档案馆藏民国广东省政府财政厅档案，全宗号004，目录号001，案卷号0240，第95－96页。

还财物"①。11 月 18 日加拿大域多利（维多利亚）三邑乡会理事长刘光祖致函宋子文主席，声称幸福通讯处被查，"消息抵加，全侨悲愤，窃幸福实为我侨群集体互助之唯一福利事业组织，专理代所属侨群转递家书及侨汇工作，毫无商业性质。数十年来，万余侨眷，相依为命，兹突遭滥检，政府护侨法令固未竟全功，而侨民福利事业已先蒙摧毁"，恳请宋主席迅予拨款赈济。② 同日，不仅刘光祖将同样内容的信函又发给国民政府总统蒋介石和副总统李宗仁，③ 而且内容完全一样的信函也由加拿大域多利禺山昌后总堂理事长周广麟发给宋子文。④ 12 月 2 日刘光祖再次以同一内容的信函致宋子文、行政院广州区经济管制督导员办公处、财政部广州金融管理局、广州市政府要求解决。⑤ 12 月 18 日美国金山大埠（圣弗朗西斯科，又译旧金山、三藩市）三邑总会馆主席林藻基致函宋子文，"本会馆乃由南、番、顺、花四县旅美邑侨所组织而成，创立至今垂七十余年，专为四县侨梓服务。现据旅美番禺昌后善报堂报称，该邑属鸦湖乡华侨在广州市抗日西路一七九号创办之幸福通讯处，于本年十月三十日被金管局派员检查，检去外币及金圆券大批，并将职员曹宗照一名拘去，疑为金融黑市机关。查该处创立三十余年，专理华侨家书，代收转送工作，绝无营业性质，何有金融黑市情弊。该处纯然为办理地方福利事业机构，其所被检去之款·部分系华侨捐建中心学校之款，一部分为幸福赠医局赠医施药善款，此外为归侨暂存用作返埠之旅费，更有侨眷之赡养费及故侨家属之恤款等。此等款项被查，对于教育与慈善均因是而窒碍，归侨谋生之路及侨眷之生活亦将因此而断绝，其窘困情形不言而喻"⑥。12 月 22 日林藻基再次致电宋子文、行政院广州区经济管制督导员办公处督导员、财政部广州金融管理局局长、广州报界公会，要求发还幸福通讯处财物

---

① 《为幸福通讯处绝无黑市图利情事请将曹（宗）照查明释放并还财物由》（1948 年 11 月 15 日），广东省档案馆藏民国广东省政府财政厅档案，全宗号 004，目录号 001，案卷号 0240，第 85 - 86 页。

② 《呈为广州金管局检扣幸福通讯处一切侨民汇款，损失惨重，恳迅予赈济由》，广东省档案馆藏民国广东省政府财政厅档案，全宗号 004，目录号 001，案卷号 0240，第 81 - 82 页。

③ 《关于请求早日查明案件发还广州幸福通讯处被扣侨汇款一事的呈文》（1948 年 11 月 18 日），广东省档案馆藏民国广东省政府财政厅档案，全宗号 004，目录号 001，案卷号 0240，第 73 - 76 页。

④ 《关于请求早日查明广州金融管理局检扣幸福通讯处侨汇及予赈济一案的呈文》（1948 年 11 月 18 日），广东省档案馆藏民国广东省政府财政厅档案，全宗号 004，目录号 001，案卷号 0240，第 90 - 91 页。

⑤ 《广东省政府关于广州幸福通讯处被检扣侨汇款损失惨重请予发还财物等情的代电》（1948 年 12 月 2 日），广东省档案馆藏民国广东省政府财政厅档案，全宗号 004，目录号 001，案卷号 0240，第 79 - 80 页。

⑥ 《关于请求早日查明案件发还被扣侨汇款一事的文》（1948 年 12 月 18 日），广东省档案馆藏民国广东省政府财政厅档案，全宗号 004，目录号 001，案卷号 0240，第 54 - 57 页。

并放人。① 应该说围绕着幸福通讯处被查扣一案，海外侨胞一方面认定财政部广州金融管理局办案属于"滥检"，执法错误；另一方面也认定幸福通讯处系侨胞自营侨汇转递组织，并非商业机构，被查扣侨汇及物品必须退还。而侨胞通过向广东省及国民政府主政者的大量电询和请示，正是期望形成一种舆论压力，正如林藻基所言盼政府"以洽舆情而慰侨望"，由此为案件的顺利解决奠定基础。但从侨胞之所言和相关行为来看，他们是采取联合施压的方式，其相互间有着密切的沟通。在此等压力下，广东省政府对此案是高度重视的，12月14日，广东省政府秘书处秘五科复电称拟交财政厅并案办理并会本科。② 12月29日曹宗照得到保释，但款项尚未退还。③ 1949年1月12日广东省政府秘书处秘五科又将林藻基1948年12月22日电函转给省财政厅查办，并注明宋主席再次函办。3月14日广东省政府秘书处秘五科又转财政厅并注明薛岳主席函办。④

该案原属特种刑事法庭审理，因特刑庭已撤销，故移交地方法院办理。1949年4月14日，广东广州地方法院刑事第三庭做出判决：

被告

曹宗照　男　五十三岁　番禺人　业商　住本市抗日西路一七九号　在保

陈永乾　男　年籍未详　住本市六二三路二百六十二号　司理

黄子光　男　余同

右列被告等因违反黄金外币买卖处罚条例及管理外汇条例案件，经检察官提起公诉，本院判决如左：

主文

曹宗照、陈永乾、黄子光共同未经法令许可，以外币代替通货作为交易收付，各处拘役五十日，如易科罚金，以三元折算一日。

曹宗照被诉违反中央银行管理外汇条例部分无罪。

---

① 《广东省政府关于广州幸福通讯处被检扣侨汇款一案的电》（1948年12月22日），广东省档案馆藏民国广东省政府财政厅档案，全宗号004，目录号001，案卷号0240，第60-61页。

② 《广东省政府秘书处第五科关于办理广州幸福通讯处被检扣侨汇款一事的代电》（1948年12月14日），广东省档案馆藏民国广东省政府财政厅档案，全宗号004，目录号001，案卷号0240，第87页。

③ 《金山埠三邑会馆关于请求早日发还被检扣侨汇款一事的函》（1949年3月1日），广东省档案馆藏民国广东省政府财政厅档案，全宗号004，目录号001，案卷号0240，第47-48页。

④ 《广东省政府关于广州幸福通讯处被检扣侨汇款一案的电》（1948年12月22日），广东省档案馆藏民国广东省政府财政厅档案，全宗号004，目录号001，案卷号0240，第60-61页。

港币一千二百元没收。

事实

曹宗照系本市抗日西路门牌一七九号幸福通讯社负责人。卅七年十月卅日下午三时广州金融管理局以其有违反金融管制情事派员会警前往搜查，在该社来客黄子光身上搜出港纸一千二百元，经黄子光当场具结，自认系奉广发行司理陈永乾着其向该通讯社交付房租，乃将曹宗照拘捕送由本市警察局转送广州高等特种刑事法庭侦办。

该法庭以奉令结束，将案移送本院检察官侦查起诉。

讯据曹宗照业经当庭自认系代福业堂收租收取港币一次不讳，而黄子光亦经在广州金融管理局具结，自认系奉广发行司理陈永乾之命以港币一千二百元向幸福通讯社交租等词在案。既据其合法自白，核与事实相符，自得采为罪证，其未经法令许可共同以外币代替通货作为交易收付，应依法科处拘役，如因其身体职业之关系执行显有困难，准以三元折算一日易科罚金，获案港币一千二百元并依法没收。又黄子光、陈永乾经合法传唤无正当理由不到庭，本院认为应科拘役之案件自得不待其陈述径行判决。至检察官起诉意旨，又以当日广州金融管理局搜查幸福通讯社时曾搜获司令部（即记载先令之部）、番仄部、担保部等帐册，俱是记载收付外币、外汇，足见其有经营外汇及外币、有价证券之业务，认为其有触犯中央银行管理外汇条例之论据，惟查卅六年十二月廿五日公布施行之中央银行管理外汇条例第三十三条之规定，以私人经营外汇及外币、有价证券之业务为其构成要件，而本年一月十一日公布施行之管理外汇条例第十九条之规定，则以私人或团体非法经营指定银行之外汇业务为构成要件。当日下午三时广州金融管理局派员会警前往该社搜索，直至下午十时始搜索完毕，搜获其存于保险柜内之美钞二千九百七十元、港币二万四千二百三十元、金圆券一千八百二十六元、广东银行汇票乙纸面额二千元，英美仄纸六十余张，面额美仄一万四千余元、英仄八百余镑，并搜获代担部、番仄部、司令部、担保信部共五本，电话机一架，暨刚由邮局投送之香港广丰公司寄与该社信一封，内套信五封，查核该信皮上均写明信外并港币若干，顺带至广州幸福通讯社转交鸦湖塘某某收，入由云埠（温哥华——笔者注）或加拿大寄等字样，其信内亦有写明系由幸福通讯社处转某某家中等词，可见该邮件系由加拿大云埠寄与香港广丰公司再行转寄幸福通讯社收入转交。讯据曹宗照供称幸福通讯社系由番禺鸦湖乡华侨为办理侨胞及乡中福利组织成立，代侨眷收领汇款及转交，并无经营外汇业务情事。获案之代担部，系记载侨胞由邮政自外国寄来仄纸，由本社开拆后再行将原仄转交则记入番仄部、司令部，至担保信部则仅记载收代转信件而已，盖华侨寄来外国仄纸须由本社盖章担保，始能向香港外国银行兑款，故须登记以便查考。至获案外币、金圆券及美仄、英仄，均系侨胞返国后暂存款项或乡中公益事业存款，并非由本社转交者。获案信件所称转交某某人之款，尚未由香港广丰行派人交来云云。查阅获案代担部，均系记载担某某人、交某某人仄若干或回唐某某人仄若干，番仄部、司令部亦系记载某某人交某某人仄若干但无"担"字，担保信部二本则记载某某人信某日交等字样。核与曹宗照字供称相符，矧粤省人民赴国外营生老弱妇孺在家多由在家侨胞组织团体互助。幸福通讯社经由加拿大三邑同乡会等来电证明系属侨胞组织，并非营业商店足资采信。依此观察曹宗照为其负责人，代侨眷收转信件款项及代存财物，不能即以此认为其经营外汇业务，且搜获广东银行金圆券汇票二千元（即仄纸）亦经广州金融管理局查明，已经依法结汇，即予发还。可见搜获之外币并非经营外汇业务持有之外汇，曹宗照经营外汇业务之行为既不能证明，关于此部分自应谕知无罪之判决，再查获案担保信部记载有卖出外币（曹宗照）十一页，是否买卖外汇，未经侦查起诉，俟送检察官核办。

据上论结应依刑事诉讼法第二百九十一条上段、第二百九十八条、第二百九十三条第一项，黄金、外币买卖处罚条例第一条第一项上段、第二项上段，刑法第十一条上段、第廿八条、第四十一条判决如主文。①

通过上述案件判决书可以看出，首先，案件审理中两位重要当事人黄子光、陈永乾均未到案，法院并未得到二人口供，案件事实上尚存在人证严重不足、事实尚未核定、具体案情还有不清楚之处等缺陷，但法院就径行宣判，是为不妥；其次，"再查获案担保信部记载有卖出外币（曹宗照）十一页，是否买卖外汇，未经侦查起诉，俟送检察官核办"，既然法院已经从搜获的物证中发现值得怀疑之处，那为何财政部广州金融管理局、地方法院对此证据"未经侦查起诉"，由此是否说明财政部广州金融管理局、地方法院对于这一物证并不在意，同时也无

---

① 《财政部广州金融管理局关于广州幸福通讯社被检扣侨汇款项一案的审判书审核抄送一事的代电及附判决书一份》（1949年4月25日），广东省档案馆藏民国广东省政府财政厅档案，全宗号004，目录号001，案卷号0240，第32－35页。

意深入挖掘事实真相？倘若果真如此，那"俟送检察官核办"显然就是一句托词，仅是了事之意，而如果"俟送检察官核办"并非托词而真要交给检察官做另案处理的话，为何审判书中既无时限，也无说明交由何方检察官处理，更无说明"俟送检察官核办"后的结果是否与本案有关，由此看来案件中还存在不少情事不清楚的地方；最后，对于财政部广州金融管理局是否有"滥检"、失职等行为，判决中也只字未提。由此可见，比起探讨事实真相和裁决案件的是非曲直，上述判决平息侨愤的意味反而更为浓厚。7月26日林藻基致函薛岳主席，赞其"治事廉明，施政有方，而对华侨之爱护尤关心尽力"①，8月6日薛岳回函林藻基，"尚希普告旅美侨胞安心汇款回家，当尽力扶助，决不任经办机关有所延迟也"②。由此来看，判决中"俟送检察官核办"一句确实只是了事之意。再有，除了案件本身，我们从幸福通讯处的设立则可以看出，侨胞对于国省银行机构的侨汇揽收和寄递已基本丧失信心。因为随着解放战争的深入发展，大量北方资金逃往广州、香港等地，为杜绝资金南流和物价狂涨，行政院下令管制金融，限制对大城市的汇款。中国银行广东分行第15次业务会议记录显示，"辖内行处自币制改革后……汇率减低，利益有限……汇入汇款因限制甚严，汇入之款能否照解，殊无把握"③。

1949年7月16日，广州地方报纸《现象报》刊登了江门侨务局局长李若泉痛陈银行管理侨汇的流弊，李若泉局长直言：

本年来金圆券贬值，政府以侨汇不能支付外币，故经办银行管理侨汇之不肖份子，借机鱼肉侨胞，将侨汇款比方一千元之美金，乃折合官价予以金圆券支付，搭付湿柴，直至侨胞家属所得不值一分一文为止，侨眷无处告诉，有苦难言。

本月政府宣布币制改革（1949年7月4日行政院公布《银元及银元兑换券发行办法》，以5亿元金圆券兑换银元1块或银圆券1圆——笔者注）之前，在金圆券完全失效之际，中国银行曾有十天八天时间，宣布侨汇原币支付，交通银

---

① 《关于广州幸福通讯处被检扣侨汇款一案请予查明一事的函》（1949年7月26日），广东省档案馆藏民国广东省政府财政厅档案，全宗号004，目录号001，案卷号0240，第101页。

② 《广东省政府关于广州幸福通讯社被检扣侨汇款一案的文》（1949年8月6日），广东省档案馆藏民国广东省政府财政厅档案，全宗号004，目录号001，案卷号0240，第99页。

③ 《广东中国银行历史资料汇编（1914—1949）》，中国银行广州分行行史编写组印制，1988年，第169－171页。

行经我们交涉，亦有□天宣布侨汇以当地通用外币支付。可是至币改以后，此种办法又告停顿，如此而欲增加侨胞对祖国信仰，岂非大谬。本人日前感到本国银行对侨汇有上述之流弊，乃去岁因新会侨眷黄李氏加币一千元侨汇事，与交通银行大开交涉，在事体行将扩大之际，曾将情面报绥署余主任、省府薛主席，当蒙余主任慰勉，薛主席则亲函交行广州分行请克日支付，事情幸能解决，不负侨眷黄李氏之期望。非然，则吾人为维护侨胞法益与解除侨眷痛苦，必继续与该经办人大打笔墨官司。本人职司六邑侨务，对侨汇问题未解决甚表关怀。半载以来，华侨母地之四邑侨汇款，一落千丈，今几乎全告中断，此并非吾侨胞在海外积不到血汗之资，实是负责该项业务者不公、不正、不迅速而令侨胞灰心。本人日前谒晤薛主席时，薛氏对侨胞家属生活问题，甚为关注，虽侨汇一向为国家银行所经办，薛主席为减轻侨眷痛苦，亦允由渠亲手接转侨汇，期能处妥捷，并尽最大帮忙，本人尤盼侨汇支付问题，不应再事敷衍，只能下大决心，立即付现，则争取侨胞之同情心，尚未晚云。[1]

事实上，在华南全境解放前夕，广东的侨汇基本为侨批局、私营钱庄、水客等垄断，国省行局的侨汇经收逐渐趋于干涸。正如1949年9月27日广东当地报纸报道，"中秋节届，此为侨汇之旺盛季节，惟是际此战乱日紧，华南局势日趋严重，粤省侨胞，均不敢由国家银行汇穗，大部均由香港经地下钱庄或批局驳汇，据某钱庄经理透露：最近由香港经钱庄、批局驳汇来穗之侨汇，为数相当可观，因由钱庄或批局驳汇，手续简单便利而又迅速，汇率系根据自由市场汇价，故得侨胞乐意交钱庄驳汇。据办理侨汇银行之中国银行行息：现虽侨汇季节，但该行新汇到侨汇甚少，有如凤毛麟角，计目前为止，不过二三宗，而且是零星之数而已，总数不过数百美元。又穗中国银行，尚积压有侨汇数千美元，因各侨眷均无到领，故无法解付"[2]。与侨汇逃避相伴随的则是港币大量充斥华南市场。广东省银行的报告显示，自金融波动、币值低跌以来，广东境内一切交易几乎全用港币结算。各方都不能否认港币已取代金圆券地位渐成广东流通市面之主币。据香港政府公布，彼时港币发行额达11亿余元，但在香港当地流通者不过3亿

---

① 《江门侨务局长李若泉痛陈侨汇流弊》，《现象报》，1949年7月16日第5版。
② 《中行侨汇凤毛麟角》，《前锋日报》，1949年9月27日第5版。

元，其余流入华南各地，估计在广东省境内不下 7 亿元，以致市面港币充斥。[1]大量港币流入广东，是之后华南恢复金融自主权急需解决的重大问题之一。

"二战"后直至民国末期，广东省政府无力解决侨汇逃避问题，只能坐视港币充斥华南市场，事实上中国的金融自主权遭到了极大的破坏，而广大侨胞的血汗之资在侨批业或地下钱庄的经营下绝大多数在外汇市场搏利，但点滴收益无法流入侨眷手中。侨批业对侨汇流通的控制造成侨汇巨款始终无法纳入国家侨汇管制的轨道，这是新中国成立前夕广东省政府侨批业管理成效的真实写照。

---

① 《关于广东省银行代理香港分行在省内收受港币存款试办案的文》（1949 年），广东省档案馆藏民国广东省政府财政厅档案，全宗号 004，目录号 002，案卷号 0011，第 66 - 67 页。

第二章　华南解放区侨批业管理政策的制定与发展

一、抗战期间中共中央及华南地区党组织
对华侨经济力量的认识

　　早在抗战时期，中共中央对海外华侨在经济领域支持中国抗战特别是华南抗战所发挥的重要作用就有深刻认识。1936 年中共中央在延安成立了中共中央海外工作领导小组，并由朱德担任组长，这是中国共产党历史上第一个专门主管华侨及海外工作的高层领导机构。[①] 1937 年 12 月 25 日中共中央在对时局的宣言中提出，"加紧动员千百万国外侨胞尽力于保卫祖国的各种事业"[②]。1938 年中共中央机关华侨工作委员会和中共中央党务研究室海外研究组先后成立。[③] 1940 年 2 月中共中央为进一步加强对华侨工作的领导，成立了中共中央华侨工作委员会，并确定其主要任务有：研究华侨主要所在地（首先为南洋）的一般政治经济社会情况；研究当地华侨的各种情况；准备团结各地华侨的行动纲领；研究在华侨中工作的策略，并给各地负责华侨工作的同志以具体的指示；研究与培养各地党内外华侨干部，设法送他们回原地工作。[④] 1941 年 12 月太平洋战争爆发后，中共中央政治局会议决定成立中共中央海外工作委员会，并决定将华侨工作委员会和党务研究室海外研究组并入该会，统筹抗战期间的侨务和海外统战工作。[⑤] 12

---

　　① 中共延安市委统战部组编：《延安时期侨务工作史略》，北京：中国文化出版社，2012 年，第 9 页。
　　② 中共中央文献研究室、中央档案馆编：《建党以来重要文献选编（1921—1949）》（第 14 册），北京：中央文献出版社，2011 年，第 766 - 767 页。
　　③ 中共延安市委统战部组编：《延安时期侨务工作史略》，北京：中国文化出版社，2012 年，第 9 页。
　　④ 中共延安市委统战部组编：《延安时期侨务工作史略》，北京：中国文化出版社，2012 年，第 101 页。
　　⑤ 中共中央文献研究室编：《朱德年谱 1886—1976（新编本）》（中），北京：中央文献出版社，2006 年，第 1087 页。

月 9 日中共中央在关于太平洋反日统一战线的指示中进一步提出，"必须大大地开展南洋与英美各地的华侨工作。华侨工作的方针应当是团结全体华侨，团结其各阶层各党派，共同进行反日斗争，宣传并拥护祖国的团结抗战，赞助并参加当地政府一切抗日的设施与行动"①。在此期间，中共中央为大力加强海外华侨工作并广泛开展与海外侨胞的联系，获得海外侨胞的经济援助，于 1938 年在香港成立八路军办事处，其设立的初衷正如 1937 年 9 月中央委派廖承志赴香港筹办办事处前毛泽东同其谈话所言，"海外侨胞热忱支持国内抗战，而那些援助根本落不到我们真正抗日的队伍手里。开设香港八路军办事处的目的，就是要打破'统筹统汇'的旧办法，建立'分筹分汇'的新办法，使海外援助抗日军队的物资真正落到抗日军队手中"②。

　　香港自鸦片战争之后作为英国殖民统治下的贸易自由港和金融中心，已逐渐成为沟通内地与国外金融贸易关系的枢纽和桥梁，在沟通海外华侨与祖（籍）国联系方面也扮演着重要角色。仅就侨汇寄递而言，香港作为美洲、东南亚与广东各侨乡之间的重要转汇地和侨汇兑换地，是侨汇进入广东的重要中转站。因"二战"期间不少侨居国限制华侨汇款，更加迫使绝大部分侨汇只能寄递到香港，再经由香港转汇中国内地。据估算，经由香港转汇的侨汇数额在高峰时占全国侨汇 80% 以上，这又反过来进一步加强了香港的转汇地位和作用。③ 香港八路军办事处的成立对于动员海外侨胞支持中国抗战特别是华南抗战起到十分重要的作用。办事处成立后根据党中央的指示和广东省委的决定，廖承志在香港多次召集中共香港市委、海员工作委员会以及中共东南特委负责人开会，研究开展敌后游击战争和动员华侨、港澳同胞支援祖国抗战问题。会议决定由曾生等带一批党员到惠阳坪山建立惠宝工委，组织成立"惠宝人民抗日游击总队"以及"东宝惠边人民抗日游击大队"等武装抗日组织。④ 在香港八路军办事处的动员组织下，1938 年 10 月后就有华侨及港澳同胞组织的十多个抗日服务团共计三四百人支援游击队。为发动东南亚地区的华侨支援祖国抗战，惠宝人民抗日游击总队副

---

　　① 《中共中央关于太平洋反日统一战线的指示》（1941 年 12 月 9 日），中共中央文献研究室、中央档案馆编：《建党以来重要文献选编（1921—1949）》（第 18 册），北京：中央文献出版社，2011 年，第 732 - 733 页。

　　② 荣德、廖著：《廖公在延安》，《名人传记》1987 年第 4 期。

　　③ 林家劲、罗汝材、陈树森等：《近代广东侨汇研究》，广州：中山大学出版社，1999 年，第 20 - 21 页。

　　④ 《东江纵队志》编辑委员会编：《东江纵队志》，北京：解放军出版社，2003 年，第 21 页。

总队长兼参谋长郑晋亲自赴吉隆坡参加"南洋惠侨救乡会"代表大会，宣传党的抗日主张，并得到当地爱国华侨的热烈响应。仅"南洋惠侨救乡会"就累计获得捐款约 1 000 万元，40% 交给新四军，40% 交给惠宝人民抗日游击总队，20% 作为惠州难民救济费。[1] 会后，南洋各地华侨积极响应号召，还掀起抗日救亡的捐献热潮。1939 年初海外华侨寄给宋庆龄转交曾生抗日游击队的捐款，一次就达港币 20 万元，此后还多次送回捐款和被服、军鞋、药品等大量物资。[2] 而1938 年夏至 1941 年秋，通过香港送往延安等地国际和平医院的卡车达 30 余辆，中国香港、中国澳门、菲律宾、新西兰等地捐款约 500 万美元，捐赠物资、医疗器械、药品 120 多吨，平均每月送出 3 吨。[3]

除东江地区外，海南地区的琼崖抗战也得到华侨支援。1939 年琼崖抗战期间，琼崖自卫独立队总队长冯白驹曾在香港《工商日报》以公开信方式致函海外侨胞报告琼战战况并请求援助，其言"为提高我军抗战实力，以及配合有利情势，相机举行大规模之反攻，而早日将日驱出琼崖，本队长切望诸先生暨各同侨继续努力，踊跃捐输，给琼崖抗战以更大援助。同时为从速解决本队当前之严重困难，本队长特再呼请诸先生本一贯拥护本队之热诚，普遍号召同侨，于最短时间中，捐助本队以药料、寒衣、棉帽等物。本队是民众武装组织，本队所遭遇之困难，亦即是民众之困难，而上述困难之解决，主要亦唯有赖民众之援助"[4]。在香港八路军办事处帮助下，1940 年初琼崖抗战所得支援情况有所改善，据琼崖独立总队政训室主任黎民向中共中央的报告，"自去年五、六月间就派谢李森同志赴港和廖承志同志商讨关于向南洋发动募捐事，在廖同志的帮助之下，结果在这方面曾收到国币四五万元，现暹罗、安南都禁止我们活动，星洲也多少恶化，在目前据关于负责这方面工作的同志说，每月尚能收入六千元国币"[5]。而在同一时期，中共琼崖特委书记李吉明在向中共中央以及南方局的报告中明确表明广大琼崖侨眷接收侨汇困难以及国民党当局经营侨汇的失败，报告中说："再

① 《东江纵队志》编辑委员会编：《东江纵队志》，北京：解放军出版社，2003 年，第 29 页。
② 《东江纵队史稿》编写组编：《东江纵队史稿》，广州：广东人民出版社，1983 年，第 28－30 页。
③ 华润（集团）有限公司《红色华润》编委会编：《红色华润》，北京：中华书局，2010 年，第 7 页。
④ 《冯白驹致函海外侨胞报告琼战并请援助》（1939 年 8 月），《广东革命历史文件汇集（中共琼崖特委文件）（1937—1945）》，中央档案馆、广东省档案馆编印，1987 年，第 43－44 页。
⑤ 《黎民关于琼崖部队情形的报告——部队改编经过和组织、政治工作概况以及训练干部情形、今后工作方针》（1940 年 4 月 10 日），《广东革命历史文件汇集（中共琼崖特委文件）（1937—1945）》，中央档案馆、广东省档案馆编印，1987 年，第 118 页。

说到琼崖与海外的关系，现在唯一的只是靠沿海一带的帆船，于夜间载客输货到广州湾来。如在海峡中遭遇敌舰时，大都免不了烧杀，敌人残暴虽然如此，但帆船仍是不绝地往来于琼崖和广州湾之间。经过这条路线的人，大都是逃难者居多，而从海外归来者甚少。至于琼崖和海外的汇兑关系，已全部停顿了，所以海外琼侨就苦于无法汇款回家。正因为如此，琼崖也就失去了每年百万元上下的进款，这是琼崖一件重大的损失。为要补救这种损失，只要在广州湾方面设一个汇兑联络局就行。但琼崖当局连这点事情他都做不到！"①李吉明的报告重在强调保持海外侨汇资金通畅以及恢复琼崖汇路、开设广州湾侨批局的重要性。同时，这份报告也明确表明，中共中央在抗战时期对于侨汇和侨批局的重要性有所认识。正是出于对海外华侨重要性的认识，1941年10月10日，《琼崖东北区政府抗战时期施政纲领》提出，"开展海外工作，提高华侨爱国爱乡思想，争取华侨积极支援琼崖抗战"②。

但随着太平洋战争爆发后香港及东南亚大部分地区被日军占领，中共中央及华南党组织与海外华侨的经济联系受到严重影响，中国抗战过程更为困难与艰苦，这一形势直到"二战"结束后才得以改观。然而通过以上海外华侨在经济领域支持中国抗战特别是华南抗战的史实可以看出，在抗战期间中共中央及华南党组织对海外侨胞的爱国热忱和经济支援能力是充满期盼和充分肯定的，同时中共中央将对港工作与华侨工作紧密结合，发挥英治时期香港作为国际自由贸易港和金融发展区的特殊市场优势，建立起辐射南洋的党的办事机构和组织，其实质之一就在于广泛吸收海外侨胞援助，希望借助海外侨力在实现中华民族抗日战争胜利方面发挥重大作用。1938年3月毛泽东在为马来亚华侨抗敌后援会代表团的题词中就写道，"全体华侨同志应该好好团结起来，援助祖国，战胜日寇。共产党是关心海外侨胞的，愿意与全体侨胞建立抗日统一战线"③。这一时期的华侨工作为抗战结束后党的侨务政策的制定以及相关政策得以延续奠定了重要的组织

①《李吉明关于琼崖抗战情况的报告——琼崖的一般情况和党的组织、宣传教育、青年及妇女工作概况》（1940年4月10日），《广东革命历史文件汇集（中共琼崖特委文件）（1937—1945）》，中央档案馆、广东省档案馆编印，1987年，第79页。
②《琼崖东北区政府抗战时期施政纲领》（1941年10月10日），《广东革命历史文件汇集（中共琼崖特委文件）（1937—1945）》，中央档案馆、广东省档案馆编印，1987年，第188页。
③ 中国人民抗日战争纪念馆：《港澳同胞与祖国抗日战争》，北京：团结出版社，2015年，第182 - 183页。

和政治基础。同时海外侨胞与中国共产党通过多种方式建立起的相互联系，也为广大侨胞认识中国共产党的抗日行动及其推动的爱国统一战线的实质有极大帮助，为解放战争时期进一步团结广大侨胞，争取广大侨胞的支持和响应，推翻旧政权并建立新的人民政府，打下重要基础。

二、"二战"后华南党组织对侨汇和侨批业的管理政策

（一）保护华侨和侨汇及香港金融机构的建立

"二战"后，为反击国民党军队的大规模进攻以及夺取华南地区的解放胜利，华南各地党组织领导的人民武装斗争全面展开，其中为贯彻中央指示"由于蒋管区危机重重，人民斗争高涨，解放区胜利，琼游战开展，以及南洋革命运动，给我在南方动员群众，进行斗争以有利条件"等，1947年5月6日中共中央香港分局正式成立，分局领导层由方方、尹林平、章汉夫、梁广、潘汉年、夏衍、连贯七人组成，下设港工委专管香港、华南、南洋公开的统战、文化、外交、经济、华侨等工作。① 香港分局成立后即开展多方调研，② 在华侨工作方面确立了"实事求是建立以经济性商行为团结华侨的桥梁之指导思想"，并提出对华侨工作的方针是"加强对华侨的宣教工作，报道乡情和国内社会现状，暴露黑暗，以提高华侨的政治认识，加强为华侨服务的工作，巩固商业阵地来提高我们的威信；以经济形式团结中上层的华侨及联络本港侨商，推动华侨的民主力量配合祖国民主运动的斗争。在我们的思想准备上，集中华侨的经济力量，发展对新民主主义的经济事业。这个方针，是根据当时华侨的政治标准及其迫切要求和中国民主人士的要求而定的"③。其中还特别提到，"对进步工商业家，特别是海外

---

① 《中共中央关于设立香港分局的指示》（1947年5月6日），《中共广东省组织史资料》（第一辑），中共广东省委组织部、中共广东省委党史资料征集委员会、广东省档案馆编印，1986年，第293-294页。

② 中共广东省委党史研究室：《中国共产党广东地方史》（第一卷），广州：广东人民出版社，1999年，第647页。

③ 《两年来我们统战工作总结》（1947年12月），《广东革命历史文件汇集（广东区党委等文件）（1947.8—1948.11）》，中央档案馆、广东省档案馆编印，1989年，第100页。

华侨，应设法多联系，采取团结争取的方针"①。

　　成立于1945年底的安达公司既是党对南洋华商开展统战工作的商业组织，又是一个华侨商业机构，起初创办于河内，在曼谷也建有分行，1948年所有业务转移至香港，主要经营者为翁向东（祖籍广东潮阳，泰国华侨）、庄世平（祖籍广东普宁，泰国华侨）等，而主要业务则是开展侨汇经营等工作。1946年港工委财经委书记许涤新将安达公司的经营情况向周恩来进行汇报，提到有一批华侨干部在做侨汇经济工作以联络华侨。周恩来听后表示称赞并说，"我们有许多同志做军政工作，不注意经济工作，今后还要动员一批同志做经济工作"。周恩来还通过许涤新对安达公司提出经营原则，"共产党做生意，赚钱要归公，做生意的人领工资"②。安达公司的发展带动了不少同类公司扩大业务。1946年3月在香港成立的裕侨公司就是依托于安达公司主要经营侨批业的另一家为党工作的公司，主要吸收南北美洲、大洋洲等地国家的侨汇。③ 为进一步支持安达公司的经营，香港分局主要负责人方方将华南党组织的大笔港币资金交由安达公司的庄世平经营，通过这笔资金成立的"宝通行"成为党在香港专项经营侨汇的知名机构，其经营收入为党的工作提供了大量经费。④ 此外港工委还曾通过庄世平、许渠清与暹罗华侨党组织进行联系，动员潮汕华侨于汕头解放后最迟一周运来暹米500万斤至1000万斤，并约定其款项可以侨汇对抵，或部分借款或到汕调换暹罗必需之物资。⑤ 经具体沟通后，港工委的要求最终是以在暹罗成立胜利股份有限公司并发行总额为暹币50万铢的临时股票加以解决，这可以说是新中国成立后华南胜利公债在当时当地的变通形式，当时发行的股票依照票面金额的多少分为甲、乙、丙三种，计甲种每股暹币500铢，乙种每股暹币100铢，丙种每股暹币50铢。胜利股份有限公司临时股票的发行避开了暹罗无法发行中国共产党公债的困难，并

　　① 《两年来我们统战工作总结》（1947年12月），《广东革命历史文件汇集（广东区党委等文件）（1947.8—1948.11）》，中央档案馆、广东省档案馆编印，1989年，第98-99页。
　　② 邱秉经：《关于安达公司的回忆》，《广东党史资料》（第二十辑），广州：广东人民出版社，1992年，第88-91页。
　　③ 《朱平回忆在香港宝通行的活动片段》，《华南革命根据地货币金融史料选编》，中国钱币学会广东分会等编印，1991年，第483-484页。
　　④ 华润（集团）有限公司《红色华润》编委会编：《红色华润》，北京：中华书局，2010年，第132页；许继升：《庄世平：一老功勋邦国重》，张善德主编：《潮商人物》，北京：华文出版社，2008年，第219-220页。
　　⑤ 《中共中央华南分局关于迎接大军南下的工作指示》（1949年7月22日），《华南革命根据地货币金融史料选编》，中国钱币学会广东分会等编印，1991年，第290-291页。

顺利实现了购入暹米的计划，为广东解放区的稳定做出了卓越贡献。①

可以说这一时期党在香港的华侨工作遵循了党的指导思想和要求并取得显著成效，从广东区党委文件《两年来我们统战工作总结》之华侨统战工作总结部分中可以看出，这一时期华侨工作的成效，"1. 华侨关系扩大了。已由我们自己的亲属、同乡和朋友，而至他们的朋友，开始向本港个别同乡会打进了；地方同乡会加强活动了。2. 各商行的威信在年内提高许多了。从华侨的存款增加可以看到获得华侨信任，甚至个别华侨素未认识而肯放心付存，又如委托我们干部倡（创）办大规模酒店。3. 各商行和旅社的业务发展，华侨委托代办代卖的货物日渐增加，目前处在冷落的商情，各行仍能维持其进支平衡。4. 通过我们的两个华侨刊物《四邑侨报》《中山华侨》和各种教育方式，华侨对K（蒋介石）的独裁更进一步地转变了，一般来说，对K（蒋介石）没有什么幻想了"②。

党在香港开展华侨经济工作的同时，随着广东大陆解放区的不断扩大，华侨经济工作也不断深入，保护侨胞思想在各主要解放区得到贯彻。如1947年6月26日琼崖解放区颁布的施政纲领中就提出，"切实保护琼侨，保障其生命财产之安全，予其出入之方便，当缉私、检查、完税与战斗时均不得损害侨胞的利益，且应设法加以保护。欢迎侨胞来解放区经营企业，争取侨胞积极支援解放区"③。1948年9月20日闽粤赣边革命根据地发布的《华南人民武装当前行动纲领》中具体规定了"特别关照华侨"部分：

广东、福建是华侨最多的地方，因此人民武装对于华侨的爱护，更是各级干部所关心的事情……对华侨除照一般法令优待外，还有些具体的决定：

第一，保护各地民营的批馆、汇兑庄，以避免蒋政府剥削华侨血汗，抢夺侨汇，饿死侨属。

第二，在南洋各地战争动乱中，如侨胞家属接济不到，均可向当地政府要求借款、借粮，或要求救济。政府当尽一切能力予以帮助解决。

---

① 《沈顺等人关于胜利股份公司股票发行情况及处理意见的报告》（1954年3月30日），《华南革命根据地货币金融史料选编》，中国钱币学会广东分会等编印，1991年，第621–622页。

② 《两年来我们统战工作总结》（1947年12月），《广东革命历史文件汇集（广东区党委等文件）（1947.8—1948.11）》，中央档案馆、广东省档案馆编印，1989年，第100页。

③ 《琼崖解放区施政纲领》（1947年6月26日），《广东革命历史文件汇集（琼崖党组织文件）（1946.2—1948.12）》，中央档案馆、广东省档案馆编印，1988年，第259–261页。

第三，华侨出国及回国，如进入游击区，各地政府或部队应负全责保护，以避免蒋军及土匪的抢劫。

第四，华侨到游击区投资举办轻工业或经商贸易，各地政府及部队都应给予优先权及在交通运输上给予帮助，税项给予减少或豁免。[①]

可以说华侨工作是华南党组织整体工作的重要组成部分，按照华侨统战工作的要求，对华侨工作的重视体现为相关工作能够达到四点：提高华侨的政治认识；加强为华侨服务的工作，巩固商业阵地以提高党的威信；推动华侨的民主力量配合祖国民主运动的斗争；集中华侨的经济力量，发展对新民主主义的经济事业。而《华南人民武装当前行动纲领》中提出的保护华侨、沟通侨汇、保护侨批业作为党的华侨工作方针得以落实的重要和具体内容，均符合上述四点华侨统战工作要求，而且这一内容还鲜明地继承了抗战期间党对华侨工作重要性的政治认识，以及党要在香港广泛开展华侨工作的重要性的认识。在香港成立党领导下的商行作为侨汇经营的机构来推动、开展相关工作，同时在政治组织上以组建中共中央香港分局代替抗战期间的香港八路军办事处，应该说香港分局具有更为特殊和重要的党内组织地位。它吸收长期从事华南抗战和海外华侨统战工作的大量优秀干部充实一线工作岗位，加强了人员组织力量，为华侨工作的广泛开展打下扎实基础。再者，把保护华侨、沟通侨汇、保护侨批业作为工作内容，也适应了"二战"后华南解放战争逐步开展对华侨工作的具体要求，更是结合了华南地区华侨众多、侨汇数量巨大的地域社会经济结构特点。可以说，这一工作内容统领了整个解放战争时期解放区侨汇工作的指导思想，为合理开展侨批业管理工作奠定了政治基础和政策基础。

（二）从裕民银行到南方人民银行——解放区的侨汇和侨批业管理

1948 年底到 1949 年上半年解放战争进入决胜阶段，侨汇管理工作作为解放区最为重要的财政金融政策之一得到高度重视，其具体体现在解放区成立的人民

---

① 《华南人民武装当前行动纲领》（1948 年 9 月 20 日），《广东革命历史文件汇集（广东区党委等文件）（1947.8—1948.11）》，中央档案馆、广东省档案馆编印，1989 年，第 395 - 396 页。

银行对侨汇的管理和经营上。1949年1月1日中共中央香港分局就下发了关于迎接大军渡江和准备解放广东的指示信。1949年2月方方在《关于华南党的工作问题的报告》中明确指出，"准备在中央批准下成立华南人民银行，举办发纸币、贸易、侨汇、贷款的四部门工作"①。事实上早在1948年12月潮汕解放战争中，第一个民主政权潮揭丰人民行政委员会在揭阳县（现属揭西县）就正式成立了裕民银行，发行裕民银行流通券。1949年2月揭阳河婆（现为揭西县城）解放，使潮汕解放区中的大北山与南阳山、大南山连成一片，又与东江解放区连接，裕民银行也随边区党政军机关迁来河婆。裕民银行成立后，先后在揭阳、潮阳、普宁、惠来等县建立了棉湖、卅岭、鲤湖、流沙、两英、神泉、惠来、隆江、甲子、河婆等办事处。②

1949年6月《潮汕解放区外汇管理暂行办法》公布，要求"在本解放区内各批局，应将所收侨汇向裕民银行兑换裕民币，再分发给各侨眷"③。裕民币的发行实行港币本位制度，④ 也即裕民币到裕民银行必须无限制地照规定比率换取港币。裕民币以港币为本位的特点既说明潮揭丰解放区金融发展刚起步，裕民币的社会信用在短期内还难以建立起来，必须依靠侨眷接收的港币侨汇作为保证金才能发行，同时也说明裕民币具有过渡性的特点，对于侨汇的依赖性非常大，一旦侨汇不足或侨汇本身拒绝兑换裕民币，则裕民币极易发生挤兑、通货膨胀或被拒用的情况，再者解放区既然推行裕民币，就必然会采取外币、外汇、外贸管制政策，不可能允许外币在市场流通，也不可能无限制同意裕民币兑换港币，因此以港币本位为发行基础的裕民币终究是过渡性货币，是在为解放区的金融管理奠定初步基础。

潮揭丰解放区中的潮汕地区是广东侨汇集中区之一，侨批业十分发达，可以说侨批多少不仅关系着潮汕经济荣枯，也直接关系着相当一部分侨眷的生存，因为在潮汕靠侨批生活的人口至少占总人口的50%。潮汕侨批几乎全来自南洋一

① 《关于华南党的工作问题的报告》（1949年2月），中共广东省委党史资料征集委员会、中共广东省委党史研究委员会：《广东党史资料》（第九辑），广州：广东人民出版社，1987年，第27页。

② 广东省地方史志编纂委员会编：《广东省志·金融志》，广州：广东人民出版社，1999年，第305页。

③ 《潮汕解放区外汇管理暂行办法》（1949年6月），《华南革命根据地货币金融史料选编》，中国钱币学会广东分会等编印，1991年，第269页。

④ 《南方人民银行总管理处关于管理金银外汇的指示》（1949年），《华南革命根据地货币金融史料选编》，中国钱币学会广东分会等编印，1991年，第307页。

带，但因各地侨胞集中地不同，侨批来源地也有差别，棉湖、鲤湖侨批以暹罗、新加坡二地较多，河婆侨批以婆罗洲、新加坡为多，流沙侨批以暹罗为多，诸地侨批数及侨汇款额（统计时间为1949年6月9日至27日）如下表所示，但侨批兑换通货，小额通用裕民币，大额侨批则侨眷多要求用港币支付，因为裕民币最高面额仅为十元票，大批支付携带不便，且侨眷对作为储藏用之通货，一般仍欲存港币。[1]

地区	批局	每月汇入款额（港币）	总计（港币）
棉湖	洪万兴	24 000	75 400
	杨晋记	13 400	
	王长裕	38 000	
河婆	彭宗顺	15 000	63 000
	侨商行	10 000	
	裕华	13 000	
	洪裕昌	20 000	
	合丰	5 000	
鲤湖	林集丰	25 000	35 000
	义和昌	10 000	
流沙	永昌利	40 000	200 000
	永昌盛	40 000	
	和和	40 000	
	和合祥	40 000	
	永兴盛	40 000	
成田	永振发	30 000	180 000
	永顺利	30 000	
	协成丰	30 000	
	德顺盛	30 000	
	马太盛	30 000	
	马全丰	30 000	
合计		553 400	553 400

注：1. 流沙批局是根据每家批局每周汇入港币1万元推算；

2. 成田批局是根据每家批局每周汇入港币7 000余元推算。

---

① 《潮、普、惠、南、揭解放区金融情况调查——潮汕财经委员会两个工作队的调查综合报告》（1949年6月），《华南革命根据地货币金融史料选编》，中国钱币学会广东分会等编印，1991年，第510-516页。

为解决裕民币的局限性，1949年6月《裕民银行对外币的管制》正式发布：

一、新币发行后，为避免受港币之袭击起见，应同时实行外币管制。

二、除应大量吸收侨汇之港币外，对入口贸易应加严格管制，商人向裕民行兑换港币时，必需依照新贸易条例及新结汇条例办理，否则，一概不得兑换。

外币要不要管理？裕民券与港币的比率，要不要变动，要不要每日挂牌？我们认为对前者应该管理，比方过去数年间，全潮梅的侨汇，若伸算为港币，每月可得一千五百万港元。目前侨汇虽然锐减（均改为港币），但据调查，仅棉湖与流沙二地，每月侨汇就有港币五十万元以上，现在先限定所有银信局应将所收之侨汇向我银行兑换裕民券后再行分发，就是以保证裕民券发行后，而不至因缺乏港币而动摇，这件事对于批局与侨眷无损，对我则十分有利也，其次，商民要以裕民券向我兑换港币时，必须申请，不过是作为防止敌人有时会向我发动有组织的破坏，但在一般执行上，却不能抓得太紧，因为现在要实行全面的严格管制，还是不可能的。

至于挂牌这件事，在现实的状况下，无论挂高挂低，对我都是不利的，我们现在先要力求稳定，万不可因为挂牌而招致黑市的波动。①

对于侨批业而言，1949年7月13日潮汕财经委致潮阳县委函（总字第三十八号）再次要求侨批商应以裕民币解付侨汇，"查成田（今汕头市潮南区成田镇——笔者注）为华侨汇款来往集散地，对侨批外汇应照解放区之办法执行，以取得一致之步骤，应派人至该市进行管理，其办法照闽粤赣边纵第二支队政治部公布之办法施行（该布告即可发出），外币兑换可向惠来县两英和普宁县流沙银行按价折合裕币发还侨眷。否则，不以我解放区裕币兑换者，作捣乱金融论，处以严重处分，希照执行，并转告各地为荷"②。1949年7月8日，中共中央华南分局创办的南方人民银行正式成立，7月23日裕民银行转变为南方人民银行潮

---

① 《裕民银行对外币的管制》（1949年6月），《华南革命根据地货币金融史料选编》，中国钱币学会广东分会等编印，1991年，第276 – 277页。

② 《潮汕财经委致潮阳县委函（总字第三十八号）——侨批商应以裕民币解付侨汇》（1949年7月13日），《华南革命根据地货币金融史料选编》，中国钱币学会广东分会等编印，1991年，第285 – 286页。

汕分行,① 这也意味着随着华南解放步伐的提速,财政金融统一归由华南分局管理是配合大军南下的重要措施,而事实证明财经统一政策的要求为广东全省解放及解放后人民政权实施金融管理和维持社会稳定奠定了扎实基础,解放区侨批业的进一步统一管理也成为必然要求。

　　1949 年 4 月中国人民解放军发起渡江战役后,安徽大部、浙江大部、江西、湖北、福建等省区相继获得解放。解放军随后在连续发起的湘赣战役、赣西南战役、福州战役中先后解放了长沙、赣州、福州等地,大军随即挥师广东。与此同时,人民解放军琼崖纵队、粤赣湘边纵队、闽粤赣边纵队、粤桂边纵队、粤中纵队、粤桂湘边纵队等为迎接大军南下,全面转为作战攻势,已提前解放了广东大部分农村,仅广东境内解放区就有人口 1 300 万,在全省 1/3 地区建立了人民政权。② 1949 年 4 月 8 日中共中央香港分局改称中共中央华南分局,并于 6 月迁至粤东解放区。同年 7 月中共中央为加强对华南地区工作的领导,决定派遣时任北平市军事管制委员会主任兼北平市市长叶剑英组建新的中共中央华南分局。③ 8 月 1 日,中共中央决定华南分局以叶剑英为第一书记,张云逸为第二书记,方方为第三书记,华南分局主要领导广东、广西两省和香港工委,其中广东不成立省委(直至 1955 年 7 月中共广东省委正式成立),可设潮梅、东江、北江、南路、中区等几个区党委或地委,受华南分局直接领导,同时华南分局受中共中央华中局(1949 年 12 月改称中共中央中南局)领导。④ 香港分局改组为华南分局后制定的《华南解放区财经工作纲领(草案)》,其管理思想延续了《华南人民武装当前行动纲领》中具体规定的"特别关照华侨"部分的内涵,但在内容上《华南解放区财经工作纲领(草案)》更为具体,且很多举措在很大程度上成为广东全省解放后的财经管理举措,其中就明确要求:

　　　　为建立新金融制度,促进生产建设,特创立"南方人民银行",其主要任务

---

① 广东省地方史志编纂委员会编:《广东省志·金融志》,广州:广东人民出版社,1999 年,第 305 页。

② 中共广东省委党史研究室:《中国共产党广东地方史》(第一卷),广州:广东人民出版社,1999 年,第 717 页。

③ 中共广东省委党史研究室:《中国共产党广东历史》(第二卷)(1949—1978),北京:中共党史出版社,2014 年,第 4 页。

④ 《中央关于华南分局、华中局、西南局的干部配备及其管辖范围的指示》(1949 年 8 月 1 日),中央档案馆编:《中共中央文件选集》(第 18 册),北京:中共中央党校出版社,1992 年,第 402 - 403 页。

有"发行人民币（即南方人民银行人民币，又称南方人民银行券、南方券——笔者注，下同），以供应市场上的需要，并有计划有步骤地驱逐敌币及外币"，"收发侨汇，保障侨胞利益、侨眷生活"。

为加强侨汇管理，"南方人民银行"应在海外重要地区设侨汇管理局，其任务为：（1）建立海外各地管理侨汇机构。（2）收转侨汇（为防止外汇之逃避，本区内之民信局应实行登记）。（3）协助"南方贸易公司"，包括利用海外侨汇及国内所得外汇，有计划地输入各地物资。

为保护本解放区生产建设及充裕财政、支援战争，应设"对外贸易管理局"，实行进出口管理，其任务为：（1）限制进口物资，可分为下列三大类：a. 特许进口货物（本区必需品）。b. 免税进口品（本区所需之军用品、教育仪器等）。c. 征税进口品。（2）统制出口品，依照本区之需要分为二种：a. 统销品，本区特别产品。b. 管理品、本区大宗农产品，以换取免税进口品。（3）普通输出品。

为巩固新金融制度应立即实行外汇管理，其要点如下：（1）禁止外币在解放区内持有、买卖及流通使用。（2）所有外汇（包括外币券及以外币支付之票据）、侨汇（即期汇票、电票汇票、远期汇票、支票及侨汇）应存入"南方银行"作为外币存款，或照银行牌价换取人民币。（3）外币存款只能充作下列用途：a. 向国外购买本解放区内所需要之生产工具或物资。b. 侨胞出国旅费。（4）外侨入本解放区，应将所携带之外币存入"南方人民银行"。

为防止金融投机，尽量使用民间资本，应实行金银管理，其要点如下：（1）金银准许储藏，并向人民银行兑换人民币，但不得流通使用。（2）禁止金银输出，私人佩戴金首饰不得超过一市两，银首饰不得超过二市两。（3）金银首饰业只许出售制成品，不得私相买卖。（4）金银入市须向人民银行登记；人民币之发行，应以百分之三十购买国内外物资，以百分之四、五十用于工业商贷款及公库垫款，由侨所发放之人民币，应用侨汇输入物资抵偿。①

《华南解放区财经工作纲领（草案）》具有鲜明的战时财政"统一管理""强制管理"的"统制"特点，解放区的货币制度采用不同于黄金本位、白银本位

---

① 《华南解放区财经工作纲领（草案）》（1949年），《中共中央华南分局文件汇集（1949.4—1949.12）》，中央档案馆、广东省档案馆编印，1989年，第439－441页。

和外汇本位的通货管理制度①，且外贸、外汇、金银诸业均实行管制，究其根本原因在于"南方券的发行，改变了裕民银行和新陆行②的港币本位制，闽西军民合作社的银本位制，大埔军民合作社的谷米本位制，一律实施通货管理制度，只有改变上面这些不合理的制度，货币才有前途，才不授奸商特务以更多的可乘机会，来搅乱金融破坏币信。但本解放区接近香港，许多物资需用港币买回来，也和许多未解放地区接近，要吸收物资非用白银不可，为了适应人民这种需要，并为节省外汇及白银的浪费，故采用金银外汇管理的办法，一面适当地供给必需购买外国原料或商品的工厂和入口商以外汇（包括港币和银元），但另一面要严密管制，免得投机商人乘机套取港币和银元"③。

华南解放区如此做法，实际上改变了侨汇经营的外部金融大环境，保证华南解放区能够实现币制统一，削弱侨汇黑市的产生基础，在具体侨汇管理政策上突出：①解放区管理机构保障侨汇寄递通道顺畅，保障侨胞侨眷合法权益，要求侨批业接受管理登记经营；②新成立的南方人民银行是解放区收兑侨汇的唯一及最高金融管理部门，南方人民银行发行的货币是解放区唯一流通货币；③南方人民银行实行侨汇强制结汇管理制度，侨眷所收侨汇应存入南方人民银行作为外币存款或照银行牌价换取人民币；④南方人民银行是解放区侨汇管理的主体机构，其管理任务由筹建海外各地管理侨汇机构、侨批局实行登记制度并防止侨汇逃避、以所收侨汇购运海外物资三大部分构成，其中心目的在于维护并加强华南解放区的财政收支能力。

至于侨汇在解放区货币统制政策中如此重要的原因，华南解放区《发行新币及管制市场宣传提纲》中进一步解释了其与南方券的币值稳定间的内在联系，南

---

① 通货管理制度是指由政府控制货币发行数量，使货币的发行和流通，不超过市面所需要太多，也不致少于市面所需要太远，并且政府控制物资、管制物资，以保证货币价值的稳定。这种币制，既不兑换金银，也不是无限制供给外汇，对于外汇则是采取严格的管理政策，苏联等国即采用此类币制。参见《发行新币及管制市场宣传提纲》（1949 年），《华南革命根据地货币金融史料选编》，中国钱币学会广东分会等编印，1991 年，第 296 页。

② 经粤赣湘边区党委批准，1949 年 6 月在粤赣湘边纵队东江第一支队第六团党委的领导下，新陆银行成立并同时发行新陆券。但新陆银行运行时间极为短暂，影响力不如裕民银行和南方人民银行。1949 年 8 月新陆银行并入南方人民银行，成为南方人民银行河田办事处。新陆银行运行期间的主要业务之一是按照新陆券 2 元与港币 1 元的规定比价收兑港币。参见广东省地方史志编纂委员会编：《广东省志·金融志》，广州：广东人民出版社，1999 年，第 307 页。

③ 《南方人民银行总管理处关于管理金银外汇的指示》（1949 年），《华南革命根据地货币金融史料选编》，中国钱币学会广东分会等编印，1991 年，第 307 页。

方券"不和金银发生直接联系，对外汇也采取严格的管理政策，解放区人民民主政府手上，有充足的公粮、税收和侨汇作为稳定币值的保证，并对它负担完全责任。这是一种独立自主的通货管理制度，和国民党反动政府的货币毫无相同之处"。"公粮，税收，侨汇，公债这四种东西，是保证货币价值稳定的物质条件。没有充实这个条件，货币也不易稳定。因为公粮是物资，物价涨高了，可用抛出物资的方法，增加市面物资的供应，并吸收货币回笼，减少市面的流通数量；税收和公债是最自然的促进货币回笼的办法，当然有助于货币的稳定；增加了侨汇，并且这侨汇是经政府银行之手汇到国内时，外汇就可以变成国内必需的机器和物资，由人民政府来控制，对增加生产稳定币值，显然也有积极作用。因此，南方券发行后，各部门财经工作人员必须尽力增加公粮税收和推销公债，银行和侨汇工作人员应积极争取侨汇，以打好南方券稳定的基础。"为此，南方人民银行鼓励"华侨家属要写信给在海外的华侨，汇钱回国要到民主政府所设的侨汇机构或其委托的机构去汇。民信局（侨批局）收到了侨汇（外币），要到南方人民银行去兑换南方券，才分发给侨眷，这样一来，外汇都移到政府之手，外汇充实了，既可以增强货币稳定的基础，又可以由政府购买生产机器和必要的工业原料回国，增加生产，对人民的生活，就大有帮助了"①。

随后《华南解放区金银外汇管理暂行办法》的颁布也明确规定，金银外汇管理是"为巩固货币制度，防止投机，便利侨汇，发展贸易，繁荣经济"，而"在本解放区内之各侨批局，出口商携带外币入境时，应向附近之南方人民银行分支行处或指定之收兑机关，照当日牌价兑换南方券"②。侨批局强制结汇制度得到政策有力支持。而南方人民银行总管理处关于管理金银外汇的指示中也指出侨批局强制结汇的实现要有条件，"依靠和侨批局的合作，使他们收到的侨汇（外币）拿到银行兑成南方券，这种工作做得好不好有两个条件，一个是银行和侨批局的联系是否做得好，另一个是我们定的收兑价是否公允合理，使侨批局不致吃亏"③。潮梅人民行政委员会副主任委员黄声在委员会第一次会议上报告财

---

① 《发行新币及管制市场宣传提纲》（1949年），《华南革命根据地货币金融史料选编》，中国钱币学会广东分会等编印，1991年，第294 - 299页。

② 《华南解放区金银外汇管理暂行办法》（1949年），《华南革命根据地货币金融史料选编》，中国钱币学会广东分会等编印，1991年，第300 - 301页。

③ 《南方人民银行总管理处关于管理金银外汇的指示》（1949年），《华南革命根据地货币金融史料选编》，中国钱币学会广东分会等编印，1991年，第308页。

经工作方案时也提出，"限制批局兑付外汇，吸收侨汇到人民银行来，今潮梅每月有二千万元港币的侨汇，如能吸收到一半，数目就极为可观"①。

为增加南方人民银行吸收侨汇的数量，香港宝通行的许子奇、庄晖等进入潮梅解放区联络，凡该行吸收有潮梅解放区的侨汇，均由南方人民银行解付，具体做法是以团结侨批业为原则，"先从内地套汇的办法做起，由南方人民银行与有信用的侨批局订立合同，根据过去分批的数量，以港单或汕单向银行换取南方券发给各有关侨眷，然后，南方银行再将港单和汕单委托香港汕头联号即宝通行收取外汇。为确保侨眷利益，南方银行还举办'外币存款'，接收暂时不用南方券的侨眷存款，对侨眷举办定期放款或活期放款，使侨眷不因一时得不到侨汇而影响生活。南方银行还举办'原币汇款'业务，即从海外汇出的外币到国内交款时按当天外币牌价计给南方券。这样便沟通了侨汇渠道，安定了侨眷生活"②。

尽管1950年南方人民银行并入中国人民银行广东省分行，南方券一律回收并兑换为人民币，但其针对侨批业既要争取其支持又要加强管制的基本管理思想开始逐渐产生，并且在实际管理政策中一步步体现出来。

三、华南党组织对侨汇和侨批业管理政策的舆论宣传——以《华商报》③报道为中心

与解放区实际的侨批业管理政策相配合，党的舆论宣传在扩大关于侨批业管

---

① 《黄声在潮梅人民行政委员会第一次会议上报告财经工作方案》（1949年8月10日），《华南革命根据地货币金融史料选编》，中国钱币学会广东分会等编印，1991年，第331页。

② 蔡馥生：《广东解放前后华南财经工作的回忆》，中共广东省委党史资料征集委员会、中共广东省委党史研究委员会编：《广东党史资料》（第八辑），广州：广东人民出版社，1986年，第43页。

③ 《华商报》是中国共产党领导并创办于香港、具有统一战线性质的重要舆论宣传阵地。该报在香港创刊于1941年4月8日，初为晚报，主持人为范长江。太平洋战争爆发后，于1941年12月12日被迫停刊。1946年1月4日在香港复刊并改为日报。《华商报》的复刊是根据抗日战争胜利后的形势和革命斗争的需要，它的办报方针重在宣传党的和平、民主、团结建设新中国的路线、方针、政策，反对国民党反动派的内战、卖国、独裁政策。时任报社董事长邓文钊，总编辑刘思慕，总经理萨空了。章汉夫、许涤新、廖沫沙、夏衍、乔冠华、张铁生等共产党员为报社委员会成员。1949年10月15日自动终刊，该报人员受命创办《南方日报》。参见《广东革命历史文件汇集1919—1949（广东报刊资料选辑）》（下），中央档案馆、广东省档案馆编印，1991年，第386页；刘子健：《党对〈华商报〉的领导》，《广东党史资料》（第二十六辑），广州：广东人民出版社，1994年，第191页。

理方面也做了大量实际工作，扩大了党的政策的宣传面和覆盖面。"二战"后复刊不久的《华商报》就对战后海外华侨的困难给予特别关注，1946年1月20日社评《侨胞努力的方向——积极参与祖国民主运动》中就提到，战后华侨的困难主要有如下几项：①当地政府和一部分人民对华侨的排斥以至迫害，暹罗京城枪杀华侨的惨案是最典型的例子。②在民族独立运动被武力镇压的东南亚地区，得不到适当保护的华侨财产和生命，受到重大威胁。③战后的经济危机使在战时本已在饥饿线上挣扎的华侨大众更加无法生活，他们为改善生活而发起的运动，有时还会受到当地政府的镇压。④战时政府的统制侨汇和侨汇不通，曾使万千侨眷受到重大损失以至得不到救济而酿成了许多悲剧，战争结束以后这种不合理的现象还没有消除。⑤回国的几万华侨或因经济和交通的关系，或因原侨居地政府的阻梗，还不能迅速复员，缅甸归侨之被拒返缅就是一个例子。⑥战后被遣送回国的华侨，多没有得到适当的安插，以致他们有"早知如此，不如不归"之叹。① 在六点困难中，就包括了国民政府侨汇管理不善给广大侨胞和侨眷造成的痛苦和损失，而且强调政府侨汇管理不善的局面于"二战"后还在延续。为此《华商报》向广大华侨发出政治动员，"侨胞要解除自己的痛苦，提高自己的地位，维护自己的利益，一定要从革新祖国的政治着眼，只有当中国的政治有了改善之后，华侨的地位和生活才能改善"②。《华商报》社评的政治导向与广东区党委1946年即确定的战后华侨工作基本方针完全一致，该方针要求"加强对华侨的宣教工作，报道乡情和国内社会现状，暴露黑暗，以提高华侨的政治认识，加强为华侨服务的工作，巩固商业阵地来提高我们的威信；以经济形式团结中上层的华侨及联络本港侨商，推动华侨的民主力量配合祖国民主运动的斗争。在我们的思想准备上，集中华侨的经济力量，发展对新民主主义的经济事业。这个方针，是根据当时华侨的政治标准及其迫切要求和中国民主人士的要求而定的"③。该方针是《华商报》华侨经济报道的根本指导思想，贯穿《华商报》涉侨经济报道的始终，配合了党在华南地区整体的工作安排。特别是《华商报》广州分馆成立后，加强华南大城市宣传工作，为争取广大华侨发挥经济力量优势，参与

---

① 《侨胞努力的方向——积极参与祖国民主运动》，（香港）《华商报》，1946年1月20日，第1页。
② 《侨胞努力的方向——积极参与祖国民主运动》，（香港）《华商报》，1946年1月20日，第1页。
③ 《两年来我们统战工作总结》（1947年12月），《广东革命历史文件汇集（广东区党委等文件）（1947.8—1948.11）》，中央档案馆、广东省档案馆编印，1989年，第100页。

新中国建设营造了良好的战时舆论环境。正如广东区党委所言，战后"我们在政治上提出集中力量突破广州市的法西斯堡垒"，"除广泛动员各种刊物展开政治攻势外，又决定在广州开设'华商''正报'分馆，在这一时期，由我党独力出版的刊物和经过我党出钱支持的刊物，计有《华商报》《正报》《自由世界》等，同时尽量设法帮助若干民主人士的生活"①。

1949 年 9 月粤东潮梅解放区潮梅行政委员会颁布了《潮梅解放区外汇管理暂行办法》《对外贸易管理暂行办法》《金银管理暂行办法》，其中《潮梅解放区外汇管理暂行办法》具体规定，"本办法所称之外汇，指在奉解放区内外支付之一切外币款项，包括外国币券，及以外币支付之票据、电汇，即期汇票，见票汇票，远期汇票、支票、旅行支票及侨批"。本办法所指之外汇"均不得在市场上使用、买卖及抵押，均须存入各地南方人民银行，作为外币存款，换取外币存单。或照牌价售予南方人民银行"②。该系列办法实际是对《华南解放区金银外汇管理暂行办法》的具体贯彻和落实。潮梅行政委员会的做法一经公布，就引发了各方面关注。为此，南方人民银行总经理蔡馥生就相关问题接受了记者采访，《华商报》于 9 月 11 日、13 日以问答形式分别发表了《南方人民银行总经理谈南方人民银行任务——人民币发行方针及外汇管理基本精神》和《南方人民银行总经理谈管理对外贸易基本任务——重视侨汇问题使侨眷能得赡养》两篇报道。此外，《华商报》的这两篇报道也全力配合了中共中央华南分局对当时财经政策的具体要求。这里所说的具体要求是指，9 月 10 日以叶剑英为第一书记的中共中央华南分局在江西赣州举行货币政策讨论会，分局第三书记方方和南方人民银行副总经理赵元浩介绍了华南地区港币广泛流通的严重状况。据估算 1949 年 6 月中旬港币发行量达 9 亿元，其中有 6 亿元在内地流通，而同年 8 月港币发行量猛增至 13 亿元，其中 8 亿元在内地流通，华南就约占 6 亿元，达总数的88%，严重破坏了解放区经济生活，随着港币币值下跌还造成人民财产重大损失，阻碍人民解放战争的进程。会议讨论并做出了《华南港币处理意见》的决

---

① 《两年来我们统战工作总结》（1947 年 12 月），《广东革命历史文件汇集（广东区党委等文件）（1947.8—1948.11）》，中央档案馆、广东省档案馆编印，1989 年，第 88 - 89 页。

② 《潮梅解放区外汇管理暂行办法》（1949 年 8 月），《华南革命根据地货币金融史料选编》，中国钱币学会广东分会等编印，1991 年，第 337 页。

定，制定了以排挤为主、存兑为辅的肃清港币方针。① 这一决定就必然要求广东侨乡接收的大量侨汇（其中主要是港汇）要交由人民银行兑汇而不是交由侨批业私商继续兑汇港币流通。《华商报》9月13日刊登的《南方人民银行总经理谈管理对外贸易基本任务——重视侨汇问题使侨眷能得赡养》这一报道就专门谈到侨汇问题：

> 问：对于侨汇问题，政府将如何措置？
>
> 答：侨汇关系华南人民生活至大，人民政府非常重视，乃作妥善的布置。务期侨汇畅通无阻，侨眷能得应有的赡养，批局能得到合理的利润。对于这点，我们希望各地批局能和银行切实合作，遵照人民政府所公布办法经营，切实做到"外汇归公，利润归私"，同时我们尤希望本解放区的工农商界同胞了解人民政府新财经政策的要旨，协助政府实行新政，侦防一些只图私利，不顾国计民生的恶劣分子的破坏行为，一致起来为建设新华南而努力。②

为进一步增强华侨及广大侨眷对新中国的信心，并就即将成立的新人民政府保侨护侨思想和华侨政策的基本原则向广大华南群众和侨胞侨眷做一解释，9月12日《华商报》头版发表社评文章《华南解放后华侨的努力方向》，文中称，中国人民解放事业，是与华侨的利益完全一致的，而现在即将开始的诸凡建设，也将统一华侨的力量于一个整体内。早在年前，华南人民武装行动纲领内对于华侨的利益，就曾经做了鲜明与具体的规定，接着又颁布了外汇暂行办法等维护华侨利益的措施。可见即使在战争期间和游击区的状况下，中国共产党所领导的人民武装也是重视华侨的利益，坚决反对反动派对华侨的抢夺与骗取，尽可能帮助或救济侨眷生活的。今后华南全面解放以后，人民政府必然会更加切实具体地规定便利华侨汇款、回国等法令，以及正确合理地解决华侨土地的租息问题等一切有关华侨利益的事，这是可以深信不疑的。因为人民政府完全站在人民的立场，从华侨的角度上看，也就是等于站在华侨的立场。华侨的利益，就是中国人民的利

---

① 高宏的：《解放战争时期方方对华南财经工作的贡献》，中共广东省委党史研究室、广东省中共党史学会、广东省中共党史人物研究会编：《方方研究》（下卷），广州：广东人民出版社，1996年，第167页。

② 《南方人民银行总经理谈管理对外贸易基本任务——重视侨汇问题使侨眷能得赡养》，（香港）《华商报》，1949年9月13日，第3页。

益；中国人民的利益，也就是人民政府的利益。由于华南即将全面解放，跟在一个簇新的人民民主专政的政权之下，动员人力财力，参加建设新中国的伟大事业。在这里，至少有两个方向是应当努力加以把握的：第一，大量投资，发展祖国工农商运输交通生产事业，以繁荣祖国的经济；其次，资送大批有科学专长、技术修养的华侨子弟回国服务，参加生产部门工作。①

9 月 14 日《华商报》头版发表社评文章《华南解放后的侨汇问题》，再就中共中央华南分局有关侨汇管理的具体想法公布于众：

目前华南解放战争尚在进行，人民政府尚未建立（福建省人民政府已于上月组成），我们仍未能看到新政府颁布处理侨汇的具体办法，但征诸年前华南人民武装行动纲领中保护侨眷保护侨批局的措施，以及最近南方人民银行总经理蔡馥生 "务期侨汇畅通无阻，侨眷能得应有的赡养，批局能得到合理的利润" 的声明，足见人民政府对于关系数千万华南人民生活的侨汇问题必然是要以最大努力予以妥善照顾的。处理侨汇问题一方面应当使这笔年达三四亿美元的外汇，不在市场上投机扰乱新中国的金融，将它用到发展生产、繁荣国家经济建设上去。另一方面，在物价、币值暂时尚未达到绝对稳定时，人民政府应当设法维持侨汇的购买力，使侨眷的生活得到保障。这是 "公私兼顾" 原则下的一个问题的两面。因此，侨胞应该首先认识：在今后建设新中国的艰巨工作中，全国人民必须全心全意致力于发展生产，安定金融。只有如此，才能从根本上繁荣中国的经济，也只有如此，才能从根本上使人民的侨眷的生活获得保障。在这方面，就必须要求华侨和经营侨汇的行庄，决心与人民政府合作，遵守一切金银、外汇条例，不走黑市，不做投机，将一点一滴的外汇都用于国家的建设。如果我们对人民自己的政府也不信任、不合作，产生扰乱金融的行为，实际上还不是妨碍了侨眷生活的长期安定和好转？人民政府对于侨汇的管理必然是重视、合理和有利于侨眷的。根据目前华东的情形看来，将来闽粤人民政府可能采取如下的措施：

一、对于驳汇侨眷生活费的批局汇庄，将根据各时期各地区的环境加以有计划的组织，并由人民银行在海外各埠指定收受侨汇的银行、银号和汇庄，使侨汇不致因外国某些银行暂时的不接汇而受阻止。对于国内各地侨批局，将适当地加

---

① 《华南解放后华侨的努力方向》，（香港）《华商报》，1949 年 9 月 12 日，第 1 页。

以管理，以保证其合理的利润。在潮梅解放区现在已经开始这一工作了，将来全华南解放之后这一工作是会做到更好的。

二、所有外币、外汇、金银的管理办法，都是以安定人民生活、保护人民财富为原则。以潮梅解放区所颁布的外汇管理办法为例，当侨眷接到外币汇款之后，可将这笔外汇原币存入人民银行，换取外汇存单，既可以用于输入货物，又可以在四十天之内依照牌价出售，使侨眷在提用汇款时不致因物价、币值的暂时波动而受损失。这和过去国民党时代依不合理的牌价当天兑交"国币"，侨眷得到蒋币之后，不上几天就分文不值的情形，是不能同日而语的。

三、华南解放之后，也将如华北、华东一样，由人民银行举办折实储蓄。当侨眷接到侨批之后，可以立即兑成人民币，折成实物，大部或全部储入银行，不管将来领取时物价如何变动，还可保持存入时的购买力。如以目前潮梅解放区人民券与港币的比值和米价的大约价目为例，侨眷收到五百元港汇，兑成人民券一千元，存入时值米廿五担，即使将来支取时米价涨了一倍，你就可以支回二千元人民券，仍可买米廿五担。这种折实储蓄不但绝对保障了侨眷的购买力，而且没有时间的限制。①

华南解放区的侨批业管理政策与国民政府相关政策的最大区别在于，在管理政策上突出了团结侨批业的思想，既体现出党保护侨胞利益的政治本色，也明确了确立经济主权、发行统一货币的政治经济要求，为华南全境解放后广东侨批业纳入国家管理轨道并逐步实现政府有效管控奠定了基础。

---

① 《华南解放后的侨汇问题》，（香港）《华商报》，1949 年 9 月 14 日，第 1 页。

中华人民共和国"保护工人、农民、小资产阶级和民族资产阶级的经济利益及其私有财产"①，"凡有利于国计民生的私营经济事业，人民政府应鼓励其经营的积极性，并扶助其发展"②。"在必要和可能的条件下，应鼓励私人资本向国家资本主义方向发展"③。这里的"国家资本主义"，即国家提供生产经营条件，私人资本家利用这些条件进行生产经营，在双方合作中资本家获取一定利润，国家进行必要管理的经济形式，④ 这被正式确定为私人资本主义在新中国的发展方向。也正是在《共同纲领》中，新中国首次以法律条文形式正式提出了对侨汇的管理原则，"中华人民共和国人民政府应尽力保护国外华侨的正当权益"⑤，对于华侨汇款应采取"便利侨汇"⑥ 的政策。

1950 年元旦，何香凝以新中国华侨事务委员会主任身份首次在《人民日报》向海外华侨发表了新年广播词，其中着重谈及侨汇和侨批业，"在侨眷集中地区，我们要用各种办法，保护地方秩序，保障侨眷生活。同时我们准备想办法把侨汇办好，使来自海外的侨眷给养，便利迅速地送到侨眷手里。现在中国银行和人民银行，在粤闽解放以后，全力注意办好侨汇。在汕头、厦门、广州等市，也准备先后设立华侨服务站，把侨汇工作做好。中央人民政府华侨事务委员会正在研究有利于华侨的适合实际的侨汇条例。基本上我们必须根据新民主主义的经济政策和共同纲领中的规定，要达到公私兼顾和便利侨汇的目的。我们要照顾到侨眷的利益，并由政府的银行机关很好地管理和指导华侨的民信局、汇兑批局和银信局等等的业务。所以我们希望海外华侨、国内侨眷和国内外的侨批局，都一致团结在人民政府的周围，通力合作，共同把侨汇办好，这是安定侨眷生活的必要措

---

①　《中国人民政治协商会议共同纲领》第一章第三条，中共中央文献研究室编：《建国以来重要文献选编》（第一册），北京：中央文献出版社，1992 年，第 2 页。

②　《中国人民政治协商会议共同纲领》第四章第三十条，中共中央文献研究室编：《建国以来重要文献选编》（第一册），北京：中央文献出版社，1992 年，第 8 页。

③　《中国人民政治协商会议共同纲领》第四章第三十一条，中共中央文献研究室编：《建国以来重要文献选编》（第一册），北京：中央文献出版社，1992 年，第 8 页。

④　《东北局关于东北经济构成及经济建设基本方针的提纲》（1948 年 9 月），中央档案馆编：《中共中央文件选集》（第 14 册），北京：中共中央党校出版社，1987 年，第 402 页。

⑤　《中国人民政治协商会议共同纲领》第七章第五十八条，中共中央文献研究室编：《建国以来重要文献选编》（第一册），北京：中央文献出版社，1992 年，第 13 页。

⑥　《中国人民政治协商会议共同纲领》第四章第三十七条，中共中央文献研究室编：《建国以来重要文献选编》（第一册），北京：中央文献出版社，1992 年，第 10 页。

置"①。同年召开的中国人民银行第一届全国金融会议和扩大行务会议也先后表示，"侨汇为外汇第二大源泉，又关系闽粤千百万侨眷之生活和祖国工业建设，亦应与出口同样重视争取"②，而侨批业作为侨汇汇入国内的最主要渠道，"应组织水客、侨批局等进行收汇。在首先维护侨胞利益的前提下，解决各侨汇机构——指定银行、民信局、水客、国内邮局之间的分工合作，并适当分配其合法利润"③。

华东区的《一九四九年华东区外汇工作综合简要报告》也对侨批业的团结与管理问题做了详细论述，"民信局一面在国外向汇款人收取高汇率（如在菲收汇率高达30%），一面又从中买卖套取高额利润［如菲信局将汇款调往纽约，再调香港转厦门（或调申转厦），抛出美汇几（经）转手之后，又可获利达百分之三十到五十；民信局与商人勾结，在国内抛出外币或港汇抵价侨汇］等事实存在，均可说明民信局的本质是一种封建性的及商业资本初期形成的组织，但因其在整个侨汇过程中做着收取汇款与介付侨汇的工作，自有其牢固的基础。因此，对民信局的问题是如何团结争取与改造的问题"④。1950年，曾先后担任中国人民银行行长秘书、专门委员、宣传处处长兼金融研究所副所长的杨培新也撰文指出，希望侨批业进一步组织起来，"与政府联系，共同策进侨汇业务。我们要求侨汇局遵守二个原则，一是要维护国家利益，一是维护侨胞利益。维护国家利益，是不带外币进入国内，不要私售外汇、对汇，收到每一文侨汇，都交给国家。凡是回条中从事外汇投机及非法买卖的严加批评和检举。维护侨胞利益，是不要迟交汇款，滞留资金加以利用"。"对于侨批局的合法利润，我们将加以维护，作为他们为国家为人民服务的酬劳，侨汇局必须改变十余年来通货膨胀下的经营方式，停做期汇，停止对汇，运货进口等等方式，做一个规规矩矩的侨

---

① 《华侨事务委员会主任委员何香凝新年元旦向海外华侨广播词》，《人民日报》，1950年1月3日第4版。

② 人民银行总行：《第一届全国金融会议综合记录》（1950年3月15日），中国社会科学院、中央档案馆编：《1949—1952中华人民共和国经济档案资料选编·金融卷》，北京：中国物资出版社，1996年，第808页。

③ 中国人民银行：《六月扩大行务会议记录》（1950年6月），中国社会科学院、中央档案馆编：《1949—1952中华人民共和国经济档案资料选编·金融卷》，北京：中国物资出版社，1996年，第809页。

④ 《一九四九年华东区外汇工作综合简要报告》（1949年），中国社会科学院、中央档案馆编：《1949—1952中华人民共和国经济档案资料选编·金融卷》，北京：中国物资出版社，1996年，第833－834页。

批局。"①

新中国对侨批业团结与管理的政策取向，既要求对该行业的私人资本所有权和合理利润加以保障，使其发挥优势以保持经营积极性，同时又要求全力改变其套汇、逃汇、经营黑市汇兑等不法行为，将侨汇尽量集中在国家手中。这不仅是新中国在面对国内外复杂局势，要在短期内迅速恢复国民经济的必然要求，也是新民主主义社会鼓励私人资本主义向国家资本主义方向发展的内在要求。

二、广东侨批业管理政策的颁布与实行

（一）行业经营规范的出台

在中央和人民政府的宏观规范下，广东各解放区的管理机构得以陆续建立，管理政策也开始逐步颁行。1949 年 10 月 14 日广州市解放，10 月 21 日叶剑英、方方率领华南分局机关进驻广州。华南分局负责管辖广东、广西两省及广州一市的党组织，广东不设省委，直接受华南分局领导。同一天还成立了中国人民解放军广州市军事管制委员会，以叶剑英、赖传珠分别为正、副主任，领导全省各地的军事管制和接管工作。10 月 28 日广州市人民政府成立，11 月 6 日广东省人民政府成立。在委派肖鲁、王奇、阮志中接管原广东省侨务处后，1950 年 2 月 1 日广东省华侨事务委员会正式成立。

就在广州市各政权机关逐步建立之时，汕头市已于 1949 年 11 月 3 日率先由汕头市军事管制委员会公布了《汕头侨批业管理暂行办法》，② 对潮汕地区侨批业的经营管理做了初步规定。与该办法配套出台的还有《潮汕解放区缉私暂行条例》《汕头市金银管理暂行办法》《汕头市私营银钱业管理办法》等多项措施。据香港《大公报》报道，在《汕头侨批业管理暂行办法》公布当天，"查第一帮由暹（暹罗——笔者注）寄递解放后潮汕的家批，已经于（十一月——笔者注）

---

① 杨培新：《新侨汇政策》，（香港）《经济导报》1950 年第 153 期。

② 《汕头军事管制委员会公布汕头侨批业管理暂行办法》（1949 年），广东省档案馆藏广东邮政管理局档案，全宗号 29，目录号 1，案卷号 281，第 30–33 页。

三日晨配寄航机赴港转递家乡，这第一帮的侨批是从香港方面以机器帆船驶往海门等处，然后转进汕市的。香港至海门等处的机器帆船交通已经畅通无阻"①。汕头市侨汇寄递的恢复加速了广东全省侨批业管理办法的出台。

1949 年 12 月 7 日广州市军事管制委员会根据《华南区外汇管理暂行办法施行细则》规定，以财金字第三号命令颁布了《华南区侨批业管理暂行办法》，同时公布的还有《侨汇优待暂行办法》《华南区外汇管理暂行办法》《外汇交易所规程》《华南区金银管理暂行办法》《华南区私营银钱业管理暂行办法》《华南区国外贸易管理暂行办法》等。②《华南区侨批业管理暂行办法》不仅在内容上比《汕头侨批业管理暂行办法》更为具体，而且在管理权限上首次统一了华南地区侨批业管理政策，其意义十分重大，该办法全文如下：

华南区侨批业管理暂行办法

第一条 为保障侨胞利益舒畅侨汇并达成外汇管理之目的特根据华南区外汇管理暂行办法施行细则第十五条之规定制定本办法。

第二条 中国人民银行华南区行指定中国银行及其所属行处为执行本办法之机构，当地无中国银行者仍由中国人民银行办理。

第三条 凡遵守人民政府一切政策法令在国内有分支机构经营侨汇向著信誉之银行或侨批信局可向当地中国人民银行（在广州则为中国人民银行华南区行）申请并经批准者方得办理国外侨汇业务。

第四条 凡欲办理国外侨汇之银行或侨批信局须按申请表式内容确实填写，该项表式由人民银行华南区行制定之。

第五条 侨汇办理人的任务为在一定海外地区收受侨汇将所收外汇结售于国家银行以所得人民币或侨汇存单分发侨眷。

第六条 侨汇办理人不得经营黑市汇兑并不得有代客或自己经营有关资金逃避及套汇或其他投机行为。

第七条 中国银行得核定侨汇办理人办理侨汇之手续费批信来回之邮费或电费。

---

① 《侨汇陆续经港转汕暹 第三批款又寄出计南方券八十万元 比第二批减百分之五十》，（香港）《大公报》，1949 年 11 月 20 日第 5 版。

② 广州市人民政府秘书处编印：《广州市政》1950 年第 2 期，第 66 – 76 页。

第八条　侨汇批信局不得私自买卖交收外币及外币有价证券及各种外汇票据并不得经营其他未经核准之业务，如有违反本办法之规定当地人民银行（在广州则为人民银行华南区行）得撤销其准许证，按情节轻重照第十二条规定处理之。

第九条　凡已经核准之侨汇办理人欲停止营业或改组变更名称，及增减资本者须说明理由陈请当地人民银行（在广州则为人民银行华南区行）核准后始得办理。

第十条　侨汇办理人经营侨汇必须遵照下列之规定：

甲、所收侨汇必须遵照华南区外汇管理暂行办法第六条之规定办理。

乙、分发批款力求迅速不得有积压暨贬低暗扣欺蒙侨眷情事。

第十一条　侨批业应按期造送下列表报呈当地中国银行（当地无中国银行者送人民银行）查核。（甲）汇入明细表，（乙）结售侨汇旬报，（丙）海外逐帮收汇行市清单。

必要时中国人民银行或中国银行得随时派员检查其营业情形及帐簿并得随时指定编造有关表报。

第十二条　侨批业有违反本办法规定之行为者得按情节轻重予以下列处置：（一）警告；（二）处以罚金；（三）令其撤换重要职员；（四）停止营业。其有关刑事部分交由司法机关处理。

第十三条　本办法自公布之日起生效，如有修正时得随时公布之。[①]

从上述办法可以看出，政府对广东侨批业的行业经营做出了明确规定，中国人民银行华南区行指定中国银行及其所属行处（无中国银行地区可由中国人民银行办理）作为侨批业业务经营的直接领导机构，而且在行业准入规范上明确表示：凡遵守人民政府一切政策法令在国内外有分支机构，经营侨汇向著信誉之侨批信局均可申请办理外汇业务，这就结束了国民党统治时期邮政局、邮政储金汇业局、中国银行等为垄断侨汇业务而造成的侨批业经营混乱局面。因为当时国民政府只颁发数量有限的营业执照以限制私营侨批业的经营，导致侨批业走入畸形发展轨道，潮汕地区就是最明显的例子。新中国成立前，潮汕"遗留下来的六十

---

① 广州市人民政府秘书处编印：《广州市政》1950年第2期，第75-76页。

几家侨批业执照，事实上已经变了质，当初申请执照的时候，就凭人情、走路线，一家侨批局请批三张执照者有之，非经营批业而领得执照者有之，往后，由于有了执照，邮寄回侨批回信可以享受五折邮资，而且有了批照，无形中获得了投机买卖的合法地位，特别是在伪法币末期以至伪金圆券时代，侨批业被认为'本小利大'的好生意而争相投机的时候，批照成了有价证件，每张批照曾经炒卖到港币乙万元以上"①。因此，华南区在保障经营质量的前提下对侨批行业准入权的放开，既是为"便利侨汇"，恢复因战争影响而下降的海外侨汇寄递，但更重要的则是鼓励侨批业从地下走向合法公开，防止其因行业准入限制而采取经营黑市汇兑、套汇或其他投机行为，便于国家监督和管理其日常经营，保证将其所收侨汇结售给国家银行。

为保障上述政策的贯彻实施，政府对非法经营并扰乱金融市场的不法行为均予以严厉打击。与《华南区侨批业管理暂行办法》同时公布的《华南区外汇管理暂行办法》《华南区私营银钱业管理暂行办法》等都明令禁止一切外币、金银、银元计价、流通或私相买卖，禁止携带外币出口或入口，禁止任何银钱业汇兑庄及商行经营黑市外汇，违者一律严处。② 广州市军事管制委员会及人民政府为配合金融政策的贯彻，稳定华南金融市场和物价，对广州黑市也进行了大规模严厉打击。据《南方日报》报道，1949 年 12 月 5 日当天，广州市公安总局奉军管会命令，会同警备司令部、工人纠察队等两千多人组成突击队，大举搜捕了广州十三行、抗日路、桨栏街、同兴街、同文路、光复南路、太平南路一带的金融黑市。同时，广州各区政府和公安局在学生配合下对全市的街边钱档进行了全面扫荡，"地下钱庄一百七十余家和街边钱档七百余家已被全部破获和扫清。拘获的各地下钱庄及街边钱档的老板、头柜、买卖手、司库、经组人等亦均暂送人民政府监狱扣押，听候审讯。共计地下钱庄被扣的有四百廿六名，街边钱档被扣的有七百余人，合计共有一千一百（余）名"③。

继广州后广东各地也相继展开扫黑行动，据台山县中国银行报告，台山就先后打击了一批经营黑市的侨批局，"第一个突击检查端芬坊具有历史的端芬号，把帐簿及经理等提到公安局查询封闭店铺，接着淘汰一批业务较差的侨批局如大

---

① 向阳：《论潮汕侨批局管理》，（香港）《经济导报》1950 年第 167 期。
② 广州市人民政府秘书处编印：《广州市政》1950 年第 2 期，第 69－75 页。
③ 《安定人民生活扫荡金融投机者》，《南方日报》，1949 年 12 月 6 日第 1 版。

元、益楼等六家。第二步打击了经营黑市的高信侨批局，除了给予相当之处罚外，将高信批局淘汰了，我们更检查他们的帐务，在侨批会议上再来一次检查和宣誓，嗣后又再发现侨益侨批局仍有兼营黑市驳汇，我们搜集证据后即予严重打击，处罚二亿元"①。政府对黑市的打击，在一定程度上保障了侨批业管理政策的执行。

（二）侨汇的汇兑和保值

新中国成立初期，由于人民币币值不稳，物价波动，侨汇汇兑与保值便成了侨批业管理政策的重中之重。按《华南区侨批业管理暂行办法》第十条甲项规定，侨汇办理人所收侨汇必须遵照《华南区外汇管理暂行办法》第六条之规定办理，即包括侨汇在内的外汇"必须存入中国银行（无中国银行地方存入人民银行）作为外汇存款或外币存款换取外汇存单、侨汇存单或外币存单，或直接售与中国银行（无中国银行地方售与人民银行）换取人民币。外汇存单或侨汇存单之持有人，得将其存单委托指定银行在交易所内自由议价成交，外币存单需一律向中国银行（无中国银行地方则向中国人民银行）按牌价兑换，不得在交易所交易"②。从该规定可看出，广东省在侨汇汇兑问题上贯彻了"原币汇款"原则。所谓原币汇款是指国外汇款人以外国货币汇回本国后，国内以本国外汇牌价折合为本国货币交给收款人，而不是在国外即按当时外汇牌价折合为本国货币后汇回。这种汇款方式在本国货币币值不稳，通货膨胀加剧的情况下，可避免汇款途中因币值跌落而给汇（收）款人带来巨额损失，有利于维护汇（收）款人的利益。

华南区中国银行对侨汇兑换还施行了优待侨汇牌价的办法，按《侨汇优待暂行办法》第三条规定，"侨汇兑换价格可按中国银行（无中国银行地方为中国人民银行）所挂侨汇牌价优待交付之"③。中国银行实行两种外汇牌价，所谓侨汇优待牌价是与普通外汇牌价相对的外汇兑换价格。根据《华南区外汇管理暂行办法》第五条规定，由中国人民银行华南区行指定中国银行为法定之外汇存单、侨

① 《台山县侨区情况》（1951年），广东省档案馆藏广东省华侨事务委员会档案，全宗号247，目录号1，案卷号13，第50页。
② 广州市人民政府秘书处编印：《广州市政》1950年第2期，第69-70页。
③ 广州市人民政府秘书处编印：《广州市政》1950年第2期，第76页。

85

汇存单交易场所，各指定银行为交易员，中国银行根据市场情况报经中国人民银行华南区行核准后公布每日外汇开盘价格，交易员在交易场所内依照外汇供求情况自由议价成交，严禁一切场外交易。[①] 交易所成交的外汇牌价即为侨汇优待牌价。同时《外汇交易所规程》又将经中国人民银行核准的侨批局补充为交易员。[②]

交易所汇价之所以能成为侨汇优待牌价，是因为新中国成立初期广东人民币币值尚不稳定，通货膨胀严重，普通外汇牌价往往不能及时反映外汇兑换价格的变动，致使外汇持有人在外汇牌价上吃亏，为此华南区专门在中国银行设立交易所，按国内外市场实际货币价值由交易员进行自由交易，使牌价能如实反映市场情况，这既使国内出口商在出口结汇时免受严重损失，也使侨眷不致吃亏，从下表便可看出两种牌价区别的存在。

表1　1950年1月11日至18日广州外汇牌价

单位：人民币（旧币）/外币

名称	所属牌价	11日	12日	13日	14日	15日	16日	17日	18日
港汇	侨汇牌价	2 890	2 906	2 915	2 916	2 915		2 923	2 930
港汇	普通牌价	2 500	2 500	2 500	2 500	2 500	2 500	2 500	2 500
美汇	侨汇牌价	19 500	19 500	19 500	19 500	19 500		19 500	19 500
美汇	普通牌价	16 500	16 500	16 500	16 500	16 500		16 500	16 500

注：1949年1月18日至1955年2月，各种外汇牌价以一个外币折合人民币元（旧币）标价。1955年3月1日，我国施行人民币币值改革，发行新的人民币，用一比一万的比率收兑旧人民币。所以，自1955年3月1日起，人民币外汇牌价以一百个外币折合人民币元（新币）标价。见国家外汇管理局编：《汇价手册》，北京：中国金融出版社，1986年，第1页。

资料来源：超岳：《华南侨汇几个实际问题》，（香港）《经济导报》1950年第156期；国家外汇管理局编：《汇价手册》，北京：中国金融出版社，1986年，第245、279页。

由于新中国成立后实行大行政区制度，全国划分为华北、东北、西北、华东、中南和西南六大行政区，1950年7月7日之前各大行政区的外汇牌价各不相

---

① 广州市人民政府秘书处编印：《广州市政》1950年第2期，第69页。
② 广州市人民政府秘书处编印：《广州市政》1950年第2期，第71页。

同，其中外汇交易以津沪穗最为活跃，但因为华南地区军事行动直到 1950 年 5 月 1 日海南岛全部解放后才告结束，上海又因国民党的海上封锁未完全解除，唯有天津解放早，又是中国的贸易良港，新中国成立后对外贸易不断发展，因此其外汇牌价一直领先于沪穗两地。1950 年，中央规定自 3 月 2 日起以天津侨汇优待牌价作为全国统一侨汇优待牌价。① 至此华南侨汇优待牌价与交易所牌价相脱离，而侨汇牌价也比以前更高，更能体现国家对侨汇的优待。华南区外汇交易所后来也因经济封锁、对外贸易不畅等原因，由中财委报中共中央批准，1950 年 4 月 9 日先取消了原华东、华中、华南规定的外汇自由议价制度，之后华南区外汇交易所即被撤销。②

除上述优待侨汇办法外，国家还鼓励将侨汇转为原币存款、折实存款或侨汇原币存单。《侨汇优待暂行办法》第五条规定侨汇存单可按原币存款利率付给利息。③ 广州中国银行颁布的《外币存款暂行章程》第二条第二款又做了详细解释，"以侨汇或其他国外汇入款项（包括通天单等）及由本行开给之外汇存单（出口结汇之外汇存单除外）或侨汇存单转做存款者，发给外汇存折按月息一厘计算，每月结算一次"④。而所谓折实存款则是针对新中国成立初期币值不稳，人们重物轻币心理设立的。银行将人民币折成实物单位，按"折实单位"牌价保值储蓄。储户存取款均按牌价折成若干"折实单位"，"折实单位"价格上升而出现的币值差额由国家补贴。如 1950 年 1 月 5 日，由中国人民银行代理发行 1 亿分人民胜利折实公债，"分"为折实公债单位，每分以上海、天津、汉口、西安、广州、重庆六大城市的大米（天津为小米）6 市斤、面粉 1 市斤、白细布 4 市尺、煤炭 16 市斤平均批发价格的总和计算。1950 年 3 月 18 日中国人民银行制定出《折实存款统一章程》，规定折实单位可由各地人民银行选择适当的物品构成，扩大了折实范围。⑤ 侨眷只需将侨汇部分或全部兑换成人民币购买折实存款，就能起到保持人民币购买力的作用。

<hr/>

① 超岳：《论华南汇价新趋向》，（香港）《经济导报》1950 年第 169 期。
② 吴承明、董志凯主编：《中华人民共和国经济史（1949—1952）》（第一卷），北京：中国财政经济出版社，2001 年，第 805 页。
③ 广州市人民政府秘书处编印：《广州市政》1950 年第 2 期，第 76 页。
④ 广州市人民政府秘书处编印：《广州市政》1950 年第 2 期，第 77 页。
⑤ 吴承明、董志凯主编：《中华人民共和国经济史（1949—1952）》（第一卷），北京：中国财政经济出版社，2001 年，第 778 – 780 页。

侨汇原币存单也是为侨汇保值而开展的银行业务。汕头市中国银行经汕头市军管会核准，率先于 1949 年 12 月 27 日推出侨汇原币存单办理办法,[①] 此后广东全省逐渐得以推行。1950 年 6 月 4 日国家正式出台了《中国银行侨汇原币存单章程》，其中明确规定：侨汇原币存单分为美金与港币两种，美金面额分伍元、拾元、贰拾元、伍拾元四种，港币面额分拾元、贰拾元、伍拾元、壹佰元四种；侨批业将侨胞委托书开列清单，与所收侨汇全部交由中国银行，然后由中国银行发给相等数额之各种侨汇原币存单以解付侨眷，其中不足美金伍元或港币拾元的侨汇余额折成人民币发给；此项存单只限于原签发地区之中国银行及其委托机构始得承兑；存单自签发之日起六个月内，可随时向中国银行及其委托机构按当日牌价兑换人民币或转做原币存款及折实存款，逾期未兑者按当日牌价兑付人民币；此项存单不得计价流通或买卖，亦不计利息。[②] 侨汇原币存单业务的开展，既符合国家使用外币的禁令，又以非外币形式满足了侨眷的外币保值心理，在一定程度上保护了侨胞侨眷的切身利益。

（三）水客管理条例、侨批业税收与补助费政策的先后制定

广东省关于水客的管理政策于 1950 年初才在个别地区逐步出台。1950 年 1 月 20 日梅县人民政府发布了《关于水客管理暂行条例》，其内容如下：

（一）本府为确保华侨及水客的正当利益，特制定本条例。（二）凡属引带侨民携带货物出国接受侨胞侨眷寄托银钱物及常川来往国内外各地者，称为水客，通用本条例。（三）凡经营水客之业务者均需前来本府侨务委员会领填登记表一份，取具本县殷实商店两间之提保书，检同国外出入境证件二寸半身像片二张送经审查批准后发给水客证。（四）凡未经本府侨务委员会批准，不得经营水客业务。（五）水客引带侨民出国应取得其家长之同意，并需相当之证明。（六）水客携带货物出入国境，应依照章则纳税，不得有伪装华侨行李走私漏税的行为。（七）水客接受侨胞侨眷寄托物件，应忠实如数交到，不得有侵吞及短

---

① 向阳：《论潮汕区"侨汇存单"》，（香港）《经济导报》1950 年第 156 期。
② 《中国银行侨汇原币存单章程》（1950 年 6 月 4 日），中国社会科学院、中央档案馆编：《1949—1952 中华人民共和国经济档案资料选编·金融卷》，北京：中国物资出版社，1996 年，第 820 页。

发情事。（八）水客携带侨汇返国发交侨眷应遵照政府章则办理，如有从中取利，藉机剥削牟利者严于追究惩办。（九）水客出入国境需前来本府侨务委员会登记，限于返抵本县五日内办理。（十）已经登记批准营业之水客得享政府给予之优待。（十一）水客证不得借给或转让他人，如中途改业者应将水客证缴销，遗失者需登报声明作废，并申请补发。（十二）未奉上级颁布关于水客管理条例之前，适用本条例。（十三）本条例如有未尽善事宜，得随时修改之。（十四）本条例自公布日实施。①

该条例出台后，台山中国银行也表示要草拟水客管理办法，② 然而广东全省范围内的水客管理办法却在这一时期迟迟未能制定。与此同时，关于侨批业征税和补助费标准的规定由中央政府先后得以颁行。

1950 年 1 月 27 日政务院第十七次政务会议通过，1 月 30 日正式公布了《工商业税暂行条例》，侨批业所缴工商税分为营业税和所得税两部分，其中营业税税率 4%，所得税则根据所得额从未满三百万元到一万万元以上分为二十一级，税率从 5% 到 30% 不等。③ 然而这套征税办法在广东各地实施过程中却出现了偏差。1950 年 8 月 15 日在北京召开的全国华侨眷属福利会议，会上许多代表对征税问题提出看法，汕头侨批业代表陈湧、陈植芳在《补述请求核减工商税理由书》中提出，侨批局"在合理的外汇牌价下，没有投机，亦无暴力，收入单纯，开支庞大，而其每笔营业额，中国银行均有详细记录，侨汇为潮汕经济之血液，侨汇业为潮汕之输血管，各地税局未根据实际收益，而以民主评议方法，摊派任务，致感负担，请以自报实缴方法征收并照规定税率以完成缴纳"④。会后，会议秘书处将代表们的《对其他方面的问题》和该理由书转送中央财政部税务总局。税务总局立即会同中侨委、中财委、福建省侨委会、汕头市工商局、汕头中国银行等部门研究后，于 1950 年 9 月 18 日发布了《关于规定侨汇业课税办法的通知》，该办法规定：各地侨批业以后按税率 3% 课征营业税；尽量采用自报查

---

① 《梅县人民政府为照顾侨眷利益订水客管理条例》，《南方日报》，1950 年 2 月 1 日第 3 版。
② 《台山县侨汇情况》（1951 年），广东省档案馆藏广东省华侨事务委员会档案，全宗号 247，目录号 1，案卷号 13，第 50 页。
③ 中央人民政府财政部税务总局：《中央税务公报》（半月刊）1951 年第 1 卷第 3 期，第 13 页。
④ 中央人民政府财政部税务总局：《中央税务公报》（半月刊）1951 年第 1 卷第 3 期，第 13 页。

账方法，并以侨批业向中国银行所交外汇数字为参考；侨批业应缴的税款可由中国银行代交；国内通商口岸或内地第一道转接侨汇的侨批局按规定课税后，各侨区的分局可免纳营业税。①

这次全国华侨眷属福利会议也统一了国家对国内侨批业的补助费标准，会议决定全国各地统一按解付侨汇总额补助给侨批局5‰手续费，自1950年10月1日起施行。② 这也正证实了中国人民银行行长南汉宸所说，华南解放后，"当时提出'外汇归公，利益归私'的口号，这口号就是彻底执行共同纲领规定便利侨汇服务侨胞侨眷的原则的"，"政府和国家都是人民的；国家并不赚侨胞的钱，甚至连侨批局手续费都由国家贴，目的就是国家暂时吃点亏也不让侨胞吃亏。为了侨胞生活，为了国家建设，必须如此"。③ 侨批业税收优待和补助费政策在一定程度上提高了侨批业经营的积极性。

三、管理政策的实际成效与存在的主要问题

新中国成立初期广东侨批业管理政策，无论从内容制定的详细程度，还是配套政策的完善性来看，都可以说是下了相当功夫，以至人民银行总行在第一届全国金融会议中，能自信地声称要"使点滴侨汇均能归国家掌握"④。然而这些管理政策的实际成效到底如何呢？

就在广东侨批业管理政策陆续颁行之时，广东的解放战争却尚在进行。1949年10月广州解放后，12月广东大陆得以全部解放，但与广东大陆隔海相望的海南岛仍由国民党军队占领，阻碍着南海交通。当时海南岛驻有国民党海岛防卫总

---

① 中央人民政府财政部税务总局：《中央税务公报》（半月刊）1951年第1卷第3期，第13页。
② 廖承志、南汉宸：《关于华侨眷属福利会议简要情况的报告》（1950年9月6日），中国社会科学院、中央档案馆编：《1949—1952中华人民共和国经济档案资料选编·金融卷》，北京：中国物资出版社，1996年，第813页。
③ 南汉宸：《关于侨汇问题的报告》（1950年8月18日），中国社会科学院、中央档案馆编：《1949—1952中华人民共和国经济档案资料选编·金融卷》，北京：中国物资出版社，1996年，第810 - 811页。
④ 人民银行总行：《第一届全国金融会议综合记录》（1950年3月15日），中国社会科学院、中央档案馆编：《1949—1952中华人民共和国经济档案资料选编·金融卷》，北京：中国物资出版社，1996年，第809页。

司令薛岳率领的5个军，连同地方武装共计10万余人，并配备有飞机30多架、兵舰50艘，组成环岛海陆空的"立体防线"，并以薛岳的字命名为"伯陵防线"，与解放军隔海对峙。1950年4月16日解放军第十五兵团下达渡海登陆作战命令，4月17日一举摧毁"伯陵防线"，4月23日海口解放，5月1日海南岛解放战役胜利结束。就在海南岛解放前的这段时间里，由于"国内交通未畅，致回文迟缓"，① 使得海外侨汇寄递受到阻碍，与此同时，广东各地侨批业管理政策及当地宏观经济运行所暴露出来的众多问题，则更进一步影响了侨批业管理政策的实际成效。

据1950年广东省侨委《潮汕侨汇问题》报告，"解放后侨汇大减，据有关方面统计，五个月左右（1949年10月至1950年3月——笔者注）不过二千三百三十余万港元，以四月计算平均每月不过五百五十余元，比抗战结束后减去一半"②。中山县报告，"据中山人民银行的统计，（1950年——笔者注）三月中至四月中侨汇只有三十余宗，总数值也不过数百元港币"③。而台山县反映，"台山的侨汇，过去最高峰是一年一千四百二十万美元，平均每月一百一十八万美元，解放后，据台山县境二个中行（台城、新昌）的统计，是廿万港元"④。实际"台山解放后，侨汇在半停顿、半黑市的情况中"⑤。侨眷对侨汇的很多优待办法根本不了解，"住在乡间的侨眷和银行的关系很隔膜，一向都是靠水客（多数女人）带钱，对外币存款、侨汇存款等优待办法很不习惯，亦不放心，宁愿以100元通天单和商人换97元，给商人剥削"⑥。再者"解放后初期因物价尚未稳定，牌价时有变更，华侨多受匪特谣言影响，恐受损失，不敢直接由国家银行汇款回

① 《为侨汇问题函复查明由》（1950年5月9日），广东省档案馆藏广东省华侨事务委员会档案，全宗号247，目录号1，案卷号5，第137页。

② 《潮汕侨汇问题》（1950年），广东省档案馆藏广东省华侨事务委员会档案，全宗号247，目录号1，案卷号5，第154页。

③ 《珠江区华侨略况》（1950年4月），广东省档案馆藏广东省华侨事务委员会档案，全宗号247，目录号1，案卷号5，第112页。

④ 《侨汇侨贷情况》（1950年5月），广东省档案馆藏广东省华侨事务委员会档案，全宗号247，目录号1，案卷号5，第148页。

⑤ 《侨汇侨贷情况》（1950年5月），广东省档案馆藏广东省华侨事务委员会档案，全宗号247，目录号1，案卷号5，第148页。

⑥ 《侨汇侨贷情况》（1950年5月），广东省档案馆藏广东省华侨事务委员会档案，全宗号247，目录号1，案卷号5，第148页。

家"①。台城人民银行史纯美主任介绍，当地港币走私也非常活跃，办法很多，主要有"侨汇在港卖给商人，商人当作自备外汇办货入广州，又由广州托水客带港币回乡下给侨眷；由澳门直接偷带港币入乡下（地方大，分散，干部少，比广州难管理）；沿海用小船走私，海岸线很长，不易缉拿"②。

珠江区则反映华侨不敢汇款，"侨眷收到通天单或外币，又因乡间没有兑换站，所以要把通天单外币换成现金，就只有两个办法，一拿到港澳或县城去兑换，二拿去墟场换黑市，虽然在墟场换黑市又比港澳低，但拿来港澳兑换所需费用和时间不少，因此为了便利，侨眷多忍痛而换黑市，现在三水顺德，也有这种情形"③。再者"侨眷对我政府不了解，大都相信敌伪的谣言，说华侨回家，每百元美金只可收廿五元"④，使华侨不敢汇款。还有"一般华侨认为侨汇牌价常常变动使他们不满意"⑤。

台山第三区西南江乡侨眷伍卓湛反映，其父于墨西哥汇款回来，该款四月至港，由振侨贸易公司驳汇，直至六月十五日始收到，而汇款又全部兑给人民币数百万元，伍本人因恐货币贬值而受到损失，即向左近亲戚抛换港币，因此事影响其他侨眷甚大，故一些侨眷宁愿经黑市受剥削，而不敢由政府银行驳汇。⑥ 广东省侨委1950年关于台山的调查《中区侨汇略况》也指出，"三月份冻结在港侨汇有一千五百万，台山占十余万，其原因：（一）人民币在市场不畅通，拿人民币买东西要贵上二三倍。（二）从前侨汇逃港，由港汇回国内（内地），但现在检查严密，不能通过。（三）由于乡下没有银行，侨眷取款不方便，且手续麻烦，侨眷多跑到香港去。（四）华侨对政府政策不了解，轻信匪特谣言（抽侨汇

① 《台山华侨土地及一般情况》（1950年7月26日），广东省档案馆藏广东省华侨事务委员会档案，全宗号247，目录号1，案卷号5，第34页。

② 《侨汇侨贷情况》（1950年5月），广东省档案馆藏广东省华侨事务委员会档案，全宗号247，目录号1，案卷号5，第148页。

③ 《珠江区华侨略况》（1950年4月），广东省档案馆藏广东省华侨事务委员会档案，全宗号247，目录号1，案卷号5，第113页。

④ 《珠江区华侨略况》（1950年4月），广东省档案馆藏广东省华侨事务委员会档案，全宗号247，目录号1，案卷号5，第113页。

⑤ 《珠江区华侨略况》（1950年4月），广东省档案馆藏广东省华侨事务委员会档案，全宗号247，目录号1，案卷号5，第113页。

⑥ 《台山华侨土地及一般情况》（1950年7月26日），广东省档案馆藏广东省华侨事务委员会档案，全宗号247，目录号1，案卷号5，第35页。

款百分之二十）"① 等。

1950 年 4 月 4 日，时任中侨委委员、中国民主同盟槟城分会副主席庄明理致信广东省侨委主任伍治之，将他不久前访问新加坡南洋中华汇业总会时，该会会员对国内侨批业管理政策的一份意见书转交伍治之，该意见书明确提出当时国内影响侨批业管理政策的十二点问题，要求予以改正，如"国内侨眷收到侨款后，多谓所结汇之价，与市价相较，损失达百分之五六十，甚且来函嘱暂勿汇或少汇些"，"国内银行时常缺乏现钞，以致结汇后，侨汇款未能即日发生"，"较远地区，迟缓到达，币值已贬，侨眷往往不愿领入"等。② 伍治之后来在题为"侨汇问题"的广播讲话稿中也承认，"至于侨汇数字比较解放前减少一些，其主要原因，是……解放初期侨汇保值还有困难问题"③。

综上所述，侨批业管理政策在实际实施过程中并未能达到便利侨汇、侨汇归公、杜绝黑市等最初制定政策的目的，它在实行的过程中显然出现了不少偏差，考察其原因，除解放战争影响这一因素外，主要可归纳为以下三点：

第一，人民币币值不稳，港币在广东仍广泛流通。在广州解放后不久，广州市军管会即于 1949 年 11 月 18 日公布了《严禁使用金银外币条例》，规定中国人民银行发行的人民币为全国统一流通之合法货币，除港币暂时不予禁止外，其余一切外币严禁计价、流通或私相买卖。④ 1950 年 2 月 3 日军管会再次公布了《禁止港币及一切外币流通使用的布告》，严禁港币流通使用。⑤ 为了加快人民币的推行使用，银行加紧兑换金圆券、银圆券等国民政府发行的货币。但广州解放之时适逢新中国第一次物价上涨，从 1949 年 10 月 15 日由津沪开始迅速蔓延到各地，导致人民币币值大跌，11 月 13 日陈云在为中财委起草的文件中指出，这次物价上涨"根本原因则在纸币发行的大量增加。七月底为二千八百亿元，九月底为八千一百亿元，十月底为一万一千亿元，到今天止为一万六千亿元，发行增加

———————————

　　① 《中区侨汇略况》（1950 年），广东省档案馆藏广东省华侨事务委员会档案，全宗号 247，目录号 1，案卷号 5，第 153 页。

　　② 《为侨汇问题函复查明由》（1950 年 5 月 9 日），广东省档案馆藏广东省华侨事务委员会档案，全宗号 247，目录号 1，案卷号 5，第 137 – 138 页。

　　③ 《侨汇问题》（1950 年 5 月 31 日），广东省档案馆藏广东省华侨事务委员会档案，全宗号 247，目录号 1，案卷号 5，第 115 页。

　　④ 广州市人民政府秘书处编印：《广州市政》1950 年第 2 期，第 66 页。

　　⑤ 广州市人民政府秘书处编印：《广州市政》1950 年第 3 期，第 56 页。

近五倍，致使币值大跌，物价猛涨"①。广州解放前后物价的变动详见表2。

表2　广州市解放前后主要物价变动表

单位：港币元

种类		名称	单位	10月1日至10月14日	10月15日至10月31日
粮食类	米	特齐眉	市担	48.46	52.03
		粉口雪	市担	32.61	37.35
		七担种	市担	26.20	31.73
	麦粉	五燕种	司担	70.43	99.29
	油	土榨生油	埠30司斤	42.67	69.32
	盐	三亚	市担	19.37	17.88
	糖	五羊粗砂	司担	54.72	89.12
纱布类	纱	20支新城	条	1 618.33	1 626.15
		32支蓝凤	条	1 615.45	1 841.54
	布	大鹏细布	匹	51.90	59.38
		秦良玉白布	匹	52.97	57.88
		双金铃黑布	匹	64.88	65.65

资料来源：儒君：《解放后的广州物价》，（香港）《经济导报》1949年第147期。

这次物价刚趋平稳，1950年2月以广州、重庆等为首的大城市再次出现物价上涨，广州物价在1949年12月的基础上又上浮73%，人民币币值不断下跌。②1950年3月3日中央统一财经工作后物价方渐趋平稳，但批发物价指数仍高于1949年底的水平。正是在此条件下，港币仍广泛流通于广东。实际在解放前由于国民政府货币贬值，广东本地又需要从香港转口输入大量粮食和工业品，因此已形成了港币广泛流通于华南地区的局面。香港政府统计处1949年9月公布港币发行额是805 534 075元，但据实估计已超过13亿元，其中7亿元流通于中国

---

①　《制止物价猛涨》（1949年11月13日），《陈云文稿选编（一九四九——一九五六年）》（内部发行），北京：人民出版社，1982年，第29页。

②　吴承明、董志凯主编：《中华人民共和国经济史（1949—1952）》（第一卷），北京：中国财政经济出版社，2001年，第304页。

内地，华南占了88%，广东又占了华南的90%。^①港币在广东的长期流行已使之深入农村，再加之粤港贸易活跃，港币币值又较为稳定，致使广大侨眷都认为它更有保值价值，所以在接到侨汇时宁愿接受港币也不愿接受人民币。这在客观上也造成广大侨批局、水客不敢把侨汇交给国家银行换成人民币，因为侨胞侨眷对侨批局和水客的满意程度将直接影响到他们的业务量，因此在国家政策和侨胞侨眷意愿的影响下，很多侨批局、水客走入了黑市。

第二，汇价偏低，侨汇服务存在严重问题。广州对外汇价特别是普通汇价不仅比黑市低，而且比同一时期津沪的汇价还要低，详见表3。普通汇价偏低不仅不利于侨眷把通过黑市汇来的侨汇拿到银行兑换人民币，而且也不利于广东全省外币的收兑与回流。但这种情况的出现有其具体原因。因为新中国成立后由于广州牌价跟随津沪币值的变动每每提高幅度过大，引起外币抛售而加快了当地物价上涨，导致通货膨胀严重并加剧社会不稳定。另外华南作为中国进口的主要地区，针对同样的商品，牌价上调将使进口商为之支付更多的人民币，这会在一定程度上打击进口，^②而且牌价上调还会引发全国金融市场的变动。如1950年1月1日汕头市未做任何请示就将南方券（1949年8月华南解放区的南方银行在潮汕地区发行的货币，年底由中国人民银行予以收兑）对人民币的比价由1：250提高到1：500，引发了汕头商人向上海金融市场套汇的情况，汕头市负责人后来检讨说，"商人们争（向上海——笔者注）汇款日达十余亿元之多，这虽然暂时对汕市有利，但对全国和长远是不利的，后来接到上级的指示，为照顾全国，必须纠正这种地方主义做法"^③。因此为了照顾物价、进口和全国金融稳定，就不能兼顾侨汇和出口工作。这就造成汇价与黑市价格相差较大。而侨汇优待牌价因同样问题也低于黑市价格，广东省侨委《潮汕侨汇问题》显示，"侨汇牌价与黑市的比较，从（1950年——笔者注）二月十一日至三月九日平均相距三分之一弱（即黑市高出牌价三分之一）"^④。

① 萧航：《人民币战胜港币　广州市场的大变化》，《人民日报》，1950年5月11日第1版。
② 超岳：《论华南汇价新趋向》，（香港）《经济导报》1950年第169期。
③ 超岳：《论华南汇价新趋向》，（香港）《经济导报》1950年第169期。
④ 《潮汕侨汇问题》（1950年），广东省档案馆藏广东省华侨事务委员会档案，全宗号247，目录号1，案卷号5，第154页。

表3　1950年1—2月天津、上海、广州部分汇价比较

单位：1元＝人民币（旧币）

城市	日期	美元汇价	日期	港币汇价
天津	1.16	25 000	1.16	3 816
	1.27	27 500	1.27	4 167
	2.8	29 000	2.8	4 538
	2.23	31 000	2.23	4 733
	2.25	34 500	2.25	5 267
上海	1.16	23 000	1.16	3 500
	1.27	25 000	1.27	3 850
	2.8	27 000	2.2	3 950
	2.23	29 000	2.8	4 200
	2.25	32 000	2.25	4 900
广州	1.6	16 500	1月份	2 500
	2.3	23 700	2.3	3 700
	2.6	24 700	2.6—3.1	3 800

注：人民币外汇牌价是人民币对其他国家或地区的货币之间的比价。1949年1月18日至1950年7月7日，由各大行政区的中国人民银行公布，各大行政区的人民币外汇牌价不同。1950年7月8日以后，全国实行统一外汇牌价，由中国人民银行总行制定和公布。见国家外汇管理局编：《汇价手册》，北京：中国金融出版社，1986年，第1页。

资料来源：国家外汇管理局编：《汇价手册》，北京：中国金融出版社，1986年，第245、277－279页。

对于侨眷而言，银行服务存在的严重问题也是影响侨汇汇兑的主要原因。南洋中华汇业总会的意见书就明确指出，"原币侨汇存单，须向银行取领，而银行设立未普遍，办事时间有限，乡村人持单到数十里外银行取领，须一二天方能领到，且手续麻烦，而所得币值较自由市相差殊巨"[1]。因此当务之急就是"请政府普遍在各乡镇设立兑换站"[2]。再者，还需要加强对侨汇优待办法的宣传。这

[1]　《为侨汇问题函复查明由》（1950年5月9日），广东省档案馆藏广东省华侨事务委员会档案，全宗号247，目录号1，案卷号5，第137页。
[2]　《为侨汇问题函复查明由》（1950年5月9日），广东省档案馆藏广东省华侨事务委员会档案，全宗号247，目录号1，案卷号5，第138页。

一点人民银行早就有所认识，"宣传组织工作应立即发动，应将优待侨汇办法，侨汇原币存单章程及其办法，结合侨务机关与党政部门向侨胞侨眷广为宣传"①，然而宣传工作在实际中却未能得以贯彻，广东省侨委的调查就显示"银行宣传还不够，一般侨眷对汇款手续多不明了，另方面是对人民政府的政策不了解"②，致使"一般侨眷接得侨汇总是偷偷摸摸惟恐被人发觉，虽然从黑市会受到很大的剥削，也只好忍痛"③，致使侨眷在侨汇汇兑上遭受了巨大损失。

第三，国内外侨批业黑市异常活跃。东南亚各侨居国对侨汇严格限制，导致侨汇黑市盛行，其中高额的获利使侨批局与水客不愿将侨汇交与当地中国银行。菲律宾1949年初取消了经营汇兑业的执照，同年12月9日颁布严禁外汇令，14日颁布管制外汇新条例，限制外汇汇款由每月的100美元减至50美元并只准全月收入在菲币200以上者，而收入在菲币200以下者汇款不得超过25美元，而且在汇款时还要列明过去汇交各收款人的姓名、金额以及出示经汇银行或信局的证明，因此华侨汇款绝大部分是通过批局之黑市寄递，黑市外汇的主要来源是收购美军驻菲费用和赔偿战争损失之通天单，以及走私金银出口及套购商汇；④ 印尼准许华侨每人每月汇出荷币100盾，但该规定只限于荷管区，申请须出示居留字（俗称字头），要有一定住处，由于办理银行及当地政府机构多方刁难，申请不易，该地侨汇皆由批局或水客从黑市套出，主要以黄金货物走私和套购剩余外汇为手段，先通过新加坡然后经港转驳内地；⑤ 马来亚自1946年4月起，华侨家用汇款被规定为每月叻币45元，1948年10月更颁令侨批局需缴纳保证金，不得有超额的汇款，因此多汇者须由黑市汇到香港再转至内地；⑥ 越南严禁华侨汇

① 人民银行总行：《第一届全国金融会议综合记录》（1950年3月15日），中国社会科学院、中央档案馆编：《1949—1952中华人民共和国经济档案资料选编·金融卷》，北京：中国物资出版社，1996年，第809页。
② 《粤中区鹤山县华侨土地概况》（1950年8月1日），广东省档案馆藏广东省华侨事务委员会档案，全宗号247，目录号1，案卷号5，第84页。
③ 《粤中区鹤山县华侨土地概况》（1950年8月1日），广东省档案馆藏广东省华侨事务委员会档案，全宗号247，目录号1，案卷号5，第84页。
④ 《香港组织侨汇问题》（1950年），广东省档案馆藏广东省华侨事务委员会档案，全宗号247，目录号1，案卷号5，第167页。
⑤ 向阳：《四方八面压迫下的荷印侨汇》，（香港）《经济导报》1949年第143期；《香港组织侨汇问题》（1950年），广东省档案馆藏广东省华侨事务委员会档案，全宗号247，目录号1，案卷号5，第167页。
⑥ 苏克：《侨汇局的困难和希望》，（香港）《经济导报》1950年第180期；《香港组织侨汇问题》（1950年），广东省档案馆藏广东省华侨事务委员会档案，全宗号247，目录号1，案卷号5，第167–168页。

款，只允许离越回国时携带 200 贡元，当地批局、水客均从事走私、套购法郎等秘密活动；① 缅甸侨批局被取消合法经营权，虽容许个人向当地政府申请，但额度极小，规定每月不得汇出超过个人收入的半数，全年个人收入超过 2 500 罗比者需交纳入得税，因此申请人汇款时均报低收入，汇额也就相应减少，当地侨汇以黑市为主；② 泰国管制最松，每月允许华侨汇出 2 000 铢，但侨汇亦有黑市运营。③

侨批局、水客经黑市运批虽冒风险，但获利极为可观，如菲律宾批局将汇款调往纽约，再调香港转厦门，抛出美汇几经转手之后，可获利达 30% ~ 50%；④ 香港李仰鹏公司每百元美元只给侨眷折 500 港元，而且每百元港币还要扣 2 港元手续费，侨眷实得仅 490 港元，而香港的外汇牌价，每百元美元就可兑换 579.71 港元，侨批局暴利可见一斑。⑤ 然而新中国政府管理机构却对其无法控制，以香港为例，广东省侨委在《香港组织侨汇问题》中指出，"华南解放后初期，我们同国外行没有完全发生业务关系及香港由于它对外市场的管理比较自由遂发生了跳板作用，在过去一阶段汇进来的侨汇有 95% 以上是由香港转汇回来的"⑥，但粤闽两省官方机构"对港侨批局皆无直接联系"⑦。至于内地侨批局，政府也很难控制，因为许多侨批局在国外都有联号，其侨汇黑市经营实为一体，加之内地许多进口商迫切需要外汇以进口国外商品，所以他们都不愿意把侨汇交给国家。台山县调查显示，"台山二区一个乡一次私带港币十二万之多；台山地下钱庄很复杂，过去的首要份子已逃往香港，他们化整为零，形式是分散的，在台城有五十余间商店是间杂着做金融黑市的买卖。亦由于华侨地区受洋化很深，穿的用的要洋

---

① 《香港组织侨汇问题》（1950 年），广东省档案馆藏广东省华侨事务委员会档案，全宗号 247，目录号 1，案卷号 5，第 167 页。

② 向阳：《在没落中的缅甸侨汇》，（香港）《经济导报》1949 年第 145 期。

③ 《泰国侨汇情况与对策》（1954 年 3 月 4 日），广东省档案馆藏广东省华侨事务委员会档案，全宗号 247，目录号 1，案卷号 99，第 35－43 页。

④ 《一九四九年华东区外汇工作综合简要报告》（1949 年），中国社会科学院、中央档案馆编：《1949—1952 中华人民共和国经济档案资料选编·金融卷》，北京：中国物资出版社，1996 年，第 834 页。

⑤ 《粤中区鹤山县华侨土地概况》（1950 年 8 月 1 日），广东省档案馆藏广东省华侨事务委员会档案，全宗号 247，目录号 1，案卷号 5，第 84 页。

⑥ 《香港组织侨汇问题》（1950 年），广东省档案馆藏广东省华侨事务委员会档案，全宗号 247，目录号 1，案卷号 5，第 157 页。

⑦ 《香港组织侨汇问题》（1950 年），广东省档案馆藏广东省华侨事务委员会档案，全宗号 247，目录号 1，案卷号 5，第 157 页。

货，吃米要两头尖的，对我贸易局的土布、粗米不感兴趣，所以做生意的有洋货容易赚钱，但商人请求不到外汇（外汇统制使用是非常严格的），便相竞争侨汇，据民众反映，侨汇经过国家银行的仍不到20%，其80%还由私商操纵"①。国内外黑市的活跃使政府并未能阻止侨汇流入黑市，侨批业管理政策未达到预期效果。

　　侨批业管理政策的成功与否不仅涉及管理政策的实施机构与实施过程，而且还与管理政策得以运行的宏观经济条件有密切关系，其中本币币值、外汇汇价和国内外经济关系无疑是影响侨批业政策运行的三个重要方面。新中国成立初期政府并未能完全控制侨批业的经营运行，然而随着解放战争的结束、经济情况的好转和政府的不懈努力，这种状况得以逐步改善。

　　经历了近代一系列失败和屈辱后，充满着"独立"与"民族"意识的新中国，一开始就走上了与西方原生现代化完全不同的道路，它在努力摆脱外部控制的同时，将社会资源逐步实行集中和统一管理，借此来推动社会经济向前发展，无论把这条道路称为"反现代化的现代化道路"还是"中国特色的现代化道路"，清楚的一点是新中国政府已成为中国社会发展道路的主导力量，它通过各种方式表达出对中国社会及其国际地位改造的必要性和必然性。虽然这一过程并非一蹴而就，甚至还要经历一些挫折，但是国家力量的壮大使它能够主动创造和抓住一切有利条件来推动和完成这一过程。广东侨批业管理政策的制定和实施，无疑从一个行业的视角鲜活地反映出这一历史进程的具体状况。

　　新中国成立前后政府对侨批业团结与管理的政策取向，使广东侨批业管理政策的制定一方面保障了侨批业的合法地位和合理利润，另一方面则力图改变侨批业套汇、逃汇、经营黑市等投机行为，在保证侨汇正常汇兑和实际价值的基础上，使侨汇尽量为政府所掌握。虽然这一时期由于币值不稳、汇价偏低、黑市盛行等原因限制了侨批业管理政策的成效，但这些作为外部宏观经济运行条件的问题是容易被克服的，而且政府对侨批业的全面管理已然开启了第一步，税收减免和补助费标准的制定，在一定程度上也提高了侨批业经营的积极性。广东侨批业管理政策，将在政府对经济命脉的不断控制和中国大规模社会改造中得到进一步发展。

---

① 《侨汇侨贷情况》（1950年5月），广东省档案馆藏广东省华侨事务委员会档案，全宗号247，目录号1，案卷号5，第149页。

第四章　三大运动与广东侨批业管理政策的调整

　　反禁运斗争、新解放区土地改革和"五反"运动对广东侨批业经营产生了
巨大影响，它们一方面通过政府对私营厂商进出口贸易实行严格管制，从而打击
了侨批业外汇黑市投机，鼓励改侨汇为物资进口；另一方面则通过新解放区农村
土地的重新分配和私营工商业劳资关系调整，限制了侨批业在农村的土地占有和
经营，并确立了工人在私营工商业中的合法地位。三大运动以及运动过程中所产
生的工作偏差，虽然严重打击了侨批业的积极性，致使侨汇收入一度顿减，但运
动对侨批业产生的影响，改变了新中国成立初期政府对侨批业经营难于控制的局
面，初步达到了便利侨汇、侨汇归公、严禁黑市的管理目的，同时在此基础上，
广东侨批业管理政策也迅速做出调整，力图降低三大运动对侨批业经营产生的负
面影响，并尽快提高侨批业经营的积极性，以增加侨汇总收入。

一、反禁运斗争与侨批业经营方式转变

　　1950 年 6 月 25 日朝鲜战争的爆发，引发了中美两国在朝鲜半岛的军事对立。
美国等国家和地区对中国采取的大规模贸易禁运和"经济制裁"，促使中国经济
领域掀起了一场全面反禁运斗争，这场斗争在很大程度上改变了广东侨批业的经
营方式。

　　实际早在朝鲜战争爆发前，美国已经对中国实行了贸易禁运。1949 年 12 月，

美国政府就将中国列为国际禁运机构即后来的"巴黎统筹委员会"①的对象国。②1950年4月美国以削减贷款为要挟，督促所有接受"马歇尔计划"援助的国家禁运战略物资至中国。5月，美国又颁布了《1946年禁止输出令》的修改法令，进一步扩大了禁止输往中国的货物项目范围。③

朝鲜战争爆发后，美国对中国的禁运不断升级。1950年6月29日，美国颁布了《1950年输出统制法令》，规定煤油、橡胶、铜、铅等11种货品除非有特别输出许可证，否则不得输往中国内地和澳门。11月，美国商务部对中国管制的战略物资由600余种增加到2 100余种。④在美国总统杜鲁门提出对中国全面封锁后，美国又空前加强了封锁力度。

面对美国等国家和地区的贸易禁运和"经济制裁"，新中国采取了一系列应对措施。朝鲜战争爆发后，考虑到美国有可能会冻结中国的财产，中国贸易部从1950年7月起就开始动用国家外汇大力抢购物资。1950年12月12日中财委制定了用现有外汇抢运抢购物资以减少外汇损失的对策：立即命令各地停开一切向美、日两国的购买证；将撤回的外汇经转存别国后，立即抢购物资运回；装运在途的美货，与原代理行接洽，由银行担保，转装远东其他口岸，或转售退回外汇；尽速抢运向欧洲其他国家的订货，否则撤汇，或改买其他现货立即运回；在中立国的存款应即购货运回；暂停签发许可证，以免外汇遭受冻结。这些政策实施后，从1950年底到1951年12月，将禁运后有冻扣危险的24 000余万美元的外汇和物资，经抢购抢运绝大部分安全运抵国内。⑤

同时为对付禁运并防止外汇大幅贬值而遭受损失，政府决定对资本主义国家

---

① 1949年11月，由美国提议，经北大西洋公约组织开会通过，决定成立一个对苏联和东欧等国家实行禁运的国际机构。该机构于1950年1月1日在巴黎正式成立，即"巴黎统筹委员会"（以下简称"巴统"）。最初参加"巴统"的有美国、英国、法国、联邦德国、意大利、荷兰、加拿大、比利时、卢森堡、丹麦、挪威、葡萄牙12国。此后，日本于1952年9月，希腊和土耳其于1953年8月加入"巴统"。20世纪50年代，"巴统"共15个国家。中华人民共和国成立后，1949年12月，美国政府将中国列入"巴统"管制的国家。朝鲜战争爆发后，"巴统"内部增设了中国委员会，并开列了对中国贸易的特别禁单。
② 吴承明、董志凯主编：《中华人民共和国经济史（1949—1952）》（第一卷），北京：中国财政经济出版社，2001年，第703页。
③ 吴承明、董志凯主编：《中华人民共和国经济史（1949—1952）》（第一卷），北京：中国财政经济出版社，2001年，第703页。
④ 吴承明、董志凯主编：《中华人民共和国经济史（1949—1952）》（第一卷），北京：中国财政经济出版社，2001年，第706页。
⑤ 吴承明、董志凯主编：《中华人民共和国经济史（1949—1952）》（第一卷），北京：中国财政经济出版社，2001年，第707-708页。

采取先进后出、易货为主的交易原则。1951 年 2 月中央人民政府贸易部制定了
《易货贸易管理暂行办法》和《易货贸易管理暂行办法实施细则》，规定易货贸
易可采取直接易货、记账易货、连锁易货和对开信用状易货四种形式，坚持先进
后出或进出同时，一旦进口不能保障时宁愿不做。① 中央人民政府贸易部为此还
按进出口货的重要程度将物资分为三类，并规定：甲类出口货可与乙类进口货交
换；乙类出口货可与甲、乙类进口货交换；丙类出口货可与甲、乙、丙类进口货
交换。力求以冷货或次要货物换回热货或重要货物，不使交易落空。1951 年 1 月
至 5 月，各口岸易货贸易就占到了进出口总额的 57.83％。② 此外，新中国还适
时地将贸易重心转向苏联和东欧等国家和地区。1951 年 8 月中财委规定，凡国内
能生产自给，国内市场公私存货能供应，以及苏联和其他新民主主义国家能供应
的物资，除特许外，一般不得再由资本主义国家进口。③

在这场反禁运斗争中，广东对外贸易承担着重大任务，全国重点战略物资基
本都是通过广东进口，1951 年进口总额就达到了 36 515 万美元，出口也达到了
12 908 万美元，④ 广东进出口总额占到当年中国进出口总额的 1/4。⑤ 广东对外贸
易地位的提高和国家这一时期关于进出口管理政策的调整，对广东侨批业产生了
直接影响，它一方面打击了侨批业长期依靠的外汇黑市，另一方面则大力鼓励侨
批业改侨汇为物资进口。

外汇黑市的存在是侨批业得以逃避国家外汇管制的重要前提。所谓外汇黑市
是外汇供求双方的需要在官方外汇市场不能得到满足的反映。因为外汇持有者不
愿按官方牌价将外汇售给官方机构，而外汇需求者在官方又往往得不到所需使用
外汇的许可，于是出现了以高于官价的汇率自由买卖外汇的市场。而外汇需求者
之所以肯以高于官价的汇率买入外汇，主要目的在于保值或获利。就保值而言，
往往当本国货币币值不稳，通货膨胀发生时，为了防止本币不断贬值而造成巨大
损失，本币持有者宁愿以高于官价的价格，购买稳定的外汇以便借此保值，而这

① 《易货贸易管理暂行办法》《易货贸易管理暂行办法实施细则》（1951 年 2 月 20 日），广东省档案
馆藏广东省对外贸易管理局档案，全宗号 302，目录号 1，案卷号 9，第 27 - 30 页。
② 吴承明、董志凯主编：《中华人民共和国经济史（1949—1952）》（第一卷），北京：中国财政经
济出版社，2001 年，第 709 - 710 页。
③ 吴承明、董志凯主编：《中华人民共和国经济史（1949—1952）》（第一卷），北京：中国财政经
济出版社，2001 年，第 711 页。
④ 广东省统计局编：《广东统计年鉴（1995）》，北京：中国统计出版社，1995 年，第 354 页。
⑤ 国家统计局编：《新中国五十年（1949—1999）》，北京：中国统计出版社，1999 年，第 567 页。

种汇兑在官方机构往往不易获得，因此就需借助于黑市。就获利者而言，外汇需求者主要是指国内私营进出口厂商，因为进口厂商需要外汇才能进口，出口厂商要预付出口运费、佣金和保险费等也需要外汇，当出售国外进口商品或出口国内商品所获的利润，高于用高出正常汇价套购外汇所多支付的金额时，进出口厂商就会想尽办法套取外汇，而外汇在外汇受管制国家的官方机构中不易获得，因此就需要向黑市求购。这是从外汇需求者角度来谈的外汇黑市存在原因（获利者还有因外汇牌价变动而进行炒卖外汇的投机者，但投机行为能够存在也必须以保值或获利为基础，这是汇市存在的前提，因此这里对投机行为不做分析）。

朝鲜战争爆发后，广东外汇黑市存在的主要原因不是保值而是获利。因为从中央 1950 年 3 月 3 日统一财经工作后，全国物价指数已开始回落，人民币币值日趋稳定。1950 年国家财政赤字第一季度为 43%，第二季度为 40%，第三季度就降为 9.8%，第四季度仅为 6.4%，从第二季度开始，政府已无须通过发行钞票来弥补赤字。① 全国财政收支已接近平衡，正如 1951 年 3 月 30 日财政部副部长戎子和在《一九五○年财政工作总结及一九五一年工作的方针和任务》中所说，"由于财政收支接近平衡，全国金融物价即起了显著的变化"，"1950 年第一季度各月的物价是急剧上涨的，从 4 月开始即趋下降，6 月调整公私关系后，便转为平稳了，7 月以后，虽因美帝国主义侵略台湾和朝鲜，某些进口物品价格稍有波动，但人民生活必需品如粮食、纱布、燃料等价格，仍是稳定的。从此由国民党遗留下来 12 年的长期物价飞涨、市场不安的紊乱局面，已基本上不存在了"。②

从 1950 年下半年起，广东外汇黑市存在的主要原因是私营进出口厂商为获利而引发黑市套购外汇活动，这与新中国政府对广东私营进出口厂商实行的宽松政策有关。广州解放后，广州市军管会曾于 1949 年 12 月 7 日颁布了《华南区国外贸易暂行管理办法》，办法规定只要进出口厂商向当地国外贸易管理局或分局提出申请并经审查合格，即可发给进出口贸易营业执照准予其自备外汇经营进出口，而且其审查条件也十分宽松，《华南区进出口贸易厂商登记暂行办法》第三

① 吴承明、董志凯主编：《中华人民共和国经济史（1949—1952）》（第一卷），北京：中国财政经济出版社，2001 年，第 346 页。
② 中国社会科学院、中央档案馆编：《1949—1952 中华人民共和国经济档案资料选编·综合卷》，北京：中国城市经济社会出版社，1990 年，第 721 页。

条规定，凡符合下列条件之一者即可：“（甲）曾经与国外进行贸易，有相当能力，有相当信誉，并能提出可靠证件者：（一）指定银行证明。（二）在一九四九年以前与国外厂商订有代理或独家代理合同者。（乙）工厂为本身生产需要输出货品或购进原料自用者。（丙）有固定营业处所及相当资金并具有出入口贸易能力与信用，能提出证件，经审核认可者。”①

对私营厂商自备外汇进出口造成的外汇黑市危害，政府也早有认识。1950年广州对外贸易管理局在《自备外汇管理概况总结》中就明确指出，私营进出口厂商“预备外汇非自己所有，而是以黑市价套购得到的，因此如果在进口利大的情形，经其自由申请而盲目批准，这样不但有妨外汇的政策且关系着金融物价的安全和侨汇的收入”②。但之所以在新中国成立初期没有严格限制私营进出口厂商自备外汇进出口，主要是因为当时国民经济尚处于恢复之中，正如《自备外汇管理概况总结》所说，“这一时期的自备外汇进口是采取宽大的欢迎态度，一般来说是被动地随着商人自由申请，属于准许进口的货物而批准”③，因为当时“工商业凋敝，物资缺乏，通货膨胀，当不能马上制止，港币市场在许多城市乡村还流通行使，同时敌人对我们沿海封锁，航运不便，一切都是处于困难状态”④，为了促进内外物资交流，调剂市场供求，只有积极发动广东私营进出口厂商。

政府对广东私营进出口厂商自备外汇导致的外汇黑市，并不是不愿打击，而是鉴于当时经济条件不完备，还没有能力给予打击，但政府的努力并没有中断，随着全国经济形势的好转，朝鲜战争爆发后全国掀起的反禁运斗争，终于为这一努力提供了外部条件。

全国反禁运斗争开始后，新中国即开始着手严格限制包括广东在内的私营进出口厂商从事进出口贸易，因为：第一，政府在反禁运斗争中已集中了相当一批物资，而在禁运条件下向资本主义国家可争取的物资是有限的，因此不需要私营

---

① 广州市人民政府秘书处编印：《广州市政》1950年第2期，第66－69页。

② 《自备外汇管理概况总结》（1950年），广东省档案馆藏广东省对外贸易管理局档案，全宗号302，目录号1，案卷号4，第110页。

③ 《自备外汇管理概况总结》（1950年），广东省档案馆藏广东省对外贸易管理局档案，全宗号302，目录号1，案卷号4，第111页。

④ 《自备外汇管理概况总结》（1950年），广东省档案馆藏广东省对外贸易管理局档案，全宗号302，目录号1，案卷号4，第111页。

进出口厂商再去争夺市场，同时正如广州对外贸易管理局在《对自备外汇的管制政策及意见》中所说，美国"加紧对我经济封锁，冻结资金，国家外汇积存额甚多，为适应形势发展的要求，避免外币贬值的亏损，切宜求得及时适当的使用，那来源不正当的自备外汇，应一律停止批出，竭力争取国家外汇批给抢购进口"①。第二，如果继续允许私营进出口厂商自备外汇在港澳等地抢购商品，不仅不会抢到更多的物资，反而会抬高物价，造成国家损失。② 第三，国家内部经济形势已趋于好转，国营贸易不断发展，私营进出口厂商自备外汇导致的黑市盛行，严重威胁国家金融与物价稳定。朝鲜战争爆发后，广东外汇黑市日益活跃，广州对外贸易管理局已意识到，这时"在本市（广州——笔者注）购买港币美币现钞私带出香港，私带人民币支票到香港出卖，都是利用行商携带出去的，多对金融管理是不利的"③。因此，政府在反禁运斗争中对外贸逐步实行国家有计划管理，以加快私营进出口厂商的转业和淘汰。

1950 年 11 月 14 日贸易部下发了《关于取缔投机商业的几项指示》，其中第一项第五、六条规定，故意抬高价格抢购物资或出售物资引起物价波动者，以及不遵守各该地人民政府所规定的商业行政管理办法扰乱市场者，应严格加以取缔。④ 1950 年 12 月 9 日政务院公布的《对外贸易管理暂行条例》第七条明确增加了"进出口厂商输入或输出任何货品，均需事先向所在地区之对外贸易管理局请领进口或出口许可证，经核发后，方得凭以办理其他进出口手续"⑤。这是先前《华南区国外贸易管理暂行办法》所没有的，而且贸易部随后实行的《进出口厂商申请营业登记办法》还要求进出口厂商在开业前必须觅取铺保方能申请登记。

1951 年颁布的《广州对外贸易管理局进出口厂商申请登记实施细则》又要

---

① 《自备外汇管理概况总结》（1950 年），广东省档案馆藏广东省对外贸易管理局档案，全宗号 302，目录号 1，案卷号 4，第 111 页。

② 《关于加强限制行商经营对外贸易的报告》（1951 年 3 月 29 日），广东省档案馆藏广东对外贸易管理局档案，全宗号 302，目录号 1，案卷号 10，第 3 页。

③ 《关于加强限制行商经营对外贸易的报告》（1951 年 3 月 29 日），广东省档案馆藏广东对外贸易管理局档案，全宗号 302，目录号 1，案卷号 10，第 3 页。

④ 《关于取缔投机商业的几项指示》（1950 年 11 月 14 日），中央人民政府法制委员会编：《中央人民政府法令汇编（1949—1950）》，北京：法律出版社，1982 年，第 437 页。

⑤ 《对外贸易管理暂行条例》（1950 年 12 月 9 日），中央人民政府法制委员会编：《中央人民政府法令汇编（1949—1950）》，北京：法律出版社，1982 年，第 431 页。

求已登记的进出口厂商重新登记，并且重新登记者与新登记者必须提交各项证明材料。其中重新登记者需提交：①原领进出口商临时营业执照或临时营业证明书；②市工商局或工商科颁发的新营业执照；③前所交保证书保店如有变动者需另交保证书一份；④经银行盖章证明之最近半年与银行来往包括各种存款结汇及贷款之清单。新申请者则要提交：①本市往来银行证明有经营对外贸易能力和信誉之介绍函；②厂商所属公会会员证明书；③已领有之市工商局执照；④经营记录证件；⑤最近与外国厂商进行贸易所订之合约或代理合同之正副本及其他函电等；⑥开业前之铺保证明书。① 由于进出口厂商多从外汇黑市套汇，仅银行证明一项就很难过关。1951 年 3 月广州对外贸易管理局的《登记情况》显示，当时申请登记者共 469 名，审查后受理者却只有 175 名，② 大多数的申请证明都存在问题，而且即使申请成功，国家也严格限制进出口许可证的颁发。

政府对私营进出口贸易逐步实行国家计划控制，私营进出口厂商的转业与淘汰成为必然。正如 1949 年 3 月 5 日毛泽东在中共七届二中全会上所说，"人民共和国的国民经济的恢复和发展，没有对外贸易的统制政策是不可能的。从中国境内肃清了帝国主义、封建主义、官僚资本主义和国民党的统治（这是帝国主义、封建主义和官僚资本主义三者的集中表现），还没有解决建立独立的完整的工业体系问题，只有待经济上获得了广大的发展，由落后的农业国变成了先进的工业国，才算最后地解决了这个问题。而欲达此目的，没有对外贸易的统制是不可能的"③。1951 年 11 月广州对外贸易管理局在《为报目前私商情况及对策》的报告中表示，"目前私营进出口商之转业与淘汰，为肯定之趋势"，转业与淘汰之步骤为："1，向私商说明今后经营将逐渐减少，暗示其须转业，并指出不再幻想仍转在对外贸易上，对经营属统购统销或无前途之行业，亦可召集各行业说明须转业。2，内部规定应转业与淘汰之行业，如专门以代客申请或买卖许可证之商号，调查清楚其情况后，依法令处分及淘汰之，如封建性剥削之九八行，猪栏、果栏等，在培养代理者或扶助合作社发展下，配合城市民主改革淘汰之，其他无前途

---

① 《广州对外贸易管理局进出口厂商申请登记实施细则》（1951 年 3 月 9 日），广东省档案馆藏广东对外贸易管理局档案，全宗号 302，目录号 1，案卷号 8，第 150－151 页。

② 《关于加强限制行商经营对外贸易的报告》（1951 年 3 月 29 日），广东省档案馆藏广东对外贸易管理局档案，全宗号 302，目录号 1，案卷号 10，第 2 页。

③ 毛泽东：《在中国共产党第七届中央委员会第二次全体会议上的报告》（1949 年 3 月 5 日），中共中央《毛泽东选集》出版委员会编：《毛泽东选集》（第四卷），北京：人民出版社，1969 年，第 1320 页。

之行业如石油进口商、猪鬃出口商亦应准备劝其转业。"①

国家对私营进出口厂商转业与淘汰的政策，沉重打击了私营厂商自备外汇扰乱金融市场的情况，据台山中国银行报告，1950年"由于自备外汇影响，使黑市一度较牌价高30%左右，黑市驳汇在十一月又显著增加。十二月中旬至月底，美国宣布禁止船只货物至中国口岸，宣布冻结中国财产，华南区停止自备外汇，……至在十二月下旬黑市已趋绝迹，兑换及侨汇剧增，一旬即达五十四万余元美元，超过全年之中任何一旬的数字"②。国家在反禁运斗争中对广东外汇黑市进行的清理，解决了广东侨批业经营长期依靠黑市逃避国家外汇管制的问题。在此基础上，1951年政务院又出台了新的侨批业管理办法，鼓励广东侨批业在经营方式上改侨汇为物资进口，以配合反禁运斗争的进行。

1951年3月1日政务院财政经济委员会正式实行了新的《侨汇业管理暂行办法》，中央人民政府贸易部和中国人民银行总行也于同天颁布实行了《侨汇改物资进口具体办法》和《侨汇业输入物资抵解侨汇处理暂行办法》，积极鼓励侨批业利用在海外长期经营黑市和反限制斗争中积累的经验和构建的运营网络，将所收侨汇在国外换成物资再转输入国内，其意义正如《侨汇改物资进口具体办法》第一项中所说，"近美帝又冻结我资金，为了解决数千万侨眷的生活，及防范帝国主义的阴谋，使国家外汇头寸不受损失，因此侨务、贸易、银行、海关与侨汇业必须密切配合，步调一致，突破敌人的封锁，大力沟通侨汇，争取侨汇变物资进口"③。

新制定的《侨汇业管理暂行办法》主要内容就在于侨汇改物资进口，其第八条"自备外汇进口"部分规定，"（一）侨汇业以自备外汇进口之物资，以适合进口法令之规定，并经向当地对外贸易主管机关申请准进者为限。（二）侨汇业办理自备外汇进口业务，其外汇来源须取得当地中国银行证明后，方得按自备外汇进口条例办理"④。侨批业自备外汇与国内私营进出口厂商的自备外汇性质

---

① 《为报目前私商情况及对策》（1951年11月15日），广东省档案馆藏广东对外贸易管理局档案，全宗号302，目录号1，案卷号10，第10页。

② 《台山县侨汇情况》（1951年，台山中国银行），广东省档案馆藏广东华侨事务委员会档案，全宗号247，目录号1，案卷号13，第48页。

③ 《侨汇改物资进口具体办法》（1951年），广东省档案馆藏广东省华侨事务委员会档案，全宗号247，目录号1，案卷号13，第89页。

④ 《侨汇业管理暂行办法》（1951年），广东省档案馆藏广东华侨事务委员会档案，全宗号247，目录号1，案卷号13，第106页。

完全不同。侨批业的外汇来源正常，由政府控制，国内私营进出口厂商的外汇多系黑市购得。《侨汇改物资进口具体办法》第一项第二条明确指出，"侨汇业经收侨汇部分（约占全国总数百分之六十）应鼓励侨汇业以所收侨汇购买国内所需物资进口"①。侨汇是海外侨胞寄返家园的汇款，是国家外汇的重要来源，它作为侨批业的自备外汇受到政府严格管理，不仅不会扰乱国内金融市场，而且还会增强国家的经济实力。而国内私营进出口厂商的自备外汇，则大多来源于外汇黑市，自备外汇的数量变动不仅直接影响到黑市外汇汇率，而且还会间接引发本币币值和物价波动，破坏社会经济稳定。因此虽都是自备外汇，但来源不同、影响不同，政府对待的政策也不同。另外还需注意，政府对侨批业自备外汇进口的鼓励政策，是在外汇黑市遭到严重打击的基础上得以实行的，否则侨批业揽收的侨汇会因外汇黑市的存在而脱离国家控制，所以政府对侨批业侨汇改物资进口的鼓励政策，也是政府对侨批业掌控能力提高的反映，在此前提下，政府也就敢于对侨批业实施一系列优待措施。

按《侨汇业输入物资抵解侨汇处理暂行办法》规定，为奖励侨批业改侨汇为物资进口，除原定侨汇总额千分之五手续费照给外，若其接受国内进口公司委托进口，可将全部外汇盈余结汇调出或采购等值物品出口，若是自购自销，其盈余可按成调出。如果自购自销遇到问题，进口公司得视情形对其进口品予以收购。另外，当侨批业已将所收侨汇全部购买物资运回，而物资抵埠后缺乏资金缴付关税、运费，或货物一时难以脱手而无法为侨眷解付汇款时，可向中国银行申请贷款，待货物卖出后即以人民币偿还中国银行。倘若侨批业在办理进口再遇到其他情况需要变通处理时，可拟具具体办法呈大行政区财委会核准施行并呈报中央备案。②《侨汇改物资进口具体办法》也规定，如部分侨批业因对于进口业务不熟悉，还可通过当地银行和侨务会等有关机关，使侨批业与进口公司取得联系，按进口公司委托采购所需物资，以免造成盲目进口。③

除各种优待政策外，侨批业还必须本着"便利侨汇"的原则，不能因侨汇

---

① 《侨汇改物资进口具体办法》（1951 年），广东省档案馆藏广东省华侨事务委员会档案，全宗号 247，目录号 1，案卷号 13，第 89 页。

② 《侨汇业输入物资抵解侨汇处理暂行办法》（1951 年 4 月），广东省档案馆藏广东省华侨事务委员会档案，全宗号 247，目录号 1，案卷号 13，第 88 页。

③ 《侨汇改物资进口具体办法》（1951 年），广东省档案馆藏广东省华侨事务委员会档案，全宗号 247，目录号 1，案卷号 13，第 89 - 91 页。

改物资进口而积压侨汇,因此《侨汇业输入物资抵解侨汇处理暂行办法》对此专门规定,当批信已到而物资尚在途中时,侨批业必须以自有人民币头寸先行解付侨汇,如日后物资进口发生故障,除确属无法另运物资抵补外,应提供证明经核准后方得改调外汇抵补,或侨批业另行调入等值外汇头寸(或将该项外汇头寸缴存国外中国银行)担保,向国内银行贷借人民币解付侨汇,该项侨汇不作中国银行买入,待物资进口本币偿还后,其担保之外汇即准调回国外。侨批业解付侨汇应遵照当地中国银行规定办法办理,不得借经营进口业务而积压侨汇,否则应按照侨汇业管理办法规定处分之。① 为了贯彻侨汇改物资进口,中国银行广州分行还会同广东省侨委、广州对外贸易管理局、广州海关、广州进出口公司、广东省商业厅、省税务局等多个部门,于1951年4月3日成立了"广东省侨汇输入物资指导委员会",帮助解决侨批业在侨汇改物资进口方面所遇到的困难。② 1951年5月21日中国银行广东分行又核准并重新实施了《侨汇业管理暂行办法管汇部份实行细则》,对侨批业办理物资进口等办法又做了详尽的书面规定,同时确立了报告审批的各项必经程序。③

广东侨批业侨汇改物资进口政策实施到1953年,由于朝鲜战争停止,实施禁运的国家和地区也急需增加出口发展经济,禁运政策已逐渐松弛,再加上各侨批局因经营侨汇改物资进口的能力各不相同,导致收入相差悬殊,不利于侨批业团结,于是1953年6月广东华侨福利会议决定,国家在对侨汇改物资进口严格规定的基础上,鼓励广东侨批业逐步转回正常的侨汇业务经营。④

二、土地改革运动中的侨汇保护和水客管理

1950年6月28日中央人民政府委员会讨论和通过了《中华人民共和国土地

① 《侨汇业输入物资抵解侨汇处理暂行办法》(1951年4月),广东省档案馆藏广东省华侨事务委员会档案,全宗号247,目录号1,案卷号13,第88页。
② 《检呈组织简章一份,请审查准予备案由》(1951年5月19日),广东省档案馆藏广东省华侨事务委员会档案,全宗号247,目录号1,案卷号13,第85页。
③ 《侨汇业管理暂行办法管汇部份实行细则》,广东省档案馆藏广东省华侨事务委员会档案,全宗号247,目录号1,案卷号99,第90-91页。
④ 《伍治之同志在广东华侨福利会议的总结报告》(1953年6月26日,华南分局统战部),广东省档案馆藏广东省华侨事务委员会档案,全宗号247,目录号1,案卷号41,第4页。

改革法》（以下简称《土改法》）。《土改法》规定从 1950 年冬起，包括广东在内的新解放区要陆续开展土地改革运动（以下简称"土改运动"或"土改"）。土改运动不仅是新民主主义革命的重要组成部分，而且也是新中国成立初期国家争取全国财经状况好转的基本条件。然而广东土改运动在实行过程中却对侨批业产生了严重冲击，其中既涉及对兼营土地的侨批业主的阶级划分和财产征没，也涉及由于工作偏差而对侨批业所揽收侨汇的非法侵吞或干预。

许多广东侨批业在农村都购置有土地，其中有些本来就是地主而后才从事侨批业。《土改法》第二章第四条即规定，"工商业家在农村中的土地和原有农民居住的房屋，应予征收"[1]。但在土地被正式重新分配前的"清匪反霸，减租退押"阶段，应将减租后多收的租金和农民耕种土地预付的押金退给农民，并按土地占有者的实际占有情况划分阶级成分。阶级成分按自报公议的方法，由乡村农民大会、农民代表会，在乡村人民政府领导下民主评定。1950 年 8 月 4 日政务院通过的《中央人民政府政务院关于划分农村阶级成份的决定》进一步规定，有其他职业收入，但同时占有并出租大量农业土地，达到当地地主每户所有土地平均数以上者，应依其主要收入决定其成分，称为其他成分兼地主或地主兼其他成分。[2] 同时中南军政委员会为了防止地主逃逸，保证广东等地土改的顺利进行，颁布了《中南军政委员会关于土改中到城市逮捕不法地主的手续规定》，通过各大行政区、省内各大城市、县乡公安机关的配合逮捕逃亡地主。[3]

在此规定下，兼营土地的侨批业主在土改运动中不可避免地成为土改斗争的对象。1951 年汕头中国银行在《八字运动中侨汇发生的问题》中谈道，"六月中本市开始全面退租退押运动，各批局中就参加我行座谈会的四十家批局中，三十一家是地主，三家是工商业家，其余六家成份未详，大部分都要被退租退押，其中比较特出的有福茂及捷成两家，福茂批局被罚十五亿元，因股东在海外，店中伙计被迫得紧，便移用了一部分批款，致该帮来批积压了两个星期。捷成批局被罚八亿元，其股东亦在新加坡，后来将去年盈余项下支付三亿五千万元应付农

---

① 中国社会科学院、中央档案馆编：《1949—1952 中华人民共和国经济档案资料选编·农村经济体制卷》，北京：社会科学文献出版社，1992 年，第 78 页。

② 《中央人民政府政务院关于划分农村阶级成份的决定》，《新华月报》1950 年第 2 卷合订本第 5 期（总第 11 期）。

③ 《中南军政委员会关于土改中到城市逮捕不法地主的手续规定》，广东省档案馆藏广东省华侨事务委员会档案，全宗号 247，目录号 1，案卷号 5，第 6 页。

民，其余四亿五千万元则无法筹还，在这种情况下，海外的股东多数要把汕头的生意结束，有几家就曾准备将批信委托他家批局代理"①。

除汕头外，广东各地凡兼营土地的侨批业都成为土改斗争对象，水客也不例外，梅县松口区水客廖孟如，在土改中就被划为地主并被群众斗争，同时退回了三百余万元的余粮，许多水客因此而不敢返国。② 据广东省侨委调查，梅县松口区 1950 年尚有水客 108 人，1951 年回来 25 人，1952 年回来 12 人，1953 年仅回来 8 人；大埔县解放前有水客 200 人，土改后仅有 17 人继续经营。③ 然而上述只是土改运动对侨批业造成的直接影响，而土改运动中许多过激做法和工作偏差还造成了对侨汇的侵犯和干预，间接、强烈地打击了侨批业的业务经营。1951 年潮汕地区农会侵犯、干预侨汇，影响侨批业经营的事件即典型代表，兹以下列三例予以说明：

甲，陈万合批局有香港辛朝建汇交澄海鸥汀西畔村其母收港币汇卅元一封侨批，托代理店陈集侨前去分发，到该村后有一妇人冒称即系收款人将款领去，下午批工往索回批时，妇人说已交给农会了，批工到农会方知收款人已死亡，农会说这款由农会收便妥，如有意外由农会主席负责，并代复回批和给以证明，回批用死者之名，内容是：朝建我儿收知，兹接来信，各情已悉，在香诸人平安甚慰，付来人民币壹拾壹万陆仟肆佰元收到免念，特此复知，余候后详。证明书内容是：香港辛朝建寄交辛介南人民币壹拾壹万陆仟肆佰元该款由本会代收，如有问题由本会负责，澄海县下蓬区鸥汀西畔村农民协会主席辛宝光，六月廿三日。

乙，黄潮兴批局有暹罗余金叶汇交潮安四区堤头村余坤合收港币壹佰元一封侨批，托其潮安代理店分发，到乡后得悉收款人已故，原拟拆返，农会不肯，坚要代收，并嘱死者亲属余锡远代复回批。

丙，越联批局有越南许秀英汇交潮安铁巷黄贞勤收港币 1 700 元一封侨批，托由合发号前往分发，发觉黄贞勤及其妻许御音已经死亡，但批款即由潮安县城

---

① 《八字运动中侨汇发生的问题》（1951 年），广东省档案馆藏广东省华侨事务委员会档案，全宗号 247，目录号 1，案卷号 13，第 101 页。

② 《侨批员情况重点调查报告》（1954 年 9 月 16 日，侨委会办公室），广东省档案馆藏广东省华侨事务委员会档案，全宗号 247，目录号 1，案卷号 97，第 35 页。

③ 《侨批员情况重点调查报告》（1954 年 9 月 16 日，侨委会办公室），广东省档案馆藏广东省华侨事务委员会档案，全宗号 247，目录号 1，案卷号 97，第 32 页。

乡联络委员会收取，并发给证明书，原文如下：兹证明安南许秀英寄给黄贞勤之款人民币陆佰伍拾玖万陆仟元，确经本处代为分发，此证七月五日。现在该越联批局深恐回批寄还安南后，汇款人不认帐（回批是由黄宅表婶陈楚云写的，盖印用收款人亡妻即许御音的私章）。①

广东土改运动对侨批业的影响可分两个部分来看，一部分是土改运动本身，即《土改法》及相关法规决议所规定的土改必经程序对侨批业的影响；另一部分是超出土改运动法规决议内容，属于过激行为或工作偏差引起的影响。对二者影响所做的区分旨在说明土改运动与侨批业经营的不同关系。

就前者影响而言，土改运动对农村土地重新分配和对土地占有者阶级性质的划分，是由中国革命的性质和目的决定的。解放战争前的中国革命又称为土地革命，对农村旧有经济基础的破坏和生产资料的重新分配，不仅瓦解了广大根据地农村中以地主为代表的中国传统社会统治基础，而且动员起了农村广大的革命力量，使他们为捍卫新的分配制度和分配制度带来的成果而斗争。以土地革命为主要内容的社会动员形式改变了中国革命的面貌。1927 年 3 月毛泽东在《湖南农民运动考察报告》中就说，"很短的时间内，将有几万万农民从中国中部、南部和北部各省起来，其势如暴风骤雨，迅猛异常，无论什么大的力量都将压抑不住。他们将冲决一切束缚他们的罗网，朝着解放的路上迅跑。一切帝国主义、军阀、贪官污吏、土豪劣绅，都将被他们葬入坟墓"②。正是这一力量，在新中国成立后面对国际反共势力和蒋介石残存兵力，不仅成为进一步争取民族独立和国家完整的依靠，而且也是新民主主义政权自身合法性的主要来源，这就要求新中国必须继续推进新民主主义的革命任务，在新解放区尽快完成土地改革，借广大农村的社会动员来不断加强政权的革命性并保证充足的革命力量。

另外，新中国成立后新形势下的土地革命也是在短期内恢复国民经济发展工业生产的重要前提。按照马克思主义政治经济学，社会经济主要分为两大部类即工业与农业，在新中国外援极为有限的条件下，中国要发展工业其资金来源只能

---

① 庄晖：《潮汕各地农会及城乡联络处代收批款资料及意见》（1951 年 8 月 17 日），广东省档案馆藏广东省华侨事务委员会档案，全宗号 247，目录号 1，案卷号 13，第 109 - 110 页。

② 毛泽东：《湖南农民运动考察报告》（1927 年 3 月），中共中央《毛泽东选集》出版委员会编：《毛泽东选集》（第一卷），北京：人民出版社，1952 年，第 12 - 13 页。

从农业部类剩余中提取，因此在农村实行大规模土地改革，目的还在于使农业迅速走向合作化，使国家能积累大量剩余资金启动工业发展。正如1948年4月1日毛泽东《在晋绥干部会议上的讲话》中提出，"消灭封建制度，发展农业生产，就给发展工业生产，变农业国为工业国的任务奠定了基础，这就是新民主主义革命的最后目的"①。因此就这一方面，土改运动对兼营土地的侨批业主的打击不仅是必然的，而且也是必需的，这是中国革命性质和目的决定的。但是一旦当这种打击并不是为了瓦解农村旧势力和重新分配生产资料，或者当土改目的已经达到时，那么土改中开展的复查工作即会对部分政策做出适时调整，这些调整在一定程度上就会鼓励侨批业尽快恢复侨汇的寄递。

就土改中过激行为和工作偏差对侨批业的打击而言，已超出了《土改法》等法令法规的规定内容，而且严重影响了国家侨汇收入，违反了政府便利侨汇、外汇归公、利益归私的团结管理政策，因此这类行为一出现即被纠正，同时在纠正过程中对广东侨批业的管理政策也进行了逐步完善。

正是上述原因使得土改中的侨批业管理开始了初步调整。

1951年8月3日广东省人民政府主席叶剑英，副主席方方、古大存、李章达联名下发了《通知调查农会干预侨汇现象及土改中对少数归侨侨眷恶霸份子处理情形报告本府》（以下简称《通知》）的文件，《通知》称"根据各方反映，在个别地区有农会干预侨汇现象，以致引起侨眷顾虑，传到国外影响华侨对祖国的观感和侨汇工作，并闻个别地区的侨汇已因此而有所影响，希进行了解，如确有此类情形，应设法予以有效的制止"②。该《通知》下发后，中国银行广州分行和广东省侨委即分别提出纠正农会干预侨汇，保护侨批业的意见。中国银行广州分行就上述陈万合批局揽收侨汇为潮汕农会代收一事致函中国银行汕头分行，函称"该笔汇款应予退汇，按理农会无权代收且放款人叶经死亡，农会仍用其名义在侨批内批复，手续尤欠妥善，如将来汇款人发现真相，侨批局应负误交批款之责，而农会有冒领及伪造文书之嫌，势必发生纠纷，更因此引起国外侨胞之误会，影响侨汇来源，我们意见，认为该批款农会不能代收，应交还批局照章退回

---

① 毛泽东：《在晋绥干部会议上的讲话》（1948年4月1日），中共中央《毛泽东选集》出版委员会编：《毛泽东选集》（第四卷），北京：人民出版社，1960年，第1211页。
② 《通知调查农会干预侨汇现象及土改中对少数归侨侨眷恶霸份子处理情形报告本府》（1951年8月16日），广东省档案馆藏广东省华侨事务委员会档案，全宗号247，目录号1，案卷号13，第107-108页。

汇款人，用特函还，即希查照，转向当地财委提出意见并将办理情形具报"①。中国银行汕头分行向省侨委报告上述三件潮汕农会侵犯侨汇案调查情况时也指出，"查南洋各地潮籍批局多数竞做赊批事揽生意，必须候回批交还汇款人发，姑得向之陆收垫款，上列三宗案件，都可能引起华侨拒还欠款，因此各批局在营业上顾虑极大，如处理不适当或不及时，确有阻塞侨汇之害"②。农会干预侵犯侨汇的问题必须得到及时解决。

1952年1月中共中央将《华侨事务委员会党组对土改中处理华侨土地、财产的九点办法》正式转发华南分局，要求尽快纠正在土改运动中出现的偏差和错误。该办法第八条明确提出，"侨汇应一律按银行原定规章办理，严禁工作队或农会等干涉侨汇，禁止强征侨汇为农会经费或其他经费。即是地主的罚款，也应经其本人办清收款手续后，再由本人移交农会。如由农会代收，寄款人不认帐，使侨批业的营业遭受损失，影响侨汇"③。这是中央对地方纠正农会干预侨汇措施的明确认可，也是对改正土改运动偏差，保护侨批业经营政策的再次确定，广东各地的纠正工作得以陆续进行。与此同时，该办法还专门对侨乡土改运动中划分阶级成分失当的问题进行了调整，其中第五条就要求凡家中有人从事海外职业，其占有土地又在当地小土地出租者最高标准数以下的，均不应划为地主。而且决不能将捎带有一点封建剥削的华侨工商业者都简单地划为地主，视为消灭对象，虽然其中有的人占有土地数量稍高于当地小土地出租者的最高标准，但只要超过不多，在多数农民同意的条件下应不定为地主，按小土地出租者待遇予以对待。④ 中央这项规定旨在稳定包括侨批业在内兼营土地的工商业者的经营信心，以鼓励尽快恢复和发展经营。在此政策的支持下，这一时期广东省也开始重视对水客的团结与管理。

1952年南汉宸和廖承志联名向中共中央汇报侨汇工作，其中就提出要重视并加强对水客的组织和领导，发挥其在沟通侨汇中的积极作用，组织其公开合法

① 庄晖：《潮汕各地农会及城乡联络处代收批款资料及意见》（1951年8月17日），广东省档案馆藏广东省华侨事务委员会档案，全宗号247，目录号1，案卷号13，第111页。

② 庄晖：《潮汕各地农会及城乡联络处代收批款资料及意见》（1951年8月17日），广东省档案馆藏广东省华侨事务委员会档案，全宗号247，目录号1，案卷号13，第111页。

③ 《华侨事务委员会党组对土改中处理华侨土地、财产的九点办法——一九五二年一月经中央转发华南分局》，广东省档案馆藏广东省华侨事务委员会档案，全宗号247，目录号1，案卷号29，第15页。

④ 《华侨事务委员会党组对土改中处理华侨土地、财产的九点办法——一九五二年一月经中央转发华南分局》，广东省档案馆藏广东省华侨事务委员会档案，全宗号247，目录号1，案卷号29，第15页。

经营，帮助有条件者扩大经营转变为侨批局，并解决其出入国境的困难，同时对土改中划错阶级，斗错、罚错者，应本着团结的精神予以摘去帽子，解除管制，并做适当补偿。① 实际上自 1952 年起从地方到中央都将水客管理放到了重要位置，广东省的水客管理政策已提前进行了调整。

1952 年 4 月 7 日中国银行广州分行接中国人民银行广东省分行函，反映梅县水客提出的两点意见：一是华侨水客名称与港穗间专营走私的水客名称相同，往往使海关同志误会而招致许多麻烦，因此请侨务机关改换华侨水客名称；二是由于东南亚各国打击当地侨批业经营，严格限制侨汇输出，水客多不能直接返国，因此他们只好伪称返回香港，再由香港潜至内地，但水客在途经深圳入关时，海关必在其护照上盖章，并标明水客字样和入境时间，这无异于自行暴露，因此请海关改变入境检查方式以保证水客安全。② 此事经中国银行广州分行、广东省侨委拟定初步意见后上报中央侨委，中央侨委遂会同解放军公安部队司令部商议，8 月 13 日函复广东省侨委，同意由广东省侨委、公安厅、人民银行共同对水客进行登记、审查，合格者改称为侨信员，对忠实可靠有重大作用的水客由公安厅发给出入境许可证，其出入境时交边防检查人员检查，在出入证上加盖验讫戳记，护照上不再签盖任何戳记。关于对水客之登记审查改名等具体工作，由省侨委负责主动召集省公安厅、银行、海关详细研究处理。③

1952 年 11 月 24 日广东省侨委、中央海关总署华南区特派员办事处、广州海关、广东省公安厅、中国人民银行广东分行等六单位联合召开了"关于'侨信员'（水客）登记审查及发给出入境许可证工作会议"，会议一致同意由以上六单位再加上广州军管会外事处各派正式代表一人组成广东省侨信员登记审查委员会，由省侨委担任总负责人。各县市由侨务机关（如无侨务机关则由民政部门负责）、公安局、银行（中国银行或人民银行）、海关等单位共同组成侨信员登记

---

① 廖承志、南汉宸：《有关三年来侨汇、投资与存在问题向主席、中央的报告》（1952 年 11 月 25 日），广东省档案馆藏广东省华侨事务委员会档案，全宗号 247，目录号 1，案卷号 36，第 220－226 页。
② 《函转中国银行广州分行对水客名称及出入国境问题之意见并提出建议请核示由》（1952 年 5 月 7 日，中国银行广州分行），广东省档案馆藏广东省华侨事务委员会档案，全宗号 247，目录号 1，案卷号 30，第 133－134 页。
③ 《同意改华侨"水客"名称为"侨信员"并发出入证》（1952 年 8 月 13 日），广东省档案馆藏广东省华侨事务委员会档案，全宗号 247，目录号 1，案卷号 30，第 130 页。

审查工作组，侨务机关为负责人。①

会议还制定了侨信员登记和发放出入境许可证的具体办法，主要规定有：凡已在当地中国银行或人民银行登记之水客，由银行出具证明重新登记，未登记者须具备原籍或所住地区人民政府或侨务机关证明始予登记；登记时期拟分期办理，第一期暂定两个月，自开始登记时算起，对一些身处海外未能及时返国登记的侨信员，可宽延至六个月，但需要缴验相关返国证明，至于以后各期，初步规定为每年在一固定时间办理，主要处理一些已登记侨信员申请转业或撤销登记的事务，及为已从事侨信员工作而尚未登记和有条件准备从事该项工作者登记；侨信员的审查工作以个人历史清楚、无政治问题为主要标准，以确属从事正当侨信员事业和个人忠诚老实，且在工作上有成绩表现为辅助标准，其中政治问题由公安机关负责，个人品质及业务成绩由银行负责，最后由侨务机关综合各方意见给出初步审查结果，报省侨信员登记审查委员会核办，合格者送请省公安厅统一核发"侨信员出入许可证"；许可证可代替侨信员出入境通行证，每次出境时将许可证交由海关边防检查机关查验并保存，返国时到边防检查机关报明许可证号和出境日期，经签证后领回，凭此即可在原居住地报入户口；领取许可证的侨信员如从事违法活动或工作上出现严重过失时，除由相关机关酌情处理外，可报省侨信员登记审查委员会撤销其许可证，同时根据其表现可将其划分为比较可靠之侨信员和不十分可靠之侨信员，其区别在发证时用一定数目号码予以区分，仅供内部掌握，以便利边防检查工作。②

三、"五反"前后劳资关系调整

继政府机关开展"三反"运动后，1952年1月中共中央又发出《关于在城

---

① 《关于"侨信员"（水客）登记审查及发给出入境许可证工作会议纪录》（1952年11月24日），广东省档案馆藏广东省华侨事务委员会档案，全宗号247，目录号1，案卷号30，第125页。

② 《广东省侨信员登记审查暂行办法（草案）》，广东省档案馆藏广东省华侨事务委员会档案，全宗号247，目录号1，案卷号30，第124页；《关于"侨信员"（水客）登记审查及发给出入境许可证工作会议纪录》（1952年11月24日），广东省档案馆藏广东省华侨事务委员会档案，全宗号247，目录号1，案卷号30，第125 – 126页。

市中限期展开大规模的坚决彻底的"五反"斗争的指示》，① 要求在全国私营工商业中开展"五反"运动，严厉打击行贿、偷税漏税、盗骗国家财产、偷工减料和盗窃国家经济情报等"五毒"行为，保证社会经济的健康运行。

"五反"运动成为新中国成立以来政府对私营工商业最大规模的整顿和清理活动，它的开展是政府一系列调整私营工商业政策的继续，但由于工作开展急促，加之群众参与，致使运动中出现了许多过激行为和偏差，特别表现在劳资关系上，严重打击了私营工商业主的经营积极性。就是在此打击下，广东侨批业已有的经营困难、侨汇下降局面更加严重。然而随着政府调整私营工商业政策阶段性目的的达成，劳资关系倒置的状况遂得到改善，政府对侨批业的管理逐步进入了一个新阶段。

1949 年 9 月 29 日全国政协通过的《共同纲领》即明确提出，"中华人民共和国经济建设的根本方针，是以公私兼顾、劳资两利、城乡互助、内外交流的政策，达到发展生产、繁荣经济之目的"②。劳资两利成为新中国处理私营工商业劳资关系的基本准则。在这一原则指导下，中华全国总工会于同年 11 月 22 日颁布了《关于劳资关系暂行处理办法》，该办法详细规定了劳资双方的权利与义务，并且着重要求劳资双方必须签订集体合同或劳动契约以保障双方权益。③ 为此中华全国总工会同日还颁布了《关于私营工商业劳资双方订立集体合同的暂行办法》和《关于劳动争议解决程序的暂行规定》，以解决劳资双方在生产经营过程中出现的问题。1950 年 12 月 29 日政务院第六十五次政务会议又通过了《私营企业暂行条例》，并于次日公布，该条例明文规定：企业的财产和营业受充分的保护，经营管理权属于投资人；但与劳资双方利益有关者，应由劳资协商会议或劳资双方协商解决之。④ 广东侨批业的劳资关系即据此得以处理。

1950 年 8 月中央政府召开的华侨眷属福利会议规定，按月由中国银行照侨批业汇入侨汇总额发给千分之五手续费，以作为侨批业的奖励金，但会议并没有规

---

①　薄一波：《若干重大决策与事件的回顾》，北京：中共中央党校出版社，1991 年，第 165 页。

②　《中国人民政治协商会议共同纲领》，中共中央文献研究室编：《建国以来重要文献选编》（第一册），北京：中央文献出版社，1992 年，第 7 页。

③　《关于劳资关系暂行处理办法》（1949 年 11 月 22 日），《中国资本主义工商业的社会主义改造·中央卷》（上册），北京：中共党史出版社，1992 年，第 77 - 81 页。

④　《私营企业暂行条例》（1950 年 12 月 30 日），《中国资本主义工商业的社会主义改造·中央卷》（上册），北京：中共党史出版社，1992 年，第 198 - 204 页。

定侨批业内部如何分配该项奖励金。会后中国银行汕头分行立即会同当地邮局与侨批业代表召开联席会议，充分贯彻了劳资两利原则，确定了具体分配方案，即奖励金"作三份均分，计国外联号劳方得一份，汕方资方得一份，汕方劳方得一份，计汕资方一份作为营业收益，至劳方一份分配对象则包括该店内所有在职员工，无论工友与经理司理以及凡有参加劳务之股东从业人员，均同享受该劳方份下奖励金之利益"①。

然而广东侨批业的劳资两利局面却在"五反"运动中被改变。1952年3月23日中共中央下发了《关于"五反"斗争目的的指示》，指示提出这次运动要达到彻底查明私人工商业，以利团结和控制资产阶级，进行国家的计划经济；明确划分工人阶级和资产阶级的界限；清除"五毒"，消灭投机商业，使整个资产阶级服从国家法令，逐年增加对私营工商业的计划性，重新划定私资利润额；废除后账，经济公开，逐步建立工人店员监督生产和经营的制度等八项目的。② 政府力图借群众运动来加强对私营工商业的控制，为国家全面展开计划经济做准备。但"五反"运动一开始就带有明显的激进色彩，加上运动又有群众参与，致使"五反"中出现了许多工作偏差，侨批业劳资两利关系受到打击，资方权益被严重侵犯，下面仅举几例以作说明：

德兴号工友在"五反"后擅将店内存款用自己私人名义存入银行开户，最近虽已纠正，但仍不守劳动纪律，平时辱骂资方，每晚借口学习外出，强叫资方留守店门。③

老亿丰号青工不重视纪律，生产时间在店内搞文娱、搞恋爱，有时打麻将至通宵达旦，资方提出意见批评，反受辱骂威吓，报告工会更得不到良好结果，反恶言交加徒增反感，讨来节外生枝之麻烦。④

洪万丰号头家洪贤良在国外司理陈文林因事辞职，不得已店中各事由老职工杨益祺代理负责，及因店中解放前存货瞒税事致被工会开除会籍，复任出席工会

---

① 《汕头、大埔、东莞、揭阳侨汇业提案汇编》（1953年6月），广东省档案馆藏广东省华侨事务委员会档案，全宗号247，目录号1，案卷号41，第52页。

② 《关于"五反"斗争目的的指示》（1952年3月23日），《中国资本主义工商业的社会主义改造·中央卷》（上册），北京：中共党史出版社，1992年，第272-273页。

③ 《汕头、大埔、东莞、揭阳侨汇业提案汇编》（1953年6月），广东省档案馆藏广东省华侨事务委员会档案，全宗号247，目录号1，案卷号41，第50页。

④ 《汕头、大埔、东莞、揭阳侨汇业提案汇编》（1953年6月），广东省档案馆藏广东省华侨事务委员会档案，全宗号247，目录号1，案卷号41，第50页。

代表，工友们竟以司理名义强加其身，事事掣肘，又制止一些稍有感情工友与其谈话，其实彼虽做了代表而一切尚用洪贤良出名，曾经去信香叻请头家派人前来负责司理，可是于今尚无派到，以致目下一店全无纪律，头家住家物件过去随意搜取无法制止，现在则随便向出纳支挂款项，完全不必告知负责人。①

昌盛号店中只有工友一人名廖兰石，工资每月五十万元，而经理只限廿五万元，至于银行奖励金他独得劳方一份全数，而对经理只准给予资方一份百分之卅，经理以一切不到开费标准为由托人向其协商抹至百分之五十，他拒绝不肯。②

"五反"运动开始后，汕头市工会主席团竟宣布，停止侨批业经理资方人员从中国银行给侨批业的奖励金中劳方一份下支取，也不准从资方均得部分下支取，"陈文记号资方从业人员四人，系任经理、出纳、会计、理批等要职，工友二人则任炊事、杂务等职。全店共六人，对奖励金劳方一份五反运动后全数归彼工友二人所得，资方在五反时间被工会停发。迨此次银行工会协商暂时解决，资方奖励金由资方一份抹出，但工会规定每人最高不能超过工友之最高者，该号将资方一份全数抹出分配每人只当工友半数而已。本（1953 年——笔者注）五月十六日下午该店主事人陈质彬被工会叫去问话，理由就是该店资方奖励金何故先斩后奏全数抹出分配，因该店工友原只许其抹出百分之五十分配，再三责备该号。主事人抱着恐劳病不敢与驳，只有唯唯认非以求息事而已"③。此外，中央税务总局曾于 1950 年 9 月颁布侨批业课税办法，该办法第四项规定，在国内通商口岸或内地第一道转接侨汇的侨批局纳税后，其下盘转接侨批局可免纳营业税，但澄海店市集成发号、广顺号乙种批局被征营业税至 1952 年 2 月，揭阳的河婆代理店蔡裕华，惠来、葵潭代理店南侨号竟被征收营业税至 1953 年 4 月，④这一系列做法严重侵犯了侨批业的资方权益。

甚至这一时期还出现了不仅侨批业内部职工工资高于资方从业人员，而且与其他行业相比，其工资水平也高出很多的情况，汕头市 42 家甲种批局的工资情

---

① 《汕头、大埔、东莞、揭阳侨汇业提案汇编》（1953 年 6 月），广东省档案馆藏广东省华侨事务委员会档案，全宗号 247，目录号 1，案卷号 41，第 51 页。

② 《汕头、大埔、东莞、揭阳侨汇业提案汇编》（1953 年 6 月），广东省档案馆藏广东省华侨事务委员会档案，全宗号 247，目录号 1，案卷号 41，第 51 页。

③ 《汕头、大埔、东莞、揭阳侨汇业提案汇编》（1953 年 6 月），广东省档案馆藏广东省华侨事务委员会档案，全宗号 247，目录号 1，案卷号 41，第 51 页。

④ 《汕头、大埔、东莞、揭阳侨汇业提案汇编》（1953 年 6 月），广东省档案馆藏广东省华侨事务委员会档案，全宗号 247，目录号 1，案卷号 41，第 50 页。

况即能说明问题，详见下表。

表1　汕头市42家甲种批局1952年职工月平均收入比较表

单位：千元人民币

户数	职工人数	固定工资		奖金		批力		年终腰奖金、理发、花红等		伙食费		合计	平均数
		每月总额	人均	每月总额	人均	每月总额	人均	每月总额	人均	每月总额	人均		
42	314	78 259	249.2	44 055.3	140.3	42 717.1	136	24 865.6	79.2	45 323	144.3	235 219.8	749.1

资料来源：《侨批业一九五二年职工每月平均各项收入比较表》（1953年），广东省档案馆藏广东省华侨事务委员会档案，全宗号247，目录号1，案卷号72，第45页。

表2　汕头市1952年十个行业平均工资比较表

单位：千元人民币

行业	侨批业（甲种批局）	盖一厂	粮食加工业	抽纱业	百货业	土糖、杂粮	针织一联	国营农具厂粮食加工厂	耀昌厂	印刷业
人数	314	20	7	43	313	487	10	76	34	11
平均工资	749	758	690	657	573	547	540	534	472	452

资料来源：《汕头市侨批业等十个行业平均工资比较表》（1953年），广东省档案馆藏广东省华侨事务委员会档案，全宗号247，目录号1，案卷号72，第45页。

1952年6月13日政务院下发了《关于结束"五反"运动中几个问题的指示》，[①] 历经半年的"五反"运功宣告结束。1956年2月24日中共中央政治局正式通过的《关于资本主义工商业改造问题的决议》如下评价了"三反""五反"运动："在国民经济恢复时期的末年，即一九五二年的三反五反的斗争，开始造

[①]《关于结束"五反"运动中几个问题的指示》（1952年6月13日），《中国资本主义工商业的社会主义改造·中央卷》（上册），北京：中共党史出版社，1992年，第329－331页。

成了我们国家有可能完全控制资本主义工商业的局面。在三反五反运动以前，由于资本主义经济在整个国民经济中起着巨大的作用，工人阶级还没有对资产阶级进行激烈的斗争，资产阶级就还保持着很大的威风。三反五反的斗争唤起了工人阶级的高度自觉，打退了资产阶级用‘五毒’行为向国家机关和工人阶级的猖狂进攻，使资产阶级原有的威风在绝大多数企业中扫地以尽；在一部分中小企业中资本家虽然还有一些余威，但是也比过去大大低落了；这就使得工人的监督从此在很多企业中逐步地建立起来，很多资本家实际上丧失了或者基本上丧失了控制企业的权力。这是一个根本的变化。这个变化说明：作为一个阶级来说，资产阶级已被工人群众和工人阶级所领导的国家的威力所压倒了。"① 政府终于在很大程度上控制了私营工商业，这为政府有计划地推动经济发展铺平了道路。但运动后为继续发展经济以将工人斗争的情绪引向生产，并同时解决劳资关系中出现的严重错误和偏向，政府又采取了一些缓和与补救措施，这不仅是因为当时资方在私营工商业发展方面的地位尚无法完全取代，而且也是因为大规模社会动员在达到一定程度后也需要加以控制，这样才能维护社会稳定，推动经济发展，因此广东侨批业的管理政策也得到了调整。

"五反"结束后广东省侨委先后就澄海店市和揭阳税务所多征收侨批业营业税一事，通知当地税务机关将多征数额予以全部退回。② 汕头市委也在华侨工作会议上对侨批业奖励金问题做出讨论，考虑到"凡是从业人员都是贡献出劳动力去争取侨汇的，尤其经、司理及从业资方其所负担，都数主要任务，对于争取侨汇，推展业务对海外联系作用至大，是应受奖励者，自停止分配奖励金之后，其薪金收入反比一般工友微薄，拨诸事理殊未尽宜，且于奖励之旨尤为违背"③，故为稳定资方情绪起见，仍允许其支取奖励金劳方一份下应得数额。

1953 年 6 月广东华侨福利会议召开，对包括奖励金在内的侨批业劳资关系做出了新的规定。该次会议提出，对侨批业劳资关系本着"坚决贯彻劳资两利政

---

① 《关于资本主义工商业改造问题的决议》（1956 年 2 月 24 日），《中国资本主义工商业的社会主义改造·中央卷》（下册），北京：中共党史出版社，1992 年，第 1055 页。
② 《汕头、大埔、东莞、揭阳侨汇业提案汇编》（1953 年 6 月），广东省档案馆藏广东省华侨事务委员会档案，全宗号 247，目录号 1，案卷号 41，第 50 页。
③ 《汕头市委华侨工作会议关于华侨工作的决定》（收入 1953 年 1 月 26 日中共中央华南分局第一次华侨工作会议文件汇辑），广东省档案馆藏广东省华侨事务委员会档案，全宗号 247，目录号 1，案卷号 40，第 28 页。

策，既保障资方应得之合法利润，也保障劳方之合理的福利要求和工资收入，既保障劳方之监督权，也保障资方之财产所有权，业务管理权和人事使用权互相不受侵犯"①。在此前提下，根据广东侨批业的实际经营情况和困难，省侨委和华南财委经过研究慎重决定，将侨批业奖励金由千分之五提高到千分之七点五，以改善侨批业经营，积极推动争取海外汇源；奖励金分配不再一分为三而要全部属于企业收入；侨批业在试办期间的奖励金，按原规定是在试办期满后，成为正式批业时发给，如有漏未核发者，一律补发，未领试办执照而经银行同意准予先行办理侨汇业务，并且目前仍在继续经营者，其试办以前之奖励金（如四会钟华兴批局1950年以来应发未发的奖励金）均应补发；侨批员（即侨信员，1953年中央统一改称侨批员，下章详述）在国外收批，本人因事未返国，委托批局调款，指定由其眷属代解批款，批局应将结汇所得全部奖励金交给侨批员眷属作为批佣；关于侨批局委托银行转解侨汇，今后银行必须区别自收不解和自收自解两种方式，凡批局委托银行转解侨汇，均要向银行付转解费千分之二点五，若属于侨批局调拨性质的汇款则一律免予收费。②

在广东华侨福利会议后，汕头市率先对该市42家有海外联系的甲种批局制定了《汕头市侨批业调整工资草案》，并得到了广东省侨委的批准。该草案明确表示调整工资的目的在于：第一，贯彻中央及分局对侨汇问题的政策及省华侨福利会议精神，把银行奖金及批力全部归企业收益，建立合理制度，使劳资关系走上正常的道路，与帝国主义做经济斗争，刺激发展侨汇事业；第二，通过建立新的工资、奖励制度，解决工人特别是内勤与外勤工人的团结问题，并保障工人的生活能够安定。③ 草案规定：由于各批局经营能力不同，收入差异较大，因此根据1952年的经营收入统计，把42家甲种侨批局分为甲、乙、丙三类（详见表3），正式取消各批局包括银行奖金、批力、年终腰奖金等在内的变相工资，改将甲类批局变相工资的50%、乙类批局的60%和丙类批局的70%加入基本工资以成为固定工资。但由于侨批业内部经营分工不同，职务工资又有具体规定，如甲

---

① 《伍治之同志在广东华侨福利会议的总结报告》（1953年6月26日，华南分局统战部），广东省档案馆藏广东省华侨事务委员会档案，全宗号247，目录号1，案卷号41，第4页。

② 《伍治之同志在广东华侨福利会议的总结报告》（1953年6月26日，华南分局统战部），广东省档案馆藏广东省华侨事务委员会档案，全宗号247，目录号1，案卷号41，第4-5页。

③ 《汕头市侨批业调整工资草案》（1953年7月24日），广东省档案馆藏广东省华侨事务委员会档案，全宗号247，目录号1，案卷号72，第37-38页。

类批局中因理批、出纳和文书这一类职务基本工资本来就高，即使变相工资按50%加入后其固定工资仍很高，因此理批、出纳和文书的变相工资需按40%加入基本工资，同理乙类批局中理批、出纳和文书则按50%加入基本工资，丙类批局则因工资基数本来就小，故不改变。奖励制度方面，草案按《私营企业暂行条例》的精神，规定各批局年终结账时可在净利润中抹出10%至20%作为奖励金，一般应为20%，个别店号因工人人数太少等情况可适当降低，但各职务的工资最高不得超过固定工资的120%，最低不得低于固定工资的60%。而且奖励金在分配时应先抹出4%至7%给外勤工人，其余再按各工人工资多少的比例进行分配，生产成绩好的，经工人民主评议后可多分一点，资方从业人员的奖金，同样在职工20%的奖金内分配。[1] 经过工资调整后，以1952年侨批业经营情况为基础计算，汕头市42家甲种侨批局职工收入将减少60 481.2万元人民币，国家税收增加17 028.4万元，企业收益增加10 260.7万元，职工固定工资和年终盈余奖金收入的总额是196 858.3万元，占原收入的86.39%。[2] 汕头市侨批业工资的适度调整，及时改善了"五反"后劳资不合理的状况，为广东侨批业管理政策进一步转变提供了条件。

表3　汕头市42家甲种批局分类及部分职务平均工资统计表

单位：千元人民币

等级	职务									
	会计、外勤		出纳、文书、理批		交收		炊事、勤杂		洗衣	
	人数	平均工资	人数	平均工资	人数	平均工资	人数	平均工资	人数	平均工资
甲	29	662.4	20	598	13	494.2	15	350	4	271.5
乙	30	595.1	45	535.9	23	423.9	40	327.4	9	212.2
丙	25	367.4	21	318	9	265.9	20	230.9	4	149.4

资料来源：《侨批业各职务平均折实工资统计表》（1953年，汕头市），广东省档案馆藏广东省华侨事务委员会档案，全宗号247，目录号1，案卷号72，第46页。

[1]《汕头市侨批业调整工资草案》（1953年7月24日），广东省档案馆藏广东省华侨事务委员会档案，全宗号247，目录号1，案卷号41，第38—43页。
[2]《函复同意汕头市侨批业调整工资草案》（1953年8月31日），广东省档案馆藏广东省华侨事务委员会档案，全宗号247，目录号1，案卷号41，第33页。

　　从1950年下半年到1953年上半年这一阶段，反禁运斗争、土地改革和"五反"运动先后得以开展，这三大运动绝不能被视为三个独立发生的事件，它们不仅在事件发生的时间、空间上有所交错，而且对广东侨批业的影响更是步步深入。如果说新中国成立初期广东侨批业管理政策未达到管理目的是因为客观经济条件干扰的话，那么朝鲜战争后政府对广东侨批业的不断控制，则是在政府对各经济部门不断加强控制的条件下得以完成的，即打击外汇黑市、禁止兼营土地和劳资共同进行生产经营管理。实际政府已成为推动三大运动背后的那只看得见的手。这一过程既是新中国成立初集中社会资源加快经济建设的继续，也是中国推行国家主导型经济的必然要求，更是政府主动创造和利用任何可能的契机以推动国有化进程的真实反映。而这一时期的国际环境和国家能力也为此提供了必要条件。

　　朝鲜战争爆发后中国所处的国际局势十分恶劣，新中国在经过半年多经济恢复后刚趋稳定的财经状况，要应对国际强大的经济、军事压力和加速国内经济建设，因此政府只有大力推行对除国有经济以外所有重要经济部门的国家控制政策，将社会资源迅速集中以缓解国内外压力，而外贸、农业、私营工商业作为中国最主要的三个经济部门，无疑要成为国家控制的对象。政府在推行控制政策时采用了群众运动形式，之所以采取大规模社会动员，不仅是因为它一旦展开即有规模大、效果明显的优点，而且更重要的原因在于它是新中国政权巩固的必要手段，是国家能力的体现。从土地革命开始，发动底层群众打破传统社会统治秩序，进行社会阶级再区分和生产资料再分配的动员运动，已成为中国革命得以胜利的最宝贵经验，"将敌人淹没在人民群众的汪洋大海中"的口号正是这一革命经验的鲜明体现，它历经抗日战争、国共内战，成为中共领导人最熟悉和最善用的斗争武器。因此，新中国成立后继续运用这一运动形式，不仅是巩固新政权革命合法性的要求，也是新中国面对国内外压力获取最主要支持力量的来源，而且新中国成立后中共最高领导层将这一形式由农村发展到城市，在此基础上形成了城市与农村的双重动员。虽然这一形式极易产生过激行为和工作偏差，但它能在短期内冲破地主、私营工商业主等的阻碍，使政府逐步控制主要的非国有经济部门，而在此基础上的补救措施和调整，却绝不能视为政府和私有经济部门在利益分配方面的左右平行移动，它是国家对国有化过程中负面效应的自行纠正，是政府在发动下一次运动前对社会动员的暂时收缩，因为社会经济的发展需要一个平

稳安定的社会秩序，以便贯彻运动成果，推进经济发展。因此，当时在国际环境和国家能力条件下发起的三大运动，初步实现了政府对非公有经济部门国有化的控制，而在此基础上的补救措施和调整，则为下一步国有化层面的再调整，加快经济发展创造了条件。

第五章 总路线的提出与广东侨批业管理政策的全面转变

　　1953年中共中央提出了由新民主主义向社会主义社会过渡的总路线，指出"从中华人民共和国成立，到社会主义改造基本完成，这是一个过渡时期。党在这个过渡时期的总路线和总任务，是要在一个相当长的时期内，逐步实现国家的社会主义工业化，并逐步实现国家对农业、对手工业和对资本主义工商业的社会主义改造"[①]。这条总路线以后被简称为"一化三改"。制定以工业化特别是重工业化发展为中心的总路线，标志着中国经济发展走上了赶超战略道路。而作为资本主义工商业之一的侨批业，在总路线提出前的国有化进程中实已具有了"国家资本主义的低级形式"[②]，为了争取更多的侨汇资源成为重工业建设的必备资金，1954年1月中财委提出了"维持保护，使其长期存在"的方针，[③] 在此基础上广东侨批业管理政策进行了全面积极调整。

一、赶超战略与广东侨批业的重要性

　　所谓赶超战略，是指"不顾资源的约束而推行超越发展阶段的重工业优先发展战略"。[④] 之所以将其称为"赶超"，是因为这种战略所确定的产业目标，与资

---

　　① 《为动员一切力量把我国建设成为一个伟大的社会主义国家而斗争——关于党在过渡时期总路线的学习和宣传提纲》（中共中央宣传部1953年12月制发，经过中共中央批准），《中国资本主义工商业的社会主义改造》（上册），北京：中共党史出版社，1992年，第504页。

　　② 《对争取华侨投资及对国内私营华侨工商业进行社会主义改造的初步意见》（1956年1月，广东省侨委党组），广东省档案馆藏广东省华侨事务委员会档案，全宗号247，目录号1，案卷号151，第145页。

　　③ 《冯白驹同志在华南侨务工作汇报会议的总结报告》（1954年5月），广东省档案馆藏广东省华侨事务委员会档案，全宗号247，目录号1，案卷号79，第3页。

　　④ 林毅夫、蔡昉、李周：《中国的奇迹：发展的战略与经济改革》（增订版），上海：上海三联书店、上海人民出版社，1999年，第38页。

源禀赋所要求的产业结构之间存在巨大的差异。在一个开放的竞争性市场经济中，一个资本有机构成结构和资源禀赋结构相距甚远的产业（包括在资金相对稀缺的经济中资金相对密集的重工业，以及在资本相对密集的经济中劳动力相对密集的轻工业），在市场竞争中是无法获得社会可接受的利润水平的，甚至会发生严重的亏损，因而是没有自生能力的。以发展没有自生能力的产业为目标的战略就是赶超战略。①　而新中国成立初期在经济发展方式上选择了赶超战略，首先与当时新中国对没有市场自生能力的重工业的需求紧密相关。

重工业是指从事生产资料生产的工业部门，包括燃料、电力、冶金、机械、化学、建筑材料等许多部门，它为工业、农业和国民经济其他部门提供原料、燃料、动力和现代化技术设备，是实现社会扩大再生产的物质基础，同时重工业的发展规模和水平，也是国家经济实力和独立富强的重要标志，②　因此新中国成立后中共最高领导层为巩固新政权就首先选择了发展重工业。正如 1953 年 1 月 1 日《人民日报》发表的题为"迎接一九五三年的伟大任务"的社论中所说，"经济建设的总任务就是要使中国由落后的农业国逐步变为强大的工业国，而要达到这个目的，就必须首先着重发展冶金、燃料、电力、机械制造、化学等项重工业，因为正如斯大林同志在《第一个五年计划的总结》中所说，'只有重工业才能既改造并推进整个工业，又改造并推进运输业，又改造并推进农业'。工业化——这是我国人民百年来梦寐以求的理想，这是我国人民不再受帝国主义欺侮、不再过穷困生活的基本保证，因此这是全国人民的最高利益。全国人民必须同心同德，为这个最高利益而积极奋斗"③。

其次，发展重工业与新中国成立以来中国周边的安全局势日益恶化有重要关系。朝鲜战争爆发后，中美在朝鲜半岛发生了军事对抗，台海危机不断升级，以美国为首的部分国家和地区又对中国进行了大规模的货物禁运和"经济制裁"，阻碍了中国正常的对外贸易关系发展。在这种国际政治、经济、军事格局下，中国必须建立比较完备、自成体系的工业基础，以应付种种国际压力，而重工业的

①　林毅夫、蔡昉、李周：《中国的奇迹：发展的战略与经济改革》（增订版），上海：上海三联书店、上海人民出版社，1999 年，第 38 页。
②　于光远主编：《经济大辞典》（下册），上海：上海辞书出版社，1992 年，第 1737 页。
③　《迎接一九五三年的伟大任务》（1953 年 1 月 1 日《人民日报》社论），中共中央文献研究室编：《建国以来重要文献选编》（第四册），北京：中央文献出版社，1993 年，第 2 - 3 页。

兴建和发展无疑是这一基础实现的前提条件。①

再次，新中国选择重点发展重工业与工业化积累方式的约束条件也有关。新中国成立初期是一个农村人口占总人口80%～90%的国家，其中大多数处于贫困状态中，如果发展以消费品生产为主的轻工业，那么就会遇到市场狭小、需求不足的问题，从而很难取得工业化发展所必需的资金积累，而重工业就不同，它是从事生产资料生产的部门，具有内部循环、自我服务的特点，因此可以克服中国因农村人口过多而造成的工业品市场需求不足这一约束，从而超阶段地实行工业化建设。②

但是在新中国成立初期发展重工业却与中国资源禀赋的现实产生巨大矛盾。重工业发展有三个基本特征：建设周期长，收效慢；大部分设备需要从国外引进；建设开始所需投资规模巨大。而中国社会当时的现实情况却是：国穷底薄，资金短缺；外汇缺乏，由市场决定的汇率水平高；经济剩余少，资金动员能力弱。③ 要突破中国资源禀赋约束而跨阶段地发展重工业，就必须进一步加强国家对社会资源的集中和掌控程度，对资源实行有计划的配置和管理，这样才能改变由市场决定的生产要素价格以降低重工业发展的成本，这就是赶超战略道路。因此手工业的合作化、私营工商业的国有化和农业的集体化以至于人民公社化，都是重工业启动的根本保证，而且新中国前期实行的反禁运斗争、土地改革、"五反"运动等，都为这一保证奠定了初步基础。从1953年起中国开始执行全面贯彻总路线发展国民经济的第一个五年计划（1953—1957年）。1953年9月8日周恩来在向全国政协常务委员会所做的《过渡时期的总路线》报告中，提出了"一五"计划的任务，"首先集中主要力量发展重工业，建立国家工业化和国防现代化的基础；相应地培养技术人才，发展交通运输业、轻工业、农业和扩大商业；有步骤地促进农业、手工业的合作化和对私营工商业的改造；正确地发挥个体农业、手工业和私营工商业的作用。所有这些，都是为了保证国民经济中社会主义成份的比重稳步增长，保证在发展生产的基础上逐步提高人民物质生活和文

---

① 林毅夫、蔡昉、李周：《中国的奇迹：发展的战略与经济改革》（增订版），上海：上海三联书店、上海人民出版社，1999年，第31页。

② 林毅夫、蔡昉、李周：《中国的奇迹：发展的战略与经济改革》（增订版），上海：上海三联书店、上海人民出版社，1999年，第31－32页。

③ 林毅夫、蔡昉、李周：《中国的奇迹：发展的战略与经济改革》（增订版），上海：上海三联书店、上海人民出版社，1999年，第36－37页。

化生活的水平"①。

面对赶超战略的选择和"一五"计划的开展，新中国对建设资金的需求尤显迫切，1953 年 1 月 1 日《人民日报》的社论提出，"为了保证国家建设的投资，必须继续厉行节约，精打细算，把能节省的每一文钱都用到建设上来，向铺张浪费，不计算成本以及供给制观点进行坚决无情的斗争"②。在此情况下，作为外汇重要来源的侨汇势必成为国家急需争取的重点资金，但要扩大汇源，增加侨汇收入，就必须首先转变对广大侨批业的管理政策，使之在国家控制的基础上又有充分的积极性以经营海外侨汇。正是在此要求下，广东侨批业再次受到特别重视。

1953 年 1 月召开了"华南分局第一次华侨工作会议"，会议上下发的《广东省侨汇情况及其存在问题报告（草案)》对广东侨汇及侨批业的重要性做了明确说明。"广东省侨汇占全国百分之六十以上，居全国及华南区外汇收入的第一位。广东籍国外华侨人口七百万人，其中约有半数与其国内家属在经济上有着不同程度的联系。他们大部分是主要劳动力在国外，眷属及父母在国内，人口估计约六百万人，其中主要与次要依靠侨汇为生者在三百万人以上。"③"据一九五二年中国银行统计：小笔赡家费占侨汇总数百分之九七点七三；储蓄占百分之一点零二；投资生产占百分之零点二；商业汇款百分之零点五三；机关汇款零点五一；捐献零点零一。根据以上情况看，广东省侨汇问题是关系着广东省几百万侨眷和国家外汇收支的大问题；而对于主要侨区的经济繁荣与保证侨眷生活更有决定性的影响。"④ 而广东侨批业在侨汇寄递中发挥了重要作用，"侨批业包括在国外走私、带货、吸收'山芭'（内地）侨汇的水客，由于有着较长的历史，和反对帝国主义限制与逃避国民党敲诈侨汇的斗争经验，因此，已有一定的群众基础，确

---

① 周恩来：《过渡时期的总路线》（1953 年 9 月 8 日），中共中央文献研究室编：《建国以来重要文献选编》（第四册），北京：中央文献出版社，1993 年，第 353 – 354 页。

② 《迎接一九五三年的伟大任务》（1953 年 1 月 1 日《人民日报》社论），中共中央文献研究室编：《建国以来重要文献选编》（第四册），北京：中央文献出版社，1993 年，第 5 页。

③ 《广东省侨汇情况及其存在问题报告（草案)》（收入 1953 年 1 月 26 日中共中央华南分局第一次华侨工作会议文件汇辑），广东省档案馆藏广东省华侨事务委员会档案，全宗号 247，目录号 1，案卷号 40，第 47 页。

④ 《广东省侨汇情况及其存在问题报告（草案)》（收入 1953 年 1 月 26 日中共中央华南分局第一次华侨工作会议文件汇辑），广东省档案馆藏广东省华侨事务委员会档案，全宗号 247，目录号 1，案卷号 40，第 47 页。

定团结和改造（鼓励其走帝国主义的私，取缔其套取国家外汇和走国家的私）侨批业、水客的正确政策，是沟通侨汇的主要条件之一。解放前，国内外侨批业收汇占总数百分之八十以上，解放后，虽然国内侨汇业收汇数字减少，但国外侨汇绝大部分仍由侨批业经收，转由其国内联号或香港中国银行及指定银行转付侨眷。国家银行在解付国内侨汇上，今天虽具备了代替侨汇业的条件，但在帝国主义封锁下，国家银行还不能和国外侨批业取得联系并指导其进行反限制的斗争，因此私营侨批业的存在还有必要。在广东有计划地组织侨批业、水客研究反限制的工作是很重要的，今后应加强这方面的工作"①。

会议最后由廖承志做了总结报告，报告要求对前一阶段土改的错误做法坚决予以纠正，以保护侨汇和侨批业，其中主要涉及四个问题：第一，划阶级成分问题。报告要求把封建剥削与国外资本主义剥削分开，划国内阶级时必须把国外阶级成分与国外劳动力估计在内，小土地出租者，不超过当地小地主平均数及确实无劳动力者，虽超过却超过不多者，均不划为地主；要把小贩、独立劳动者与工商业资本家区别开来；贫雇中农不应因有侨汇而提高其成分。第二，余粮及土地问题。坚决不准追余粮至国外，复查区侨户地主追余粮事一律结案作罢，打错了和追得多的尽量给予补偿，土地问题也依此处理。第三，房屋问题。对真正是自己队伍的侨户，如果错没收了应尽量退还，如不能退还就要签借约，承认其所有权并发给房照；国外是资本家的，除原来已由农民住下的房屋，其余的要承认其所有权并发给房照，以和地主有所区别。第四，其他问题。侨汇坚决不准动，保障侨汇所有权；斗错的贫雇中农也应参加农会给予与农民同样的待遇；侨户地主要求到城市从事其他职业，或留在乡村依靠侨汇为生均可允许。②

1953年6月广东省侨委又负责召开了广东省华侨福利会议，专门召集省内外侨批业代表共同商讨侨批业管理政策的改善问题，会议上中国银行广州分行邢刚明经理做了《关于侨汇问题的报告》，他明确谈到三年来广东侨批业管理政策中的三点不足：第一，我们过去对侨汇业并不是每一个人都很重视，对侨汇业的特

---

① 《广东省侨汇情况及其存在问题报告（草案）》（收入1953年1月26日中共中央华南分局第一次华侨工作会议文件汇辑），广东省档案馆藏广东省华侨事务委员会档案，全宗号247，目录号1，案卷号40，第47页。

② 《廖承志同志在华南分局第一次华侨工作会议上的总结报告》（1953年1月），广东省档案馆藏广东省华侨事务委员会档案，全宗号247，目录号1，案卷号40，第5-9页。

点与困难体会不足，因而对存在若干问题的解决是不及时的，有些可以解决的困难没有及时解决。而且对侨汇业的政治思想教育不够，以致有一些不必要的顾虑未及时解除，导致影响业务的开展。第二，对侨汇业在组织上缺乏经常和具体的领导与业务的研究，因而各部门与侨汇业的联系不够，未能经常地吸取反映意见，研究业务交流经验，以致在一些侨汇业中产生消极被动情绪，使业务不能及时改进与发展。第三，个别地区干部由于对侨汇工作重视不够，以致在工作中发生若干缺点甚至错误。① 考虑到侨批业在办理侨汇工作中的重要性，因此他提出必须纠正侨批业管理中存在的这些不足，要依靠银行、侨批业具体做好组织与沟通侨汇、服务侨眷侨胞的工作，发挥他们的积极性与创造性，更好地为侨眷侨胞服务。②

1954年5月召开的"华南侨务工作汇报会议"上冯白驹所做的报告，再次强调华南区侨汇和侨批业的重要性，他说"侨汇是我国最大量最经常和最可靠的外汇来源之一，它是建设社会主义工业化的一种资金积累。同时它也是沟通祖国与华侨联系的桥梁，是打击帝国主义，特别是美帝国主义，孤立蒋匪帮，争取华侨的一个重要武器。所以，从总路线出发，我们对争取稳定和发展侨汇，支援祖国经济建设，应该坚决负起责任，加强信心，争取完成这一繁重任务"③。而且必须认识到侨批业对冲破帝国主义封锁侨汇是有着很大作用的，同时也"必须认识侨批员在国外深入穷乡僻壤收揽侨汇，密切联系侨胞侨眷，以及在对帝国主义进行反封锁反限制斗争中，是有其积极作用的。因此，应根据中央对侨批员'防止特务钻空，其他一切从宽'，'登记手续力求简便迅速'的指示精神，尽量便利其出入国，对侨批员在国内家庭中被划为地主者，如其本人的主要生活来源不是封建收入，则其身份应按侨批员待遇，只要不是反革命份子，只要今天能联系国外侨胞，争取侨汇，就应当鼓励其恢复从事侨批员的职业"④，以提高其经营积极性。

---

① 《中国银行广州分行邢经理关于侨汇问题的报告》（1953年6月），广东省档案馆藏广东省华侨事务委员会档案，全宗号247，目录号1，案卷号41，第37页。
② 《中国银行广州分行邢经理关于侨汇问题的报告》（1953年6月），广东省档案馆藏广东省华侨事务委员会档案，全宗号247，目录号1，案卷号41，第37页。
③ 《冯白驹同志在华南侨务工作汇报会议的总结报告》（1954年5月），广东省档案馆藏广东省华侨事务委员会档案，全宗号247，目录号1，案卷号79，第2页。
④ 《冯白驹同志在华南侨务工作汇报会议的总结报告》（1954年5月），广东省档案馆藏广东省华侨事务委员会档案，全宗号247，目录号1，案卷号79，第3页。

总路线的提出使广东侨批业再次得到高度重视，各项侨务会议后一系列改善广东侨批业经营的管理政策不断出台，侨批业积极性得到很大调动。

二、"侨批员"身份及其管理政策的确定

1953年5月政务院下发了《关于"侨批员"身份及待遇等问题的处理意见》，对水客管理政策再次做出调整。该文件共做出四项决定：第一，为区别替华侨携带侨汇家信的水客与专营带货走私的港澳水客起见，今后对前者应废用水客名称，也不用广东省侨委等提用的"侨信员"名称，而要一律改称"侨批员"。第二，对于"侨批员"应给予华侨身份，因为他们绝大多数原是在国外谋生多年的华侨，即以"侨批员"的生活来说，他们一年的大部分时间是生活在国外的。他们与华侨得享同等的地位和待遇。但在携带物品的待遇上则应与华侨有所分别，即为了鼓励多争取侨汇而不是从免税优待中套利，故"侨批员"不得与一般归侨同样享受一百五十万元的免税优待，但可享受一般旅客所得到的待遇。至于他们替华侨携带馈赠或寄家物品，如能提出具体人名、地址，可照章给予缴纳最低关税的优待，但此类物品有一定数量限制（数量标准由海关制定）。第三，纠正土改中错划"侨批员"为地主并致使其停业的做法。凡主要收入是依靠经营侨批业，则应承认其为"侨批员"；即使兼有土地出租，只要其出租土地的数量不超过当地小地主平均数量，则不应划为兼地主，而应划为侨批员兼小土地出租者；如确是小土地出租者而不是地主，只要他在政治上无问题，仍可准予继续从事"侨批员"的职业。第四，同意1952年广东省侨委等单位对"侨批员"必须登记审查的规定，审查机构为由广州外事处、广东省公安厅、广东省侨委、中国银行广东省分行等部门联合组成的"侨批员审查委员会"。今后凡从事"侨批员"职业者，均要向居住地公安机关进行登记，由居住地公安机关先行审查后将登记材料与审查意见送省审委会审查，再送省公安厅批准发给"侨批员"执证，并凭执证给予出入国境通行证。[①]

---

① 《关于"侨批员"身份及待遇等问题的处理意见》（1953年5月，政务院），广东省档案馆藏广东省华侨事务委员会档案，全宗号247，目录号1，案卷号72，第31-32页。

1953 年 9 月 18 日国家公安部将制定的《侨批员审查办法》《侨批员执证使用办法》与"侨批员登记表""侨批员执证样本",以(53)公治字第一〇六号文件发给广东省公安厅和中南公安局。《侨批员审查办法》主要规定:本办法以防止特务钻空,其他尽量从宽,登记审查手续必须力求简便迅速为原则。凡愿从事侨批员职业者,可向乡人民政府或派出所申请,由乡人民政府或派出所转报县(市)公安机关登记,填写"侨批员申请登记表"一份,交最近免冠一寸照片三张,由县(市)公安机关(如有侨务机关者则应会同侨务机关)负责根据侨批员条件认真审查,并提出初步确切的审查意见,然后连同登记表、相片及有关材料速呈省侨批员审查委员会核准。省侨批员审查委员会,由省侨委、中国银行、省公安厅、外事处、海关等部门联合组织,以省侨委为召集人,负责对侨批员审查批准,省公安厅根据审查委员会意见,签发侨批员执证,寄交原县(市)公安机关转交本人,同时抄登记表一份,贴相片送该员出入境地点之边防检查站以便核对。但有下列情形之一者不予批准:①被剥夺政治权利之被管制分子或受刑事处分在缓刑或假释期内者。②涉及正在侦查中之案件。③涉及民刑案件尚未结案,司法机关认为仍须留国处理者。④地主分子尚未依法改变成分者(原从事侨批业而在土改中被错划为地主或地主家庭出身本人未直接参加封建剥削者不在此限)。①

《侨批员执证使用办法》同时规定,侨批员出国办理的"侨批员执证"必须与"护照"或"出入通行证"共同使用方为有效。侨批员如赴已与我建立邦交国家,可凭证向外事机关申领"护照",如赴与我未建立邦交国家,应凭证向原地县(市)公安机关申领"出入通行证",按指定出境地点出境,外事处或公安机关在发"护照"或"出入通行证"时,可凭"侨批员执证"签发,不必再做审查,发证机关对"出入通行证"之有效日期应根据侨批员之业务需要具体掌握;为防止流弊,"出入通行证"上要注明以出入港澳一次为限,返国后向原签发机关缴销。"侨批员执证"有效期为两年。期满后向当地县(市)公安机关或原发证机关缴销,如要继续从事这项职业者,可凭旧证向发证机关换领新证,或请当地县(市)公安机关代向发证机关换领新证。侨批员最后一次出境,如返

---

① 《侨批员审查办法》(1953 年 9 月 18 日,中央人民政府公安部),广东省档案馆藏广东省华侨事务委员会档案,全宗号 247,目录号 1,案卷号 72,第 18 页。

回时已超过两年，经申明理由后，得视为有效。①

按照《侨批员审查办法》，广东省侨批员审查委员会（以下简称"侨审会"）于1953年12月4日正式成立，其第一届委员有省侨委伍治之、中国银行王辉、省公安厅张杰、外事处曹若茗、海关周然等。侨审会会议决定，该会不设正、副主任，以省侨委为召集人；侨审会下设办公室进行具体工作，地点在省侨委，侨审会对外不公开，故不刻侨审会印章，以省侨委印章代之；侨批员登记工作从12月中旬开始全面进行，由省公安厅通知各县公安局负责执行；侨批员执照及登记表由省公安厅统一印发，并尽快在一星期内印好。② 侨审会工作的开展为加强对侨批员的团结与管理，改进华侨政策，初步摸清全省侨批员情况打下了基础，同时也为今后领导侨批员沟通侨汇，提高经营积极性，支援社会主义建设提供了条件。

1953年12月22日侨审会会议即对侨批员遇到的问题做出处理决定：

第一，在海外的侨批员因返国有困难，但仍有外汇回来，是否可以登记的问题。会议认为应尽量争取其本人回来，但回来实有困难或顾虑者，当地政府如对他政治历史情况能初步掌握可给予登记。登记办法是由其家眷写明情况代为登记，并登记其国内主要代理人（用"侨批员申请登记表"，但注明为附表并与侨批员本人的表订在一起），将登记好的表送侨审会一份以便掌握。但由于侨批员本人尚在国外，故拟不发侨批员执照，待其本人回来后，经审查合格再发执照，为了便利登记这类人，公安局恐不易办理，故应由当地银行在结汇时主动介绍往公安局登记。

第二，对何类侨批员应补发奖励金问题。会议认为，如果过去向银行登记经同意经营的侨批员，现在仍继续经营而未发的应予补登；曾经一时中断，现在仍继续做的也可补发；过去有做现在不做的不补发；至于以前未向银行登记或未经银行同意的一律不予补登。

第三，本人在外收外汇，将款汇港后由港转汇其家属代解付，但其家属将款存入银行，要侨眷自己往其家属处要，然后才在银行提出解交的，应如何处理问

① 《侨批员执证使用办法》（1953年9月18日，中央人民政府公安部），广东省档案馆藏广东省华侨事务委员会档案，全宗号247，目录号1，案卷号72，第16页。

② 《侨批员审查委员会会议几项决定及补充办法》（1953年12月9日，广东省侨委），广东省档案馆藏广东省华侨事务委员会档案，全宗号247，目录号1，案卷号72，第11–12页。

题。会议认为，应给予侨批员及其家属教育，改变其经营方式，要亲自解付，不能等侨眷来拿，因为这不符合"便利侨汇，服务侨胞"的政策，如果其本人解付有困难，银行应争取代为解付，但需要说明银行扣去千分之二点五外尚有千分之五奖励金，利益不会少于存款利息，代解人是可以接受的。

第四，海口侨批员陈高英（译音）本人不到星马，由朋友汇批回来，但款到香港收购物品入海口后又由海口购土产运外事问题。会议认为这种行为系投机、取巧、套汇的不法坐商经营方式，但其也是因过去未有很好的管理所致，而且陈本人经营土产外销收汇的作用也有，因此可给予警告，停止其非法做法，改变其经营方式，说明侨批员必须出国后再利用侨汇款从香港买货进口，否则依法处理并取消其侨批员资格。

第五，侨批员是否要交营业税问题。会议认为，侨批员营业性质不同于一般工商业，为鼓励侨批员积极性起见，目前暂可不收，待研究呈报中央后决定。另外，侨批员只要有公安方面所登执照可不用再到工商局办理执照。在侨审会做出上述决定时，省侨委亦对侨批员在外受迫害可否按难侨待遇处理问题做出决定，根据中央侨委对侨批员出入国处理办法的指示精神，侨批员可按华侨身份待遇，因此倘若其因经营侨批业被迫害驱逐回国，人民政府应给予照顾。[①]

侨审会在改善侨批业管理政策方面发挥了重要作用，而且对管理政策中出现的新问题还不断进行调整。1955年4月16日侨审会又就1954年以来侨批员管理中存在的几个现实问题及解决办法做出决定，并上报中央侨委批准，其中主要涉及以下问题：

第一，大力促使侨批员复业问题。由于侨居国严格限制华侨出入境及侨批业经营，加之侨批员自身具有汇佣高、解付迟缓、资本微薄等缺点，致使收汇困难，经营亏本，侨批员人数锐减。据广东省侨委统计，1954年全省侨批员收汇仅48万美元，而88名现业侨批员因收汇额小，亏本的占到50%。为解决该问题，侨审会立即派出工作组深入重点县协助工作，了解情况，贯彻政策。中央侨委亦指示要采取积极措施，重点应推动国外侨汇管制严厉，批局收汇困难和国内因侨批员停止经营而侨汇不通或显著减少地区的侨批员恢复经营，鼓励侨批员在

---

① 《侨批员办公室工作会议讨论事项请示报告》（1953年12月22日），广东省档案馆藏广东省华侨事务委员会档案，全宗号247，目录号1，案卷号72，第64－65页。

侨居国交由当地侨批局代解代付，并取得一定手续费的做法。

第二，关于侨批员经由港、澳赴建交国使用出入通行证问题。海外侨批员返国要经港、澳进入内地，但因怕使用护照暴露身份，故常给港、澳警员暗付30元港币以免遭留难。为减轻侨批员负担，同意公安机关再发给出入通行证（即三联通行证）。

第三，关于侨批员出入国境地点问题。原先规定侨批员出国时从哪个关口出去还必须由哪个关口返回，给侨批员工作造成不便。侨审会经中央侨委批准，同意发给一些由深圳、拱北两地经港、澳前往侨居国，但出境前未能决定返国时从何处入境的侨批员执证，由边防检查站调回存放于省公安厅，以待他们回国后到广州再向该厅领取，以免往返不便。

第四，关于侨批员的利润问题。由于目前侨批员经营一般是收汇不多，获利少，相当一部分人还亏本，因此为适当提高他们的利润收入，同意他们携带土产品出国，并给予他们先出口后结汇或先交保证金后结汇的优待办法。[①]

为了照顾侨批员的利润，1955年6月广东省对外贸易局还专门制定了《侨批员携带土特产品出口的内部掌握试行办法（草案）》，办法规定：在不影响对外贸易管制政策的原则下，为适当照顾侨批员困难以鼓励其经营积极性，对侨批员携带超过自用限额以上土特产品出口适用本办法；侨批员携带土特产品出口（特许出口及禁止出口者除外），如能先交外汇，出口价值可不加限制，但所带物品应先征得有关出口专业公司审核同意；个别侨批员如先缴外汇有困难，经中国银行审查认为可靠者，可给予先出口后结汇或先交保证金后结汇的办法，但结汇期限不得超过出口后四十五天，具体日期可按实际情况由当地中国银行与海关决定；侨批员出口应按章向海关申领出口许可证，但为便利侨批员起见，无须提前向海关登记，凭侨批员执照即可申领，未领取执照者凭侨审会证明也可申领。[②]

正是在上述政策支持下，1954—1956年广东省侨批员复业情况大有好转，据省侨委统计，这一时期共有345人复业，按籍贯分布是大埔71人、新会11

---

① 《复关于侨批员问题的几个意见》（1955年12月6日，中侨委、外交部、对外贸易部海关总署、公安部、中国人民解放军公安军司令部、中国人民银行），广东省档案馆藏广东省华侨事务委员会档案，全宗号247，目录号1，案卷号72，第84—85页。

② 《侨批员携带土特产品出口的内部掌握试行办法（草案）》（1955年6月27日，广东省对外贸易局），广东省档案馆藏广东省华侨事务委员会档案，全宗号247，目录号1，案卷号186，第110页。

人、梅县113人、东莞26人、文昌15人、四会1人、汕头3人、顺德6人、中山2人、丰顺2人、海口18人、三水1人、蕉岭13人、五华1人、台山1人、开平2人、兴宁21人、揭阳4人、潮阳22人、普宁9人，惠阳、南海、花县各1人。[1] 其中大埔、梅县等地由于出去的华侨多在东南亚等国家，地理接近、交通方便，该地区侨批员的复业人数最多。侨批员的大量复业为争取更多侨汇收入奠定了基础。

三、华侨地富提前改变成分与重申保护侨汇所有权

广东侨批业管理政策的深入调整，也伴随着对农村侨户地富提前改变成分和坚决保护侨汇所有权的继续贯彻。

1955年华南分局代理书记陶铸指示，要根据新的形势和广东省的主客观条件，在全省范围内进一步广泛深入贯彻华侨政策，争取夏收前全部完成提早改变侨户地主的成分问题。在陶铸和方方的亲自带领下，中央侨委、华南分局统战部、广东省侨委、广州市侨务局、中国银行广东省分行共派出处级以上干部7人，科级干部8人，总共46人分赴粤东、粤西、粤中、粤北区各重点侨县，配合区党委县委工作组39人到梅县、潮安、潮阳、揭阳、饶平、惠阳、中山、台山、花县9个县的33个乡展开提早改变侨户地主成分的试点工作。这次试点，摘"帽子"、割"尾巴"的侨户地主共679名，占原有侨户地主717名的94.7%，工作做得较为彻底。其重新划分成分者以中山、花县、饶平、潮安9个乡339户为例，改为华侨工人162户，华侨小商85户，华侨工商业69户，小贩、自由职业、贫民共计23户，以侨工最多。受错误伤害的富农因各工作组对这个问题的认识尚不尽一致，材料不足，多数尚未深入摸底解决，其中只有中山提前改变5户，惠阳改了17户，潮安改了2户。这次试点有个别乡做得很彻底，尤其是花县坪北乡60户侨户地主全部改变成分，并且处理了土改中未没收分配

---

① 《广东省1954—1956年复业侨批员名册》（1957年2月23日，广东省侨批员审查委员会），广东省档案馆藏广东省华侨事务委员会档案，全宗号247，目录号1，案卷号231，第195–211页；《全省侨批员名册》（1957年，广东省侨批员审查委员会），广东省档案馆藏广东省华侨事务委员会档案，全宗号247，目录号1，案卷号231，第180–182页。

而为机关部队占用的侨户地主楼房 25 间半、平房 12 间，决定承认原业主所有权，订立租约，自 1955 年起按月付租，原业主住房有困难者亦拟做适当调整。①

1955 年提改成分的试点工作主要面向侨户地主，但试点工作对土改中的其他相关问题也做出了相应解决。

第一，关于华侨富农的成分问题。土改中农村富农主要有三种：①原非富农土改时被划为地主，复查时以其尚不够地主而降为富农，属于二次错划成分；②原为富农，土改时错划为地主，经过斗争清算，复查端正为富农，原有土地、农具被没收了，土改后生活主要靠侨汇；③原为富农，但新中国成立后或土改后已完全停止剥削。第一类富农在此次贯彻过程中大部分恢复了其本来阶级成分，其余仍在继续认真处理；第二类经过土改清算，可与侨户地主同样处理，只要基本守法可给予提前改变成分；第三类由于经过土改已无剥削，应改变其成分，使这部分人搞好生产，从而分化富农阶级，缩小打击面，扩大国外影响以争取侨汇。同时也可以实际例子教育未改变成分的富农好好守法生产，指出其改造的道路，以便配合农村互助合作运动，达到最后消灭富农经济的目的。

第二，关于华侨地主提早改变成分后的政治待遇问题。凡改变华侨地主成分而为华侨工商业家的，其本人和眷属可以参加供销社和信用社，以利引导侨汇投入生产，并加强对侨眷的社会主义教育，克服自发经济，而评为侨工、中农、贫农或其他成分的均一律按其新定的成分待遇。各地要尽量满足改变成分后的华侨、侨眷在使用侨汇盖房等方面对建材的需求，同时对其购粮证的成分也应尽快改为新成分，以使其得以配给与农民一样的口粮。

第三，对居留城市的侨户地主改变成分的问题。尽可能在原籍乡于贯彻政策时，按外出户处理，并通知其本人，或由城市的侨务或民政部门，主动地切实摸清侨户地主情况，去信征询原籍区乡政府同意批准，予以解决宣布。

第四，出国问题。除已掌握有材料的反革命分子、不能提早改变成分的地主、有民刑案件未了结者，以及携带走私、屡教不改者不予批准出国外，对申请晤夫、团聚、领汇、结婚、承继产业，办理居港证件等应迅速批准，办理手续亦要简便，而且准与不准的时间应有个限制（县报省不超过半个月），公安机关立

---

① 《广东省侨委会党组关于处理华侨地主提前改变成份的试点工作报告》（1955 年 2 月 3 日），广东省档案馆藏广东省华侨事务委员会档案，全宗号 247，目录号 1，案卷号 108，第 85 页。

即制定措施向下贯彻。

第五，侨批员成分问题。应该明确侨批员也是以自己的劳动去换取报酬的，如专务侨批员工作者，其成分应属职工，如兼其他小商贩，则按自由职业者待遇。①

此次试点工作取得了明显效果，首先，最主要的就是侨汇显著增加。如潮梅区 1955 年春季第一帮侨汇比去年同期增长 26.39%，第二帮批增长 30.69%，第三帮批因印度尼西亚、马来亚侨批局所经营暗批被捕数宗，因此比去年减少，但三帮批合计仍比去年增长 9%。广州市 1955 年 1 月侨汇比 1954 年同期增长 3.7%，粤西区增长 7.9%，中山县增长 13%。同期归国的 32 个侨批员则带进侨汇 85.84 万港元，侨批员的积极性不断提高。②

其次，试点工作加强了各阶层侨眷与农民的团结，扩大了向海外的正面宣传力度。许多"割去尾巴"的侨户通过各种方式表达了内心喜悦，惠阳坪山一户在春节时换上新的对联："恨只恨旧社会害我变为封建地主，喜则喜共产党改造我为劳动中农。"③ 潮安四联乡宋贞说，"以前听人说社会主义，觉得我这地主没有份，现在社会主义有份了，要写信到海外报喜"④。梅县侨批员李赞涛嫂在得知被"割尾巴"后，高兴得一夜不能睡，次日即寄航空信给其丈夫报喜，争取让他恢复侨批员旧业。⑤ 侨户成分的改变也增进了农村团结，潮安有侨户反映，"过去前前后后都是地主，谁也不敢打招呼，简直住不下去了，现在前前后后都是朋友，很高兴"⑥。中山沙涌、恒美等乡第一天宣布"割尾巴"，第二天开侨眷会时彼此就亲热地打成一片了。⑦

---

① 《广东省侨委会党组关于处理华侨地主提前改变成份的试点工作报告》（1955 年 2 月 3 日），广东省档案馆藏广东省华侨事务委员会档案，全宗号 247，目录号 1，案卷号 108，第 88－90 页。

② 《广东省侨委会党组关于处理华侨地主提前改变成份的试点工作报告》（1955 年 2 月 3 日），广东省档案馆藏广东省华侨事务委员会档案，全宗号 247，目录号 1，案卷号 108，第 85 页。

③ 《广东省侨委会党组关于处理华侨地主提前改变成份的试点工作报告》（1955 年 2 月 3 日），广东省档案馆藏广东省华侨事务委员会档案，全宗号 247，目录号 1，案卷号 108，第 85 页。

④ 《广东省侨委会党组关于处理华侨地主提前改变成份的试点工作报告》（1955 年 2 月 3 日），广东省档案馆藏广东省华侨事务委员会档案，全宗号 247，目录号 1，案卷号 108，第 85 页。

⑤ 《广东省侨委会党组关于处理华侨地主提前改变成份的试点工作报告》（1955 年 2 月 3 日），广东省档案馆藏广东省华侨事务委员会档案，全宗号 247，目录号 1，案卷号 108，第 85 页。

⑥ 《广东省侨委会党组关于处理华侨地主提前改变成份的试点工作报告》（1955 年 2 月 3 日），广东省档案馆藏广东省华侨事务委员会档案，全宗号 247，目录号 1，案卷号 108，第 86 页。

⑦ 《广东省侨委会党组关于处理华侨地主提前改变成份的试点工作报告》（1955 年 2 月 3 日），广东省档案馆藏广东省华侨事务委员会档案，全宗号 247，目录号 1，案卷号 108，第 86 页。

最后，提改成分还提高了干部的政策水平，使之认识到争取侨汇工作的重要性。各试点乡在贯彻解决提改成分问题时一般都通过召开区委会、乡党支部会、乡委会、人代会、侨眷会、群众大会和侨户地主会反复宣传，中山还结合县民兵会议、信用合作会议，台山结合区文书会议，普宁、开平结合区民政助理会议宣传华侨政策，花县为处理房屋问题召开了占用侨户房屋的机关部队会议，从内到外，从干部到群众层层贯彻。① 据不完全统计，仅粤东区各县受教育的干部与各阶层侨眷群众即达一万五千八百人以上，而台山、开平县都达五六千人，中山县亦达两千人以上。② 过去农村不少干部把照顾华侨简单地视为立场不稳，经过贯彻提改成分精神的学习后，思想都有所转变。中山一区林区长说："以前思想不通，认为华侨地主田多至几十亩几百亩，割尾巴是个立场问题，现联系到支援解放台湾与工业化，思想通了。且这次做法对头，能与生产结合，干部反映好，既贯彻了政策，也提高了他们的觉悟。"③ 潮安四联乡干部杨楚列说："过去对优待华侨政策不明确，认为华侨地主过去斗了，目前生活又好起来，农民永远赶不上，故看不起他们，现在才明确这是很重要的工作。"④

在试点工作的带动下，广东全省提改工作得到全面展开，侨汇收入不断增加，从中央到地方保护侨汇所有权的政策也得以一再重申。1955 年 2 月 17 日中央侨委会副主任廖承志在国务院全体会议第五次会议上，做了《华侨事务委员会、中国人民银行关于过去侨汇工作状况和改进今后工作问题的报告》，他重点谈到侨汇是社会主义工业化建设的主要资金来源之一，但在土改中竟出现了"普遍不重视侨汇，把争取侨眷参加互助合作运动争取侨汇和农业社会主义改造对立起来，因而在这样的思想指导下，便产生了一系列干涉侨眷使用侨汇的严重现象"⑤。目前当务之急是要尽快纠正这一现象，"大张旗鼓地依法处理一些情节恶

① 《广东省侨委会党组关于处理华侨地主提前改变成份的试点工作报告》（1955 年 2 月 3 日），广东省档案馆藏广东省华侨事务委员会档案，全宗号 247，目录号 1，案卷号 108，第 87 页。
② 《广东省侨委会党组关于处理华侨地主提前改变成份的试点工作报告》（1955 年 2 月 3 日），广东省档案馆藏广东省华侨事务委员会档案，全宗号 247，目录号 1，案卷号 108，第 87 页。
③ 《广东省侨委会党组关于处理华侨地主提前改变成份的试点工作报告》（1955 年 2 月 3 日），广东省档案馆藏广东省华侨事务委员会档案，全宗号 247，目录号 1，案卷号 108，第 86 页。
④ 《广东省侨委会党组关于处理华侨地主提前改变成份的试点工作报告》（1955 年 2 月 3 日），广东省档案馆藏广东省华侨事务委员会档案，全宗号 247，目录号 1，案卷号 108，第 86 页。
⑤ 《华侨事务委员会、中国人民银行关于过去侨汇工作状况和改进今后工作问题的报告》（1955 年 2 月 17 日），广东省档案馆藏广东省华侨事务委员会档案，全宗号 247，目录号 1，案卷号 136，第 3 页。

劣的典型事件，以教育群众和侨眷"。同时"贯彻侨汇政策，应当成为侨区各级政府的经常的重要任务之一。将侨汇工作摆到侨区各级政府今后日常工作的议程上，进行经常的布置，检查监督与总结，是贯彻侨汇工作的重要关键"[①]。

1955 年 2 月 23 日国务院总理周恩来签署了《中华人民共和国国务院关于贯彻保护侨汇政策的命令》，其中第二条明确规定："在动员侨眷参加各种合作社，进行爱国储蓄，购买公债时，必须贯彻完全自愿的原则。任何个人或团体不得向侨眷强迫借贷，不得积压侨汇，不得擅自检查侨批和以任何借口变相侵犯侨汇。凡有侵犯侨汇情事发生，必须分别情节论处；对于有意挪用、侵吞、冒领、盗取侨汇和敲诈侨眷的不法份子，必须依法制裁。"[②] 同年 5 月 14 日，中侨委又专门在全国展开关于保护侨汇宣传资料的印发工作，将中宣部宣传处编写的《对于保护侨汇问题宣传内容的几点意见》和《加强关于保护侨汇政策的宣传教育》两篇文章下发到各地供宣传工作者参考，以尽力贯彻保护侨汇政策。[③] 广东省 1955 年处理侵犯侨汇贪污勒索案件的情况统计详见下表。

广东省 1955 年处理侵犯侨汇贪污勒索案件情况统计表

地区	揭发宗数	处理情况							
		处理总数	判刑数					批评反省警告或调解处理	撤职开除党团籍
			合计	死刑	无期徒刑	半年至十五年徒刑	扣押		
开平	177	177	22	1		21		150	5
台山	167	167	17	2		15		150	
恩平	11	8	5			5			3
信宜	6	5	5			5			

①　《华侨事务委员会、中国人民银行关于过去侨汇工作状况和改进今后工作问题的报告》（1955 年 2 月 17 日），广东省档案馆藏广东省华侨事务委员会档案，全宗号 247，目录号 1，案卷号 136，第 4 页。

②　《中华人民共和国国务院关于贯彻保护侨汇政策的命令》（1955 年 2 月 23 日），广东省档案馆藏广东省华侨事务委员会档案，全宗号 247，目录号 1，案卷号 136，第 2 页。

③　《对于保护侨汇问题宣传内容的几点意见》《加强关于保护侨汇政策的宣传教育》（1955 年 5 月 14 日，中侨委办公厅），广东省档案馆藏广东省华侨事务委员会档案，全宗号 247，目录号 1，案卷号 131，第 40 - 42 页。

（续上表）

地区	揭发宗数	处理情况							
		处理总数	判刑数					批评反省警告或调解处理	撤职开除党团籍
			合计	死刑	无期徒刑	半年至十五年徒刑	扣押		
粤东区（18县市）	291	192	49	2	2	45		143	
文昌	6	5	2			2		3	
琼东	4	2	2		1	1			
海口市	3	1	1			1			
万宁	3	3						2	1
东莞	2	2	2			2			
番禺	1								
四会	6	6	1			1		5	
宝安	2	2	2			2			
新会	10	8	6	1		5		1	1
中山	12	8	3			3		5	
顺德	10	7	2	1		1		5	
鹤山	11	8	5			3	2	2	1
江门	1	1	1			1			
佛山	2	2	2			2			
石岐	1	1	1			1			
南海	4	4	2			2		2	
清远	22	22	4			4		18	
英德	3	2						2	
阳山	2	1						1	
从化	2	2						2	
花县	33	31	2	1		1		29	
增城	2	2	2			2			
总计	794	669	138	8	3	125	2	520	11

资料来源：《广东省一九五五年处理侵犯侨汇贪污勒索案件情况统计表》（1955年12月23日，广东省华侨事务委员会制作），广东省档案馆藏广东省华侨事务委员会档案，全宗号247，目录号1，案卷号136，第257页。

提改工作和保护侨汇措施对广东侨批业产生了积极影响，仅1955年一年，

侨汇收入即达到 7 055 万美元，比 1954 年增长 10.94%，该数额相当于同期广东省对外贸易总额的 70%。^① 投资、建设的大额侨汇也显著增加，如广州市侨汇万元以上港币的共 498 笔 1 388.5 万港元，千元以上的共 7 682 笔 2 832.5 万港元。华侨投资公司共收股款 406.79 万元人民币（新币），超过 1953、1954 年的华侨投资总额。广州市华侨新村收到建造房屋的款项亦有上百万元，登记并交款托建的已有 40 座，超过原先 35 座的最高计划。^② 另外，据 56 个县市材料统计，提前改变华侨地主成分的侨户共 22 426 户，占原来侨户地主总数的 94.76%，改变侨户富农 8 233 户，占原侨户富农总数的 91.91%，港、澳地主改变成分的 4 198 户，占原总数的 75.82%。^③ 同时农村华侨房屋所有权和城市侨产纠纷的遗留问题也得到处理。广州 1 200 宗华侨房屋纠纷案已处理了 70%，汕头也处理了 484 宗，潮安、花县、揭阳、梅县、普宁、江门、佛山等县、市共处理了土改中的华侨房屋遗留问题 2 091 宗（间），按照政策清退或租借。^④ 各地对加强侨批业、侨批员的领导管理工作和有关华侨出入国、侨户粮食供应等政策问题均加以贯彻落实。

四、邮资、税收、奖金与侨汇管理政策的重新制定

（一）回批邮资的调整

1953 年 2 月 6 日汕头市侨批业同业公会就暗批寄港转递应如何支付邮资一事，向广东省侨委、中侨委、中央邮电部、中国人民银行总行提交报告要求解决。^⑤ 原来新中国成立初期由于英国在新加坡殖民当局限制侨汇，每月仅允许有

---

① 《一九五五年广东侨务工作总结》（1956 年 1 月 24 日，广东省侨委会），广东省档案馆藏广东省华侨事务委员会档案，全宗号 247，目录号 1，案卷号 108，第 23 页。
② 《一九五五年广东侨务工作总结》（1956 年 1 月 24 日，广东省侨委会），广东省档案馆藏广东省华侨事务委员会档案，全宗号 247，目录号 1，案卷号 108，第 23 页。
③ 《一九五五年广东侨务工作总结》（1956 年 1 月 24 日，广东省侨委会），广东省档案馆藏广东省华侨事务委员会档案，全宗号 247，目录号 1，案卷号 108，第 23 页。
④ 《一九五五年广东侨务工作总结》（1956 年 1 月 24 日，广东省侨委会），广东省档案馆藏广东省华侨事务委员会档案，全宗号 247，目录号 1，案卷号 108，第 23 页。
⑤ 《照抄汕头市侨批业同业公会一九五三年二月六日应业字第卅七号报告一件》，广东省档案馆藏广东省华侨事务委员会档案，全宗号 247，目录号 1，案卷号 72，第 53－57 页。

居留证的华侨汇寄家属赡养费一月一次，且最高限额为45元叻币，超过者要受其严厉惩罚，而华侨需汇款返家超过一月一次和最高限额的人很多，因此当地侨批业遂采用了符合规定的汇款明批直寄，超过规定的汇款则通过暗藏于货件之中或托航空人员秘密携带，以暗批形式寄香港再转递内地。为了配合侨批业掩护暗批不被发现的目的，1950年8月召开的全国侨眷福利会议决定，暗批回批在由中国内地寄返香港时不必按国外航空邮费贴足4 600元人民币（旧币），只贴足寄港邮费800元即可，其后再由侨批业将回批从香港寄回侨居国，这一做法既使侨居国政府不易发觉是中国大陆回批寄返本国，又为海外华侨节省了3 800元邮费，可谓一举两得。但这一决定在汕头执行过程中却未被贯彻实施，汕头邮电局以限额下侨汇回批孰为明批孰为暗批判别困难为由，便自行决定超过海外侨居国侨汇限额的回批，可按800元邮资寄返香港，而在限额以内者无论明批暗批，全部按国外航空邮费收取邮资4 600元，同时还要侨批业保证不将明批纳入暗批。汕头市的这一决定使得限额内寄港暗批需付足国际航空4 600元邮费，很容易引起港方怀疑，致使暗批暴露，影响海外侨批业经营。所以1953年汕头市侨批业同业公会向中侨委等部门提交报告，要求凡寄港转递的回批全部照贴寄港邮资800元，以掩护暗批安全，同时暗批回批寄出国外用平邮或空邮，应由寄信人自己决定，不能硬性规定用空邮以免增加侨胞负担，再者应废止让侨批业保证不将明批纳入暗批的规定，使侨批业能灵活采取反限制斗争。[①]

1953年3月中侨委、中央人民政府邮电部、中国人民银行总行发出联合指示，指示要求：暗批寄港转递邮资一律收4 600元之规定，应立即纠正，改为一律收800元；关于保证明批不投入暗批问题，应贯彻"明来明去，暗来暗去"的方针，必须把明批与暗批的界线分清楚（由汕头市和侨批业同业公会会同研究分划），必须贯彻"努力争取明批，尽量发展暗批，以争取明批来掩护暗批"的方针。[②]为此汕头侨批业同业公会与国内外同业应一致遵行以下规定：①国内侨批业应彼此保证，不将明来的明批改作暗批寄出（如遇特殊情况，经当地邮电局、侨务局及银行同意者例外），以利掩护暗批，保卫侨批业、侨胞、侨眷的长远利

---

① 《照抄汕头市侨批业同业公会一九五三年二月六日应业字第卅七号报告一件》，广东省档案馆藏广东省华侨事务委员会档案，全宗号247，目录号1，案卷号72，第53－57页。

② 《关于暗批寄港转递问题》（1953年，中央人民政府邮电部、中侨委、中国人民银行总行），广东省档案馆藏广东省华侨事务委员会档案，全宗号247，目录号1，案卷号72，第49－52页。

益，并勿给敌人借口致危害及我们在国际上的合法地位。②国外收批时对暗批勿加限制与干涉，但不能因此而不努力争取可能争取的明批。相反的，而是必须尽力争取可能争取的明批。③国外侨批业对所收明暗批手续费用，应根据具体情况加以适当调整，以减轻侨胞负担，有利于争取侨汇。侨批业则从争取更多侨汇中取得利润。①

（二）合理征收侨批业税收

侨批业邮资问题得到纠正后，其税收方面的不合理问题也开始得到重视并予以调整。1955 年 3 月 24 日广东省侨委致函广东省财政厅税务局，反映了中国银行广东省分行所提出侨批业税收方面存在的问题。广东各地税务局对当地侨批业应征所得税多采用民主评议方式，致使在估征过程中有偏高现象，如惠阳龙港联营侨批局 1954 年 1 月至 9 月账面纯利（旧币）人民币 5 422 133 元，当地税局评为所得额 14 050 900 元，计征所得税额（包括附加）3 254 400 元，占纯利56.6%。② 其次，对有些侨批业兼营部分所得额并入计征，如大埔罗公记侨批局从 1951 年起，已将其经营京果部分合并计征，因此在 1953 年罗公记多负担所得税额 3 264 200 元。文昌县税务局对乙种侨批局征收所得税亦分为三种等级，甲等收 70%，乙等收 60%，丙等收 25%，不符合国家规定税率，而且在乙种侨批局开始申请登记时，税务局又将该批局盈余全部划为资本额，使职工薪金及股东红利无法支付。③ 由此可见，各地税局对侨批局征收所得税的办法和税率多不一致，直接打击了侨批业经营情绪，大埔罗公记 1954 年比 1953 年经收侨汇即减少了 11 亿元（旧币）人民币。④ 广州德昌行也谈道，"因有这样的不合理负税，影响我号海外的老板太大，失去了经营积极性。我曾听他这样说过：以后我不敢多接侨汇，因大笔侨汇收益很微，恐将来征税时又要多征，实得不偿失。我们虽有

---

① 《关于暗批寄港转递问题》（1953 年，中央人民政府邮电部、中侨委、中国人民银行总行），广东省档案馆藏广东省华侨事务委员会档案，全宗号 247，目录号 1，案卷号 72，第 49－52 页。
② 《关于对侨批业课税的指示》（1955 年），广东省档案馆藏广东省华侨事务委员会档案，全宗号247，目录号 1，案卷号 136，第 167 页。
③ 《关于对侨批业课税的指示》（1955 年），广东省档案馆藏广东省华侨事务委员会档案，全宗号247，目录号 1，案卷号 136，第 167 页。
④ 《关于对侨批业课税的指示》（1955 年），广东省档案馆藏广东省华侨事务委员会档案，全宗号247，目录号 1，案卷号 136，第 167 页。

向他说明以后可以实行查征，断无再有此事发生，但他也不置信，所以近两年来对我号所收的侨汇数字比五一年时减少 50% 以上，他不但如此，而且还屡次来信，要把我号业务结束"①。

为了纠正这一现象，恢复侨批业的经营信心，1955 年 4 月广东省财政厅税务局下发了（55）粤税工密字第八号文件《关于对侨批业课税的指示》，指示要求：第一，侨批业的征税方法，如账册健全足资征收依据者，应依税务总局一九五○年税直一字第四五○七号通知第二点"尽量采用自报查帐方法，并以侨汇业向中国银行所交之外汇数字为课税参考"的规定办理。如账册不健全不能采用查账计征者，亦应在掌握实际资料的基础上，采用自保协商的办法征收。第二，侨批业兼营其他业务者，仍应根据税法规定按企业全部所得合并计征所得税，但如确系牌号不同、资本划分不符、单独计算盈亏者，应就各该企业分别征收所得税，不适用汇总交纳之规定。第三，侨批业核定资本，应由工商管理部门负责，税务机关如有意见，可向工商管理机关提出，不能直接处理。第四，在一九五四年所得税征收中，若干税负不合理的侨批户，当地税局应即进行检查，如确有核定偏高或因办理不合规定而使侨批户纳税超过应负担数额者，应即调整税额办理退税。② 以上办法及时纠正了侨批业征税工作中出现的偏差。

（三）对沟通汇路、争取大笔侨汇的侨批业予以奖金奖励

为了进一步提高广东侨批业的经营积极性，争取更多侨汇，1955 年 10 月 30 日中国人民银行广东省分行又制定了《侨批局指导侨眷沟通汇路和鼓励侨眷争取大额侨汇，侨胞将侨汇经由银行汇回的奖励金核发规定》，该规定旨在鼓励侨批业为争取侨汇进行工作宣传和广泛动员，并加强对侨胞、侨眷的服务，其主要内容有：第一，领有侨批业执照之侨批局指导侨眷沟通汇路，鼓励侨眷争取大额侨汇，而侨胞将侨汇经银行汇回，除已写明由批局转交的由侨批局派解并按规定发给千分之七点五奖励金外，为鼓励批局积极开展指导侨眷沟通汇路争取大额侨汇

① 《关于税务方面的问题》（1953 年 6 月，广东省华侨福利会议提案之五），广东省档案馆藏广东省华侨事务委员会档案，全宗号 247，目录号 1，案卷号 41，第 94 页。
② 《关于对侨批业课税的指示》（1955 年），广东省档案馆藏广东省华侨事务委员会档案，全宗号 247，目录号 1，案卷号 136，第 167 页。

业务，此项侨汇如经由银行汇回派解（但银行不负通知批局的责任），仍发给千分之五的奖励金。第二，侨批局应将此项工作作为业务计划主要内容之一，并通过职工讨论选择对象具体填具某月（季）度"指导侨眷争取大额侨汇计划表"报告中国人民银行（有中国银行的地方报中国银行，以下同）。指导侨眷后应填具"指导侨眷沟通汇路报告表"或"指导侨眷争取大额侨汇报告表"送银行，作为核发奖金的依据，但于侨汇到达后补报者，不发奖金。第三，侨批局指导侨眷沟通汇路后该户侨汇由银行汇回者，从第一次汇通之日（按银行收到之日计算）起半年内仍可按本规定发给奖励金。至于"大额侨汇"之解释，一般以每笔不少于五百元人民币为限。第四，侨批局进行此项工作不得互相争夺，如有两家以上甲种侨批局同时指导一个侨眷，得由银行根据实际情况核定一家批局进行工作，奖励金亦对该指定批局发给。第五，指导侨眷沟通汇路，争取大额侨汇工作系由乙种批局配合甲种批局共同进行者，为防止甲种批局取巧独占奖金，应由甲、乙种批局会商，经由甲种批局报告银行核发千分之五的奖励金，甲种批局应将奖励金百分之四十作为手续费，拨给配合进行工作之乙种批局。第六，如该项侨汇由侨批局汇入的，甲种批局必须委托原配合工作的乙种批局派解，不得任意委托另一乙种批局或由甲种批局自行解付，奖励金已按千分之七点五核发，不再核发本规定所指定的奖励金。[1]

在奖励金新办法颁布后，中国人民银行广东省分行于 1955 年 11 月制定了《侨批业职工年终奖金分配评奖办法》，以鼓励侨批局职工发挥生产积极性和创造性，进一步提高批工的宣传服务质量，挖掘侨汇潜力。该办法经广东省工会联合会、广东省商业厅、广东省侨委研究后同意执行。该办法将侨批业职工年终所得盈余中的 70% 仍照侨批局原来分配办法处理，其余 30% 改为评奖的形式分发。评奖的条件应以"团结互助，积极工作，争取侨汇"为中心，具体内容有经常宣传贯彻人民政府的政策，反映有关侨胞侨眷的情况，检举侵犯侨汇及有关违反国家法令行为等十项标准。奖励的原则是以每家侨批局为一评奖单位，一般以奖励为主（个别工作缺点较多，屡教不改或曾犯有严重错误的职工可不予奖励），无论内勤、外勤、勤杂人员应一律参加评比。评奖等级分为四级，各级人数比例

---

① 《侨批局指导侨眷沟通汇路和鼓励侨眷争取大额侨汇，侨胞将侨汇经由银行汇回的奖励金核发规定》（1955 年 10 月 30 日），广东省档案馆藏广东省华侨事务委员会档案，全宗号 247，目录号 1，案卷号 136，第 160 页。

按该批局总人数分配（批局负责人"资方或代理人"可不计列在内，其他担任内外勤一般工作的资方从业人员，仍并计在评奖总人数内，参加职工评奖）：一等奖占 10% ~ 15%，二等奖占 15% ~ 20%，三等奖占 30%，四等奖占 30% ~40%。奖金的分配就该批局年终分红职工所得部分中的30%予以分配，每等级的距离（按每人所得计算）一般以不超过 20% 为宜。同时为发挥批局职工团结互助精神，可在总的奖励金内提出若干作为本单位集体奖励。评奖的具体操作，各地可在当地侨汇小组领导下（对外由当地工会联合侨务机关及银行出面进行具体领导），由当地侨批业工会（或小组）负责组织"评奖委员会"，并邀请侨批业职工中的积极分子参加等。①

（四）新的侨汇管理政策

1955 年广东侨批业管理政策得到了一系列调整，除上述邮资、税收、奖金等方面的政策调整外，《广东省侨汇业管理暂行办法管汇部份施行细则》也于 4 月 16 日得到修正与颁布，② 它着重对侨批业的领导管理和侨汇业务重新做了明确解释。

该细则主要内容有"侨汇业（包括侨批局、侨批员，以下同）的领导与管理分别为：甲，行政上领导由当地工商主管机关负责。乙，侨务政策上领导由当地侨务机关（或民政部门）负责。丙，侨汇及特准经营之业务属于外汇范围者，由中国人民银行执行管理（有中国银行地区由中国银行执行管理，以下同）"③。"侨汇业经营侨汇业务所得之外汇应遵照华南区外汇管理暂行办法第六条之规定结售中国人民银行：甲，侨汇业经营侨汇业务所得之外汇，包括侨汇、佣金及代国外联号或代理店付出之费用如邮电费等及其他向国外收回之外汇。乙，批佣外汇及代理国外联号（包括代理店）代付费用应收外汇，应根据当地情况在一定

---

① 《侨批业职工年终奖金分配评奖办法》（1955 年 11 月 29 日，中国人民银行广东省分行），广东省档案馆藏广东省华侨事务委员会档案，全宗号247，目录号1，案卷号136，第163 页。

② 《广东省侨汇业管理暂行办法管汇部份施行细则于四月十六日起修正施行由》（1955 年 4 月 16 日，中国人民银行广东省分行），广东省档案馆藏广东省华侨事务委员会档案，全宗号247，目录号1，案卷号136，第149 页。

③ 《广东省侨汇业管理暂行办法管汇部份施行细则》，广东省档案馆藏广东省华侨事务委员会档案，全宗号247，目录号1，案卷号136，第153 页。

期限内调回结售。丙，原币侨汇应以原币调入，在送核批单时办理结售，不得先行折成人民币存储备解，（预调外汇头寸按戊项办法处理）人民币侨汇应在国外折成人民币调入，不得与原币侨汇混同调入。丁，侨汇业应在当地中国人民银行开立原币及人民币侨汇专户（原币户用存折，不计利息，人民币户用支票，按照活期存款计息）。于收到国外汇款时，按原币或人民币侨汇分别存入专户。戊，侨汇业预调外汇，备解其在海外揽收之侨汇时，（不同于批款先到，批单后到）其调入之备解侨汇头寸可按下列不同情况存储专户。1，以原币调入备解原币者，应存原币专户。2，已折成人民币调入备解人民币侨汇者，应存入人民币专户。3，以原币调入备解人民币侨汇者，得凭批局意旨存储原币专户或折存人民币专户。4，侨汇业预调外汇头寸，日后因牌价调整所发生之损益，由国外侨汇业负担，并须调入时向银行声明系预调外汇头寸。"①

　　《广东省侨汇业管理暂行办法管汇部份施行细则》的颁布，标志着政府对侨批业的国有化控制进一步加强。

　　过渡时期总路线的提出加速了中国赶超战略的发展。为了争取更多的资金积累，政府在对广东侨批业基本控制的基础上，转入全面实施团结扶助政策，从提高侨批员经营积极性，继续纠正土改工作偏差，到对侨批业邮资、税收、奖金和侨汇管理政策进行全面改善。可以说从 1953 年至 1955 年，作为资本主义工商业之一的侨批业，在经营方面获得了国家大力支持，然而在国家政策调整背后还存在着一些潜在因素，这些因素也决定着政府要对侨批业的政策进行改善。

　　一是新中国成立以来政府对广东侨批业的控制已极具力度，因此重工业建设开始后需要将争取侨汇激发侨批业积极性放在首位。侨批行业兼及金融、邮政、外贸、内外信息交流等多项职能，对它的管理除了侨批业管理政策本身外，政府在社会物资供给、外汇、邮政、外贸、农业、工业等经济基本方面的政策，也都会对侨批业产生重大影响。因此，新中国成立以来政府在集中社会资源方面的不断努力，以及反禁运斗争、土地改革和"五反"运动，已基本实现了对侨批业从经营收益、利润分配到人事管理方面的控制，使之成为"国家资本主义初级形式"。但这一过程也伴随着对侨批业经营的严重冲击和侨汇收入的大量减少，仅

---

① 《广东省侨汇业管理暂行办法管汇部份施行细则》，广东省档案馆藏广东省华侨事务委员会档案，全宗号 247，目录号 1，案卷号 136，第 153 页。

1953年就比1951年少收入侨汇3 200多万美元。[1] 所以当"一化三改"的总路线提出后，为了配合"一五"计划重点建设重工业，政府就必须争取侨汇这一主要外汇来源以弥补国内建设资金的不足，同时侨汇作为外汇，它能直接购买国外先进设备和引进先进技术，这又是人民币所不具有的功能，因此在已有控制的基础上全面改善侨批业政策，也就成为争取更多侨汇资源的必要手段和途径。

二是侨资大量流港，迫使侨批业管理政策要有所转变。广东省侨委统计资料显示，从1953年6月到1954年5月仅东南亚地区流入香港的资金就超过了6亿港元，其中菲律宾2亿港元、泰国1.5亿港元、印度尼西亚1亿港元、越南0.6亿港元、马来亚0.7亿港元、缅甸0.2亿港元，[2] 这中间有很大部分就是侨资。闽帮同益庄估计近年来各地侨资流港的数量达到30亿港元，这还不包括留港侨眷的生活费用。台山籍的侨批局恒兴昌、利亨等反映，四邑留港侨眷达10多万人。福建侨批局反映留港的闽籍侨眷有7万~8万人，如以留港侨眷总人数为20万人计算，每人每月生活费100港元，那么每月解付香港的侨汇就有2 000万港元，一年就是2.4亿港元。[3] 要引导如此庞大的侨资流向国内，就必须大力调整华侨华人政策，这其中就必须下功夫改善侨批业的管理政策，尽量发挥侨批业的积极性。

三是政府及其公营事业如银行、邮局等并不能完全取代侨批业。侨批业经营具有鲜明的特点，它是凭借血缘、地缘和业缘等关系为基础深入国内侨乡和海外侨居地寄送信款、回批，传递双方消息，可以说侨批业在沟通海外侨胞和国内联系方面起着无可替代的作用。

为了对侨批业特点做进一步分析，这里需要引入一个社会学概念即"社会资本"来加以说明。社会资本是指社会组织的特征，诸如信任、规范以及网络，它们能够通过促进合作行为来提高社会的效率。[4] "像其他形式的资本一样，社会资本也是生产性的，它使得某些目标的实现成为可能，而在缺乏这些社会资本的

① 《广东省几年来侨汇统计表》（1956年5月19日），广东省档案馆藏广东省华侨事务委员会档案，全宗号247，目录号1，案卷号151，第243页。
② 《侨资流港问题》（1956年8月），广东省档案馆藏广东省华侨事务委员会档案，全宗号247，目录号1，案卷号186，第93页。
③ 《侨资流港问题》（1956年8月），广东省档案馆藏广东省华侨事务委员会档案，全宗号247，目录号1，案卷号186，第94页。
④ 罗伯特·D. 帕特南著，王列、赖海榕译：《使民主运转起来》，南昌：江西人民出版社，2001年，第195页。

情况下，上述目标就无法实现……例如，一个团体，如果其成员是可以信赖的，并且成员之间存在着广泛的互信，那么，它将能够比缺乏这些资本的相应团体取得更大的成就。"① 侨批业正是在血缘、地缘、业缘等基础上取得侨胞侨眷信任的私营经济组织，这种通过民间信任机制所获得的社会资本，除了作为可以产生价值的价值这一资本共性外，它还具有如下几个特点：

（1）不可让渡性。侨批业是凭借血缘、地缘、业缘等因素获得广大侨胞侨眷的信任，因此作为行业而言，这种信任是特有的，它不能被转让或让渡。

（2）可再生性。诸如信任等社会资本并不会像有形资本那样越用越少，它作为一种无形资本，存在于侨批业、侨胞、侨眷三者的共同价值认定和对三者结成的共同体的共同维护基础上，因此越使用越会不断积累。侨批业、侨胞、侨眷三者联结成的社会网络使得信任得以广泛传递和扩散，正如我信任你，是因为我信任他，他向我保证，他信任你。② 信任在共同体网络中遂得以自我巩固。

（3）这种社会资本是公共物品，不是私人物品。信任等社会资本是侨批业、侨胞、侨眷得以寄身其间的社会结构的一个特征，只有当三者发生互动时才会发生效用，并且这种效用是互惠的，三者均从中受益，并非任何一方得享其成。③

所以基于民间信任而形成的社会资本是国家不具备却为侨批业所具有的优势，除非政府不再重视这种侨汇寄递方式或由于其他因素干扰，否则在新中国成立初期侨批业是不能被取代的。

（4）除上述因素外，还应注意到侨批业经营中很大一部分是海外批业，广东侨批业中就有许多是海外批业的联号，因此广东侨批业的管理政策以及国有化程度就不得不考虑到海外批业的反应和态度，本章第四部分中广州德昌行海外老板的态度即为极好的例证，因为这中间不仅牵扯到侨汇收入的多少，而且更体现了中国在海外的国家形象问题，所以政府在对待跨国界的金融组织问题上，其政策是与国内私营企业不相同的。

广东侨批业的管理政策在社会主义改造开始后具有一定的特殊性，但随着1956年的到来，侨批业的社会主义改造终于得以加速并基本完成。

---

① 罗伯特·D. 帕特南著，王列、赖海榕译：《使民主运转起来》，南昌：江西人民出版社，2001年，第196页。

② 罗伯特·D. 帕特南著，王列、赖海榕译：《使民主运转起来》，南昌：江西人民出版社，2001年，第197－198页。

③ 罗伯特·D. 帕特南著，王列、赖海榕译：《使民主运转起来》，南昌：江西人民出版社，2001年，第201－202页。

第六章　1956 年：广东侨批业社会主义改造的加速与基本完成

1956 年 2 月 24 日中共中央正式通过了《关于资本主义工商业改造问题的决议》。决议表示，经过 3 年的经济恢复工作和 3 年的有计划建设，现在已有充分的条件和完全的必要把对资本主义工商业的改造工作推进到一个新阶段，即从原来主要是国家资本主义初级形式，推进到主要是国家资本主义高级形式，使资本主义工商业的改造工作，能够同社会主义工业化和农业合作化这两方面的工作相互适应，以便逐步地达到建成社会主义社会的目的。[①] 在此要求下，1956 年包括广东侨批业在内的资本主义工商业社会主义改造不断加速，并于 1956 年 9 月中共八大召开之际，正式宣告基本完成。在整个改造过程中，广东侨批业自身所具有的特点，使得广东侨批业的社会主义改造在形式上与其他资本主义工商业明显不同。

一、广东侨批业社会主义改造的加速进行

1956 年 1 月 20 日至 2 月 16 日，中共中央统一战线工作部召开了国内侨务工作会议，除中央侨委干部外，到会人数 194 人，其中包括广东、福建、云南、广西、山东、浙江、湖北、江西、新疆、河北、黑龙江、辽宁、山西、河南、江苏、安徽、湖南、上海、天津、北京各地 160 人，中央有关部门 34 人。经中共中央统一战线工作部部务会议讨论后，中央侨委党组在会议上提出了《中共中央统一战线工作部关于国内侨务工作的方针任务及若干政策问题的意见（草案）》，

---

① 《关于资本主义工商业改造问题的决议》（1956 年 2 月 24 日），《中国资本主义工商业的社会主义改造·中央卷》（下册），北京：中共党史出版社，1992 年，第 1054 页。

对 6 年来国内侨务工作做了初步总结，提出了在全国社会主义革命高潮中有关国内侨务工作的方针任务及各项政策问题，并对国内侨务工作落后于形势的发展状况做出了检讨。经过小组反复讨论，大会热烈发言后，该草案取得了中央农村工作部、中国人民银行总行、公安部、粮食部、商业部、劳动部、教育部等各有关部门的积极支持和配合，会议一致同意了中央侨委党组提出的这份草案。①

该草案对 1956 年中国社会变化和在此变化下政府对侨批业的方针政策做出了明确表述："目前我国正处在伟大的社会主义革命高潮中。正像毛主席所指出的，这是一个具有极其深刻的历史意义和世界意义的伟大革命。在今后的十二年内，我国就要从一个落后的农业国家，建成为一个强大的社会主义工业化国家。几千年的生产资料私有制，要代之以社会主义的公有制，几千年的剥削制度要从此永远消失；所有的人都要变成为不同类型的劳动者。我国也将以强大的社会主义的和平堡垒出现于国际舞台。"② 那么对于侨务政策而言，就要求加强对侨批业的领导，推进社会主义改造，以便通过侨批业开展反对侨居国限制侨汇的斗争，积极打开汇路并开拓更多的国外联系。

草案认为国内侨批业多是国外侨批业的分支机构，或是与国外侨批业有密切联系。在侨居国对侨汇的限制封锁日益加紧的形势下，侨批业在反限制斗争、争取侨汇、汇路沟通方面所起的桥梁作用是极其重要的。为长期争取侨汇，对侨批业仍必须加以利用，国家银行是不可能代替它的作用的，就是在社会主义建成后，也仍然需要扩大侨批业队伍。因此，必须反对任何企图立即砍掉侨批业的冒险思想。新中国成立以来，国内侨批业已经逐步地纳入了国家资本主义轨道。目前国内侨批业已经改变了过去那种利用侨汇从事投机倒把的资本主义经营方式，成为为社会主义，为华侨、侨眷服务的行业，实质上是国家银行吸收外汇的一种代理机构。国内侨批业在性质上已发生了根本变化。因此，为安定侨批业经营情绪，目前各地可向侨批业的劳资双方宣布，侨批业全行业已进入社会主义，从业人员一律有参加工会的权利，并停征营业税和所得税，改征工薪所得税；侨批业的资金到社会主义建成时仍按个人股金处理；今后经营管理的改进将在协商中进

---

① 《廖承志、方方同志关于召开国内侨务工作会议的报告》（1956 年 2 月 17 日），广东省档案馆藏广东省华侨事务委员会档案，全宗号 247，目录号 1，案卷号 151，第 52 页。

② 《中共中央统一战线工作部关于国内侨务工作的方针任务及若干政策问题的意见（草案）》（1956 年 1 月），广东省档案馆藏广东省华侨事务委员会档案，全宗号 247，目录号 1，案卷号 151，第 65 页。

行。同时为适应反限制斗争的需要，侨批业仍应维持私营名义，沿用原牌号，继续分散经营。[1]

草案同时要求，侨务部门和银行必须加强对侨批业的领导和侨批从业人员的教育，培养骨干分子，以便通过国内侨批业系统地调查研究国外情况，指导国外侨批业的反限制斗争，加强对国外侨批业的团结工作，适当争取他们回国观光。对于国外侨批从业人员中因进行反限制斗争受迫害回国者，应予妥善安置。对于侨眷、归侨写"回文""回批"，应根据国外侨居地限制侨汇的情况加以指导，以保证国外华侨及侨批业的安全并便于沟通侨汇。今后还要进一步改进侨批业管理，密切国内外侨批业的联系，发挥其积极性，但应注意改进工作要不降低国内侨批业从业人员的收入，要照顾到原有股东尤其是国外股东的利益。在具体措施实行过程中应征求全体从业人员和股东的意见，经省委批准后谨慎地予以实施。[2]

1956年2月17日，国内侨务工作会议结束第二天，廖承志与方方即联名向中共中央提交了《关于召开国内侨务工作会议的报告》，将此次会议情况和《中共中央统一战线工作部关于国内侨务工作的方针任务及若干政策问题的意见》向中央做了汇报。国内侨务工作会议的召开，加速了广东侨批业社会主义改造的步伐。1956年5月25日广东省侨委党组和中国人民银行广东省分行党组联合拟定了《广东省侨批业改善经营管理方案（草案）》，[3] 对进一步加快广东侨批业改造提出了具体办法。

对甲种批局的办法：

（1）组织形式。为照顾国外侨批业处境和加强反限制斗争，侨批局的组织形式不变，维持私营名义，以每一家批局为一会计独立核算单位，分散经营，招牌照旧，对国外联系仍由原企业负责人办理。[4]

（2）盈亏处理。侨批局每年盈亏自负，盈余时根据不同类型的侨批局采取不同的分配办法：①企业经营方式的侨批局。除提存公积金不超过10%（盈余

---

① 《中共中央统一战线工作部关于国内侨务工作的方针任务及若干政策问题的意见（草案）》（1956年1月），广东省档案馆藏广东省华侨事务委员会档案，全宗号247，目录号1，案卷号151，第60页。
② 《中共中央统一战线工作部关于国内侨务工作的方针任务及若干政策问题的意见（草案）》（1956年1月），广东省档案馆藏广东省华侨事务委员会档案，全宗号247，目录号1，案卷号151，第60页。
③ 《广东省侨批业改善经营管理方案（草案）》（1956年5月25日），广东省档案馆藏广东省华侨事务委员会档案，全宗号247，目录号1，案卷号151，第226-234页。
④ 《广东省侨批业改善经营管理方案（草案）》（1956年5月25日），广东省档案馆藏广东省华侨事务委员会档案，全宗号247，目录号1，案卷号151，第228页。

不超过人民币 500 元的可以不提）及提出 3% 至 5% 作为当地侨批业从业人员集体福利金外，其余作为一百，从业人员奖励金 30%（此项奖励金除按各地规定可提出不超过其中 1/10 为当地批局劳动竞赛奖金外，全部作为从业人员奖励金工资，逐步做到由批局企业内部按评奖办法处理），创业人员奖励金 70%，由创业人员协商分发。②家庭、个人经营及侨团性质的侨批局。除按当地规定提出批局劳动竞赛奖励金外，其余由各家批局自行处理。③国外及港、澳股东投资内地批局所得盈余，可以申请外汇调往国外。至于亏损的侨批局除指导其改善经营，积极设法争取侨汇，节省开支及在批局间做适当的劳动力调整予以解决外，对一些确实因人多而无法解决者，经中国人民银行广东省分行批准，可抽调一部分加以训练后安排到银行工作。①

（3）改善经营管理。①加强与国外及港、澳侨批局的联系。在增加侨汇、节约开支、不影响收入的基础上，逐步地降低所收国外批佣。首先，降低大额侨汇批佣。凡每笔在港币 5 000 元以上的侨汇，不分国内外一律不收批佣；每笔在港币 1 000 元以上的，汕头、海南专区改收 5‰，广州市、中山、江门及惠阳、高要、湛江、韶关专区批局改按每笔收佣港币 0.5 元计算。其次，汕头、海口两地再研究适当降低向国外所收批佣。此外，对国外批局因经营侨汇被侨居地政府迫害，无法继续经营而归国的人员，可按其具体情况、个人特长，由侨务部门与银行会同妥善安排。②逐步做到计划经营。以各家批局为单位，按季分月拟订开展业务的具体计划，报经银行同意后交由各家批局贯彻执行。银行也必须按期检查，深入了解批局经营情况，加强具体业务指导，及时解决存在问题。③为提高侨批业从业人员的工作积极性，应以县、市为单位，由银行会同有关部门，组织发动侨批业从业人员有计划、有准备地开展社会主义劳动竞赛。④健全财务管理制度。各家批局可按年或季订出分月收支计划，报由银行会同有关部门审核同意后执行。②

（4）人事安排。①侨批局所在地银行应摸清批局从业人员政治历史情况，在 1956 年内建立批局人事档案制度。②订立侨批局从业人员政治、理论、业务

---

① 《广东省侨批业改善经营管理方案（草案）》（1956 年 5 月 25 日），广东省档案馆藏广东省华侨事务委员会档案，全宗号 247，目录号 1，案卷号 151，第 228 页。

② 《广东省侨批业改善经营管理方案（草案）》（1956 年 5 月 25 日），广东省档案馆藏广东省华侨事务委员会档案，全宗号 247，目录号 1，案卷号 151，第 228－229 页。

的学习制度，适当组织一定的会议和听取有关政治、业务、理论学习的报告。③如因实际需要，调动侨批局从业人员工作或调整工薪时，属于一般从业人员的，应报由县、市党委批准，属于统战对象、批局主要负责人或与国外股东、批局有密切关系的从业人员的问题，应报由省级机关批准。④侨批业党、团组织可按照一般私商归口办法，即移归银行党、团组织系统管理，并由银行负责做出规划。⑤原资方从业人员应根据工会法规定吸收参加工会，以加强思想教育，并有计划地加以提拔、使用，给予必要政治地位。①

对乙种批局的办法：

乙种批局管理办法除以下几点外，其余均与甲种批局管理办法相同。

（1）在组织形式上，对乙种批局应采取自愿自利、便利侨汇派解、不影响密切联系侨眷三原则，在乙种批局较多的县、市、乡、镇用以下形式：①对个人或家庭经营的侨批局，有条件的地区应采取合作形式把他们组织起来，如其本人愿意还可让其参加农业生产合作社，并合理安排工作时间以照顾其派批工作。②可由批局间协商订立合理的委托手续费进行"换批"，以逐步做到使乙种批局分区派批，对同一路线的侨汇交由专线批工派解，以进一步密切联系侨眷，加强宣传服务。②

（2）为减少侨批局间委托转解的中间层次，应通过说服教育工作，使甲种批局与侨汇派解地乙种批局直接订立委解侨汇合同，减少中间转托委解手续。③

（3）批局临时批工应分别不同情况予以安排。对以从事农业生产为主的批工，在参加合作社后，由合作社统一安排，在自愿原则下做到逐步取消其派批工作；对以派批为主要生活来源的临时批工，可根据需要个别吸收为批局固定批工。④

（4）根据中央对侨批业指示，侨批业到社会主义仍然要扩大其队伍，乙种批局如有能力发展为甲种批局的，应鼓励其改为甲种批局，并对这一类批局予以

---

① 《广东省侨批业改善经营管理方案（草案）》（1956年5月25日），广东省档案馆藏广东省华侨事务委员会档案，全宗号247，目录号1，案卷号151，第229页。

② 《广东省侨批业改善经营管理方案（草案）》（1956年5月25日），广东省档案馆藏广东省华侨事务委员会档案，全宗号247，目录号1，案卷号151，第229页。

③ 《广东省侨批业改善经营管理方案（草案）》（1956年5月25日），广东省档案馆藏广东省华侨事务委员会档案，全宗号247，目录号1，案卷号151，第229－230页。

④ 《广东省侨批业改善经营管理方案（草案）》（1956年5月25日），广东省档案馆藏广东省华侨事务委员会档案，全宗号247，目录号1，案卷号151，第230页。

培养和指导，以扩大海外收汇阵地。①

对全体侨批业加强组织领导：

（1）在当地党委统一领导下，取得有关部门的重视与支持，健全会议制度，及时研究解决批局在开展业务方面存在的问题，从而推动侨批局积极经营。②

（2）省内重点侨区原有侨批局（或金融业）同业工会组织形式今后仍应继续予以保留利用，作为统一国内批局步骤，与海外批业有关社团组织加强联系，团结、接待海外批局的机构。③

（3）批局家数较多的县、市，由银行与批局经理代表人物和职工中积极分子党、团员组织业务小组（有劳动竞赛委员会的地区可不必另组织业务小组），团结一致推动批局开展业务。④

（4）侨批业现已成为国家银行收取侨汇的代理机构，并明确这一行业由银行归口，侨批局所在地银行必须设置必要的专业机构（侨汇科或股或组），指定专责干部，推动开展业务。海南行政区分行及汕头、佛山专区中心支行设置侨汇科，其他专区中心支行应配备侨汇工作专责干部，在省级银行内设置专管部门（科）统管有关全省侨汇及侨批局改善经营的各项事宜。⑤

《广东省侨批业改善经营管理方案（草案）》的制定，标志着广东侨批业社会主义改造即将完成。

二、广东侨批业社会主义改造的基本完成

1956 年 6 月 7 日中共中央批准了廖承志、方方《关于召开国内侨务工作会

---

① 《广东省侨批业改善经营管理方案（草案）》（1956 年 5 月 25 日），广东省档案馆藏广东省华侨事务委员会档案，全宗号 247，目录号 1，案卷号 151，第 230 页。

② 《广东省侨批业改善经营管理方案（草案）》（1956 年 5 月 25 日），广东省档案馆藏广东省华侨事务委员会档案，全宗号 247，目录号 1，案卷号 151，第 230 页。

③ 《广东省侨批业改善经营管理方案（草案）》（1956 年 5 月 25 日），广东省档案馆藏广东省华侨事务委员会档案，全宗号 247，目录号 1，案卷号 151，第 230 页。

④ 《广东省侨批业改善经营管理方案（草案）》（1956 年 5 月 25 日），广东省档案馆藏广东省华侨事务委员会档案，全宗号 247，目录号 1，案卷号 151，第 230 页。

⑤ 《广东省侨批业改善经营管理方案（草案）》（1956 年 5 月 25 日），广东省档案馆藏广东省华侨事务委员会档案，全宗号 247，目录号 1，案卷号 151，第 230 - 231 页。

议的报告》和《中共中央统一战线工作部关于国内侨务工作的方针任务及若干政策问题的意见》，并将两份文件转发给各省、市委，自治区党委，党中央各部，总政，国家机关和人民团体各党组，人民日报社，新华社，广播事业局党组，同时指示各地党委根据本地区特别是侨眷和归侨众多的地区的具体情况，切实研究，在有关各级党委直到支部，组织传达讨论，全面地检查侨务工作，将各方面存在的问题认真加以解决。这就在形式上确认了侨批业已进入社会主义改造阶段。①

1956年9月17日《人民日报》发表了刘少奇所做的《在中国共产党第八次全国代表大会上的政治报告》，他在谈到党在过渡时期的总路线时明确指出，"按照过渡时期的总路线，我国已经在一九五三年开始执行发展国民经济的第一个五年计划。党中央委员会原来预计，完成过渡时期的总任务，将需要大约三个五年计划的时间。第一个五年计划的实践证明，为了完成国家的工业化，三个五年计划的时间是必要的，或者还需要更多一点时间。但是社会主义改造的任务，在第一个五年计划期间就已经基本上完成，而在第二个五年计划期间，除个别地区外，就可以全部完成"②。正如薄一波在《若干重大决策与事件的回顾》中所说，"按照过渡时期总路线的要求，应于1967年完成对资本主义工商业的社会主义改造，现在基本完成的时间，比原计划提前12年"③。至此，全国范围内资本主义工商业的社会主义改造，告以基本完成。

1956年10月中央财政部、中央侨委会、中国人民银行、中华全国总工会联名发布了《对侨批业进入社会主义的政策指示（草案）》，④并全文转发广东、福建、浙江、广西省人民委员会及工会联合会，中国人民银行广东、福建、广西、浙江省分行，广东、福建、广西、浙江、云南省华侨事务委员会、处。11月中央侨委会与中国人民银行总行又联合下发了《关于进一步改善侨批业经营管理问

① 《中共中央转发廖承志、方方同志"关于召开国内侨务工作会议的报告"和中央统一战线工作部"关于国内侨务工作的方针任务及若干政策问题的意见"》（1956年6月7日，中共中央办公厅秘书局），广东省档案馆藏广东省华侨事务委员会档案，全宗号247，目录号1，案卷号151，第52页。
② 《在中国共产党第八次全国代表大会上的政治报告（节录）》（1956年9月15日），《中国资本主义工商业的社会主义改造·中央卷》（下册），北京：中共党史出版社，1992年，第1187页。
③ 薄一波：《若干重大决策与事件的回顾》，北京：中共中央党校出版社，1991年，第409页。
④ 《中华人民共和国财政部、华侨事务委员会、中国人民银行、中华全国总工会对侨批业进入社会主义的政策指示（草案）》（1956年10月），广东省档案馆藏广东省华侨事务委员会档案，全宗号247，目录号1，案卷号186，第258页。

题的意见》，① 全文转发广东、福建省华侨事务委员会，广西省华侨事务处，浙江省民族华侨事务处，广东、福建、广西、浙江省人民银行省分行。两份文件除个别改动外，基本上是将《广东省侨批业改善经营管理方案（草案）》所确定的主要内容作为可行办法，推行于全国侨批业的经营管理，而且两份文件再次确认了侨批业已全行业进入社会主义改造阶段。

《对侨批业进入社会主义的政策指示（草案）》和《关于进一步改善侨批业经营管理问题的意见》个别改动的地方主要有以下四点：

第一，盈余批局的纯益分配，除税收外（不论已否免税），为预防意外以免一时发生经济困难，同时为开展业务添置营业用器具，适当提存公积金仍是必要的，但以不超过10%为宜。如每年纯益在1 000元人民币（新币）以下的批局公积金亦可不提。从业人员奖励金（应包括经理和原资方从业人员）以25%～30%为宜。此项奖金中用于全行业集体福利部分（如先进生产者奖金、生活困难补助等）以不超过50%为原则。各地过去如果集体福利金比重很小或甚至没有的，可根据具体情况逐年适当地缓步增加。②

第二，为提高国外及港、澳侨批局股东的经营积极性，使他们有利可得，应准其将所分得的收汇奖励金抵付应汇入内地的邮电费、批佣或经申请批准汇出。③

第三，侨批局资产情况一般较简单，数目亦不大，可不进行清核，即以1955年年终账面资产负债轧抵后数字为准。如账面资产与实际情况明显不符或批局不愿按账面资产计算，应进行个别清核（原批局房地产，可允许不作为企业投资处理，如企业需要，可向租赁）。1955年前侨批局公积金按一般私企处理并入侨批局股金内计算。④

---

① 《中华人民共和国华侨事务委员会、中国人民银行总行关于进一步改善侨批业经营管理问题的意见供参考》（1956年11月），广东省档案馆藏广东省华侨事务委员会档案，全宗号247，目录号1，案卷号186，第135－141页。

② 《中华人民共和国华侨事务委员会、中国人民银行总行关于进一步改善侨批业经营管理问题的意见供参考》（1956年11月），广东省档案馆藏广东省华侨事务委员会档案，全宗号247，目录号1，案卷号186，第136－137页。

③ 《中华人民共和国华侨事务委员会、中国人民银行总行关于进一步改善侨批业经营管理问题的意见供参考》（1956年11月），广东省档案馆藏广东省华侨事务委员会档案，全宗号247，目录号1，案卷号186，第137页。

④ 《中华人民共和国华侨事务委员会、中国人民银行总行关于进一步改善侨批业经营管理问题的意见供参考》（1956年11月），广东省档案馆藏广东省华侨事务委员会档案，全宗号247，目录号1，案卷号186，第138页。

第四，国内侨批局在营业中取得的手续费（包括国内银行的奖励金和国外侨批局所付给的佣金）主要是华侨所负担，为了给今后降低批佣提供条件，减轻华侨负担以提高其汇款的积极性，特予免征营业税和企业所得税。免征的期限：营业税可自发文的月份起执行；企业所得税可自本年第三季度免征，第一、二两季度已经交纳的所得税不退，年终也不再进行汇算清缴。①

1956年12月18日中国人民银行广东省分行、广东省侨委、广东省财政厅又联合下发了《关于免征侨批业营业税和企业所得税的通知》，对免税问题进一步规定：免征侨批局税收以后，对这部分资金运用的处理，原则上在收国外批佣较高的地区，应作为降低批佣之用，以提高国外批局收汇积极性；在不收国外批佣或目前不需降低批佣的地区，可作为弥补批局企业亏损或当地批局从业人员集体福利基金使用。各地银行可联系有关部门研究再定出具体方案报各分行。②

至此，广东省侨批业在各项管理政策中基本完成了社会主义改造，全行业也随之步入了社会主义建设阶段。

1956年广东省侨批业以出人意料的速度基本完成了社会主义改造。虽然在形式上它并没有进行公私合营和国家赎买，但实质上由于政府对广东侨批业的经营管理、利润收入和分配、人事任免、税收、邮资、出入境登记等的全方位掌握，广东侨批业已成为国家银行的分支机构，其从业人员也分别成为国家银行的职工和华侨。从新中国成立前的侨批业私营业主和水客，分别转变为国家银行职工和具有华侨身份的侨批员，这七年多以来的变化深刻体现着新中国在集中社会资源、推进国有化改造方面所进行的种种努力。从这一系列努力中可以清晰地看到广东侨批业的国有化进程：对侨批业管理政策的初步制定，改变制约侨批业管理的宏观经济因素，大规模社会运动中侨批业内部经营机制的转变，全面纠正运动偏差提高侨批业经营积极性，侨批业整体身份转变与社会主义改造基本完成。整个过程显示出从制度到人身这一国有化从易到难的步骤演化过程，是新民主主义社会向社会主义社会转变过程在具体行业中的直接反映。

---

① 《中华人民共和国财政部、华侨事务委员会、中国人民银行、中华全国总工会对侨批业进入社会主义的政策指示（草案）》（1956年10月），广东省档案馆藏广东省华侨事务委员会档案，全宗号247，目录号1，案卷号186，第258页。

② 《关于免征侨批业营业税和企业所得税的通知》（1956年12月18日），广东省档案馆藏广东省华侨事务委员会档案，全宗号247，目录号1，案卷号186，第11页。

当然还应注意到，由于新中国成立初期侨批业自身不可取代的特点，使得侨批业的国有化还具有鲜明的特殊性，即社会主义改造的对象主要是国内侨批业，它对外仍保持私营名义。而侨批局从业人员和侨批员的国家银行职工和华侨身份，则是政府出于维持跨国界侨汇寄递网络的正常运行和对外树立国家正面形象等原因，而以国家职工和华侨的社会福利保障为代价换取侨批业社会资本为国家所用，是政府在争取更多侨汇与国有化二者的紧张关系中摸索出的一种双方都可接受的形式。侨批业的这一特点使得侨批业从业人员不能被其他人取代，但国家的社会保障又使从业人员身份在国有化中转变，不能为我所替，却能为我所用，就是对这一特点的概括。

因此，就上述变化而言，一方面可以看到，国家自上而下的国有化改造并非是直线进行的，侨批业作为特定地域社会经济组织的代表，使政府的管理政策深刻体现出国家权力与社会自组织力量之间的相互作用、紧张、妥协与融合，这是国家与社会二者关系的生动体现。另一方面还要看到政府管理政策所具有的高度延展性，其中应该注意到政府实际是在尽力通过对侨汇寄递过程中国内侨批业管理政策的调整，来调节与控制海外侨汇的流动方向和数量，这也是政府在面对跨国界金融和邮政网络时，国有化改造措施具体运作的含义之一。

结　语

　　1949—1956 年在 20 世纪中国历史进程中占有极为特殊的地位，它不仅结束了鸦片战争以来中国社会的半封建半殖民地状态，而且开创了中国共产党领导的以工农联盟为基础的新民主主义社会，并继而通过三大改造过渡到社会主义社会。社会形态的嬗变及其背后政治、经济、文化诸因素的深刻变化和调整，使这一时期广东侨批业国有化管理政策充满了"变革"色彩，也正是因为这种"变革"，才使新中国国有化改造取得前所未有的效果。然而"变革"的动力和基础却是"延续"，历史"延续"因素所具有的作用绝不能忽视，特别是将中国革命和社会改造放到整个 20 世纪中国和世界历史发展的脉络中来看更是如此。"延续"与"变革"既相互交融又有所区别，1949—1956 年的广东侨批业管理政策就生动鲜明地体现出这两个方面。

　　"延续性"在这里主要指两点，其一是指近代以来中国对国家权力和资源集中的持续强调与重视。中国在步入近代社会后，民族国家意识不断高涨，但作为世界体系中后发展国家和日益边缘化地区，国内一体化市场始终没有形成。南京国民政府在东北改旗易帜后仅仅做到形式上的统一，而地方军阀坐大却实际造成中国各地不同程度的割据，抗日战争和解放战争的先后爆发使得中国国内市场发育不单迟缓，还发生严重倒退。社会不稳定和市场发育的不完全，使得社会资源不可能通过自主优化配置来达到促进经济发展的目的，因此市场经济的道路在当时的中国根本走不通，这就迫切需要国家来统合社会资源，推进经济发展。所以如何发挥国家权力以整合社会资源，推动国家经济、政治、军事建设，一直成为自民国政府以来各届政府的努力方向。其中对于侨汇资源的重视和国有化政策，是各届政府集中社会资源的重要内容之一。

　　实际早在 1928 年，国民政府即在南京召开全国交通会议，会议决议为大力

发展国营邮政事业，全国所有各处民信局①应于民国十九年（1930年）内一律取消，即所谓"邮政为国家专营事业，久为东西各国之通例……按诸邮会各国通例，民间经营递信事业，应在绝对禁止之列"②。而对于一时无法取代的侨批局，国民政府一方面要求管理部门严格审查，限制性地发放营业执照，以加强管理并力图进行全面控制；另一方面则大力提高国营机构经营侨汇业务的能力，以吸收侨汇资源，如1942年广东邮政局在《邮政储金汇业局经办华侨汇款业务》中，就明确表示要开展华侨汇票业务，大力提高邮政业务能力，"从前各地侨胞，多赖当地金银商号，与国内之鸿雁寄及批信局等，以为汇驳款项家用之枢纽，然此等组合，纯系私营商号营业性质，且各自为政，办理自然涣散。本局为利便侨胞，及为发展储汇业务起见，爰与海外各地银行及银号等，商订举办'华侨汇票'业务"。"华侨汇票即为邮政之新兴事业，其关系于邮政储汇整个前途之重大，固不待言，而于国计民生之影响，尤非浅鲜。"③

但是在民国时期的历史条件下，国民政府根本就不具备国家完整和权力集中的条件以完成侨批业的国有化改造。正如1933年国民政府交通部部长朱家骅所言，取消民信局政策自"施行以来，遵章办理者固属不少，其延不遵章藉图私运邮件者亦复所在皆是，每经联名要请为延宕之计，一面多方运动，冀遂私图，长此以往，不予严厉取缔，将使邮政条例终圆满施行之日，而邮权亦无统一之期"④。新中国成立后这个任务就落到了人民政府肩上。虽然新政权解放了中国绝大部分地区，但促进各地市场发育进而整合为统一市场，不仅需要很长时间，而且中国大多数人口的极端贫困还会延长市场发育的进程，加之当时面对国内经济恢复和国际军事、政治、经济多重压力，因此中国只有运用国家权力继续推进对社会资源的集中和统一，以便在短期内解决主要问题，这种方式与市场对资源

---

① 一般认为民信局源于明代的民邮，是专为国内商民寄递信件的民营邮递机构。随着19世纪以后中国出洋谋生人口的大量增多，出现了专为海外华侨带递信款的批信局，因福建方言称"信"为"批"，所以又称"侨批局"。1933年国民政府交通部邮政总局做了统一规定，"专营国外侨民银信及收寄侨民家属回批者，定名为批信局"，以区别于民信局。参见《交通部邮政总局通饬第1205号》（1933年12月8日），广东省档案馆藏广东邮政管理局档案，全宗号29，目录号2，案卷号487，第13－14页。

② Abolition of Minchu（5th February, 1929），广东省档案馆藏广东邮政管理局档案，目录号2，案卷号485，第138－145页。

③ 《邮政储金汇业局经办华侨汇款业务》（1942年），广东省档案馆藏广东邮政管理局档案，全宗号29，目录号1，案卷号276，第7－8页。

④ 《交通部长朱家骅呈第435号》（1933年10月），广东省档案馆藏广东邮政管理局档案，全宗号29，目录号2，案卷号487，第10－11页。

的配置组合能力相比不仅能做到立竿见影，而且也符合通过土地革命和军事战争获得政权后，政府在推动社会变革方面所必须具备的条件。在此基础上，中国走向计划经济显然不是偶然的，因为对社会资源统一后的有计划分配是代替市场配置的一种有效选择。因此，对广东侨批业的国有化改造以争取侨汇资源从这一点来讲是可以理解的。

其二是指与国营银行、邮局相比，基于血缘、地缘、业缘基础上的民间信任机制是侨批业具有的独特优势，这一点与侨批业相伴始终。第三章中我们用社会学中的"社会资本"概念来解释侨批业得以存在的合理性，就是为了说明这一点。作为侨居国、国内侨乡与侨批业三方组成的网络而言，侨批业是侨居国与国内侨乡之间的桥梁，它通过血缘如亲戚、地缘如同乡、业缘如同事这样的关系，形成了相对稳定并在共同价值观和互惠互利基础上的信任感，这一信任感会随着经营时间的推移而获得自我扩张和积累，因而具有极强的民间认同性。

另外侨批业在经营中还有特殊性，他们不仅寄递信款，并且还能深入每一家侨户（特别是侨批员），传达异域亲友的信息，并反过来向海外侨胞传达国内侨眷的情况，他们对国内外信息的互相沟通不仅是一般银行、邮局所无法办到的，而且他们作为亲历者的可信性和生动的传达方式，也成为侨胞、侨眷获取外来信息的主要依靠。这作为一种侨汇经营的"附加值"自然是难于取代的。广东地区活跃的社会风气，迅速沟通和传播外界信息的能力与此显然不无关系。甚至就广东区域社会而言，侨批业还充当着促进社会发展的一支重要力量，这主要是指，侨批业在国内侨乡传递侨胞的异域生活和状况时，不免会将耳闻目睹的中国港、澳与东南亚各地区现代化过程中优秀的经验、先进的经营方式和生产方法等传播到内地，这类信息不仅会引导侨汇投入生产商业领域，而且侨批业自身也会自觉充当这种再投资角色。按1957年广东省侨委会侨政科的《全省甲种批局国内外股东成份暨职业》统计，汕头专区国内股东共97人，其中成分为工商业、华侨工商业、工商业地主的63人，占总人数64.95%；海南甲种批局股东29人，国内成分为工商业者占总人数72.4%；佛山专区国内股东58人，工商业成分43人，占总人数74.1%。[①] 虽然经过1956年社会主义改造，但侨批业在广东商业、

---

① 《全省甲种批局国内外股东成份暨职业》（1957年3月15日，广东省侨委会侨政科），广东省档案馆藏广东省华侨事务委员会档案，全宗号247，目录号1，案卷号241，第229页。

生产领域中曾起的作用不能被忽视。

　　此外，侨批业还是一种跨国界的金融邮政组织，侨批局和侨批员分布于国内外的广大地区，他们之间既有联营形式，也有合营形式，因此任何一国要单独对本国境内的侨批业采取措施，都要考虑到是否会影响到侨汇经营这个整体网络和国家对外形象问题，因为国内外侨批业的利益关联性极强，加之侨批业所掌握对侨胞侨眷信息的反馈能力，也使得政府对侨批业管理政策要相当谨慎并具有灵活性。

　　就广东侨批业管理政策的"变革"而言，这里主要指1949—1956年新中国对侨批业如何实现近代以来一直没有完成的国有化控制，以及国有化与侨批业不可取代性间的融合。因为只有延续而没有变革，将无法解释新中国成立初期侨批业管理政策在国有化改造中取得的成就。通过本书先前的几章论述可以理解，侨批业的管理政策就范围而言应包含两个层次，第一个层次是侨批行业具体管理措施，第二个层次是侨批行业得以运行的宏观经济条件。区分这两个层次主要是因为侨批业是涉及金融、邮政、工商、财税等方面的特殊行业，它的具体管理措施只有在一定的宏观经济条件下才能正常发挥作用，因此，第二个层次往往是第一个层次实现的基础，而新中国成立后宏观经济条件全方位向国有化方向的转变，正是侨批业国有化得以推行的重要保障。要谈及宏观经济条件全方位向国有化方向转变，就不能脱离新中国政权性质、当时的历史因素和国家能力这三个方面。

　　1. 政权性质

　　新中国的政权性质从一开始就与封建主义、帝国主义、官僚主义迥然不同，使得它能够从人民大众利益出发推动以国有化为主的社会变革。《共同纲领》在《序言》中就谈道，"中国人民解放战争和人民革命的伟大胜利，已使帝国主义、封建主义和官僚资本主义在中国的统治时代宣告结束。中国人民由被压迫的地位变为新社会新国家的主人，而以人民民主专政的共和国代替那封建买办法西斯专政的国民党反动统治。中国人民民主专政是中国工人阶级、农民阶级、小资产阶级、民族资产阶级及其他爱国民主份子的人民民主统一战线的政权，而以工农联盟为基础，以工人阶级为领导"①。只有在此基础上打破封建地主、外国资本、

---

　　① 《中国人民政治协商会议共同纲领》（1949年9月29日），中共中央文献研究室编：《建国以来重要文献选编》（第一册），北京：中央文献出版社，1992年，第1页。

官僚资本等既得利益集团的经济特权，全面推进国有化步骤，使社会资源尽量集中于国家手中才可能实现。所以新中国成立初期集中物资统一调配，稳定本国货币市场，没收官僚资本，严厉打击投机倒把、倒买倒卖，制止物价猛涨，发行人民胜利折实公债，在新解放区进行土地改革等宏观经济调控措施，才能够迅速实施与贯彻。在不到一年的时间里就使社会经济趋于稳定，国民生产逐步恢复。其中就侨批业经营而言，侨汇优待牌价得以稳定并上升；大量物资进入侨乡以解决侨眷手中的侨汇出路问题；困扰外汇管理方面的外汇黑市在外部禁运和内部严格外贸统制条件下被取缔，由此才使得侨汇大量进入国家银行。

正因为与以往政权性质的不同，新中国政权作为人民利益的真诚代表才能履行上述措施。毛泽东于 1949 年 3 月 5 日《在中国共产党第七届中央委员会第二次全体会议上的报告》中谈道，"工人阶级领导的人民共和国的国家政权，在人民民主革命胜利以后，不是可以削弱，而是必须强化。对内的节制资本和对外的统制贸易，是这个国家在经济斗争中的两个基本政策"[1]。就资本而言，其中"最大的和最主要的资本是集中在帝国主义及其走狗中国官僚资产阶级的手里。没收这些资本归无产阶级领导的人民共和国所有，就使人民共和国掌握了国家的经济命脉，使国营经济成为整个国民经济的领导成份。这一部分经济，是社会主义性质的经济，不是资本主义性质的经济。谁要是忽视或轻视了这一点，谁就要犯右倾机会主义的错误"[2]。政权性质对宏观经济政策显然有巨大影响。

2. 历史因素

1949—1956 年新中国所面对的国内外境况，也要求政府通过调整宏观经济政策以集中社会资源，推进国有化改造。国内庞大的军事人员数量和国民政府遗留下来的财政供养人口成为新政府的沉重压力，货币发行量的猛增引发了新中国成立前后全国范围内四次大规模的物价上涨，币值不稳，社会不安定的局面亟待解决。国际上以美国为首的反共势力不断对中国施以政治、经济和军事压力，在美国派出第七舰队封锁台湾海峡后，中美两国在朝鲜半岛发生了正面军事对抗。在苏联外援有限的情况下，中国要解决国内外所面临的多重压力，就必须尽快集

---

① 毛泽东：《在中国共产党第七届中央委员会第二次全体会议上的报告》（1949 年 3 月 5 日），中共中央《毛泽东选集》出版委员会编：《毛泽东选集》（第四卷），北京：人民出版社，1969 年，第 1323 页。

② 毛泽东：《在中国共产党第七届中央委员会第二次全体会议上的报告》（1949 年 3 月 5 日），中共中央《毛泽东选集》出版委员会编：《毛泽东选集》（第四卷），北京：人民出版社，1969 年，第 1323 页。

中社会资源有重点地进行配置，这就需要推进国有化进程，将资源最大限度地予以统合。虽然随着1950年下半年全国财政基本情况的好转，特别是1953年以后朝鲜局势的平稳，上述国内外压力逐渐缓解，但是国内先后发起的反禁运斗争、新解放区的土地改革和"三反""五反"运动，以及以重工业发展为导向的赶超战略的实施，却进一步要求中国在短时期内迅速提高经济、国防能力以改变中国的落后地位，新中国在此基础上开展的大规模"一五"经济建设计划，进行社会主义三大改造，就成为最终完成国有化控制，"自力更生"建设本国经济的重要途径。

再者，就新中国经济领域向国有化方面的转变而言，近代中国中央银行制度的逐步确立，在推动国有化进程方面也起到了重要作用。所谓中央银行并非是指一般意义上的银行，而是一个政府管理机构，它的目标是维护整个国民经济的稳定和发展。它通常具有三个基本属性：第一，制定和执行货币政策，垄断货币发行权；第二，统一商业银行之间的票据交换和清算，以及为普通银行提供支付保证即充当最后贷款人；第三，保障银行和金融业稳健运行，履行金融监督管理职能并为政府服务。中央银行制度的确立不仅是一国金融体系逐步完善的标志之一，而且也是政府对国民经济调控能力不断提高的标志之一。1928年南京国民政府就成立了中央银行，但由于国民党控制的中国银行、交通银行和中国农民银行与中央银行共同享有货币发行权，致使中央银行的应有职能一直未能健全，直到1942年国民政府对四家银行业务做了重新划分，将货币发行、代理国库、调剂金融市场、管理外汇储备和金银储备等权力完全集中到中央银行，才使得中央银行的职能得以基本健全。但由于抗日战争、解放战争以及四大家族对国民政府金融体系的影响等因素的存在，中央银行在国民政府时期的社会经济发展过程中并未能发挥出应有的作用，而且后来因为迎合政治、军事需要又大量发行货币造成通货膨胀，反而加速了国民政府的垮台。①

新中国成立后，中央政府加快了中央银行体制的建立。中国人民银行被逐步建设成为新中国的中央银行，它合并改组了各解放区银行作为中国人民银行的分行，并接管了原国民政府时期的国家资本银行，取缔了外国银行在华特权，整顿改造了民族资本银行，同时将全国的农业、工业、商业、短期信贷业务和城乡居

---

① 王广谦主编：《中央银行学》，北京：高等教育出版社，1999年，第12—20页。

民储蓄业务全部集中于中国人民银行，并在全国各地设立了中国人民银行的分支机构。因此新中国成立后全国实际上只有中国人民银行一家银行，虽然有些银行如中国银行在名义上仍存在，以及还有农村信用社等金融机构，但这些银行和金融机构实际上没有独立的或真正意义上的银行业务。中国人民银行因此同时具有中央银行和商业银行的双重职能，即既行使货币发行、经理国库、金融管理等中央银行职能，又从事信贷、储蓄、结算、外汇等商业银行业务，并在金融业中形成了高度垄断性。[①] 这种高度垄断的银行体系和复合式的中央银行制度（复合式的中央银行制度是指国家不单独设立专司中央银行职能的中央银行机构，而是由一家集中央银行与商业银行职能于一身的国家大银行兼行中央银行职能的中央银行制度[②]）既是经济领域国有化政策实施的保证，又是新中国计划经济得以开展的一个重要前提。由此也可以理解，侨批业的管理机构由民国时期的邮政总局及其下属邮政储金汇业局，改变为新中国成立后的中国人民银行及其下属中国银行，与中央银行制度的建立和健全有着重要关系。

3. 国家能力

这里的国家能力主要是指国家的社会动员能力。中国共产党从土地革命以来，摸索出了一套以重新分配农村生产资料和划分阶级成分为主的农村革命形式，它成为发动中国广大农民支持并参与中国革命的主要动力，这种社会动员方式所激发的革命力量是中国革命胜利的关键。1927 年 3 月毛泽东在《湖南农民运动考察报告》中就已意识到，农民运动"其势如暴风骤雨，迅猛异常，无论什么大的力量都将压抑不住。他们将冲决一切束缚他们的罗网，朝着解放的路上迅跑"。[③] 这种动员形式在新中国成立后成为新国家领导人继续熟练运用的工作方式，因为该形式不仅有效性强，而且也是政权合法性的评判依据。这种形式在新中国成立后还由农村推向城市，形成农民和工人的双重动员，特别是对城市私营工商业的国有化改造而言，工人阶级地位和劳资协商经营方式的确立，使国家从企业内部掌握了控制基础，完成了对企业利益分配、人事任免、经营管理等主要方面的改造，经过"五反"之后的侨批业国有化程度由此得到进一步加深。

---

① 王广谦主编：《中央银行学》，北京：高等教育出版社，1999 年，第 12 – 13 页。
② 王广谦主编：《中央银行学》，北京：高等教育出版社，1999 年，第 21 页。
③ 毛泽东：《湖南农民运动考察报告》（1927 年 3 月），中共中央《毛泽东选集》出版委员会编：《毛泽东选集》（第一卷），北京：人民出版社，1952 年，第 13 页。

正是由于政权性质、历史因素和国家能力的影响，使得新中国成立初期广东侨批业的国有化程度与以往完全不同，这是变革性的主要内容之一。

面对国有化改造的加强和新中国成立初期广东侨批业的不可取代性，双方的相互融合则成为变革性的第二点内容。就广东侨批业管理第一层次涉及的具体措施来说，广东侨批业经历了一个由制度到人身的转变过程，即国有化的顺序先由具体的侨批行业经营规范制定，再到对侨批局业主和侨批员身份的管理过程，这符合从易到难的管理计划实施步骤，因为比起制度制定来人是更难管理的。但随着广东侨批业国有化的深入，如何应对侨批业的不可取代性则成为一个重要问题。因为一方面国有化势在必行，赶超战略下的经济发展对包括侨汇在内的建设资金的需求是紧迫和急切的，而另一方面侨批业在新中国成立初期又不能被完全取代，它作为跨国界的金融邮政组织又有存在的合理性和必要性。因此侨批业的国有化采取了以"社会保障"来置换侨批业"社会资本"的做法，这一步是通过身份转化完成的。因为国有化的一系列措施已逐步控制了广东侨批业的利益分配、人事任免、经营管理等方面，而农村大规模的土地改革也制止了侨批业将利润投资于土地，收益和投资的有限性使侨批业必须服从国有化，但由于侨批业在社会资本方面所具有的特点，又需要国家维持国内侨批业的情绪并提高积极性以保证侨汇收入，而给侨批局从业人员和侨批员以国家银行职工和华侨身份待遇，即以社会保障形式提供给他们各种稳定、持续、有保证的福利享受和生活待遇（如侨批局从业人员拥有稳定的月收入、医疗保障、子女可以接班就业等优越条件），这是与诸如给以独立经营权等完全不同的极具吸引力的政策，它惠及个人及家人，因此是国有化与当时侨批业不可取代性之间一种极具灵活性的融合方式，是广东侨批业管理政策的显著特点，这种身份的转化不仅标志着广东侨批业国有化的深入和逐步完成，也标志着侨批业的经营意识从个体到国家的转向。

综上所述，1949—1956年的广东侨批业管理政策在延续与变革的时代条件下，成功地实现了侨批业经营的国有化改造，加强了政府对社会经济资源的控制能力，可以说它既是新中国社会主义改造的显著成就，又是新中国实现民族独立和加快国家发展的重要步骤之一。但是也正因为处于这样一个时代环境，广东侨批业管理政策在对广东侨批业的管理中并不总是居于决定性地位，因为对民族独立和加快国家发展的普遍强调，使得侨批业这类与金融、邮政、外贸、土地、工商、财税等许多方面均有联系的行业，不可能不受其他行业政策变化的影响，甚至新中国成立初期侨批业管理政策本身往往要尽力应付因其他行业政策变化所带来的诸多负面影响。特别是对社会结构革命性的激烈变革措施如三大改造的实行，就在某种程度上影响到了海外华侨向祖国汇款的积极性。而这一时期的侨批业管理政策只能尽力避免或降低"左"的干扰所带来的负面影响，以尽可能平和地实现侨批业的国有化改造。因此，在延续与变革的时代背景下，既要改变落后的国家面貌，实现完全的革命改造，又要保持政策的稳定性和有效性，进行新的发展，这之间必然会产生矛盾甚至冲突，1949—1956年的侨批业管理政策即是这样，这也从侧面反映了那个大变革时代的显著特点。

参考文献

一、原始档案、史料/文献汇编、地方志、工具书

1. 广东省档案馆藏全宗号 004 民国广东省财政厅档案

2. 广东省档案馆藏全宗号 006 民国广东省政府建设厅档案

3. 广东省档案馆藏全宗号 29 民国广东邮政管理局档案

4. 广东省档案馆藏全宗号 41 民国广东省银行档案

5. 广东省档案馆藏全宗号 43 民国广州中国银行档案

6. 广东省档案馆藏全宗号 204 中共中央华南分局档案

7. 广东省档案馆藏全宗号 215 中共广东省委文教部档案

8. 广东省档案馆藏全宗号 229 广东省革委会档案

9. 广东省档案馆藏全宗号 247 广东省华侨事务委员会档案

10. 广东省档案馆藏全宗号 302 广东对外贸易管理局档案

11. 中央人民政府法制委员会编：《中央人民政府法令汇编（1949—1950 年)》，北京：法律出版社，1982 年。

12. 中央档案馆编：《中共中央文件选集》（第 14 册），北京：中共中央党校出版社，1987 年。

13. 厦门大学校史编委会编：《厦大校史资料》（第三辑）（1949—1966)，厦门：厦门大学出版社，1989 年。

14. 陈昭桐主编：《中国财政历史资料选编》（第 12 辑）（下），北京：中国财政经济出版社，1990 年。

15. 中国社会科学院、中央档案馆编：《1949—1952 中华人民共和国经济档案资料选编·综合卷》，北京：中国城市经济社会出版社，1990 年。

16. 中国人民银行总行参事室编：《中华民国货币史资料》（第二辑）（1924—

1949），上海：上海人民出版社，1991年。

17.《广东中国银行历史资料汇编（1949—1989）》，中国银行广州分行行史编写组编印，1991年。

18.《中国资本主义工商业的社会主义改造·中央卷》（上下册），北京：中共党史出版社，1992年。

19. 中共中央文献研究室编：《建国以来重要文献选编》，北京：中央文献出版社，1992年。

20. 中国社会科学院、中央档案馆编：《1949—1952中华人民共和国经济档案资料选编·农村经济体制卷》，北京：社会科学文献出版社，1992年。

21. 中央档案馆编：《中共中央文件选集》（第18册），北京：中共中央党校出版社，1992年。

22. 重庆市档案馆、重庆市人民银行金融研究所合编：《四联总处史料》（下），北京：档案出版社，1993年。

23. 中国银行泉州分行行史编委会编：《泉州侨批业史料》，厦门：厦门大学出版社，1994年。

24. 中国银行泉州分行行史编委会编：《闽南侨批史纪述》，厦门：厦门大学出版社，1996年。

25. 中国社会科学院、中央档案馆编：《1949—1952中华人民共和国经济档案资料选编·金融卷》，北京：中国物资出版社，1996年。

26. 中国银行福建省分行行史编委会编：《中国银行福建行史资料汇编(1949—1990)》，福州：海风出版社，1997年。

27.《中国银行厦门市分行行史资料汇编》编委会编：《中国银行厦门市分行行史资料汇编》（上）（1915—1949）、（中）（1950—1978）、（下）（1979—1995），厦门：厦门大学出版社，1999年。

28. 中国第二历史档案馆编：《中华民国史档案资料汇编》（第五辑），北京：档案出版社，2000年。

29. 邹金盛：《潮帮批信局》，香港：艺苑出版社，2001年。

30. 潮汕历史文化研究中心编：《潮汕侨批萃编》（第1—3辑），香港：公元出版有限公司，2003年。

31. 杨群熙辑编点校：《潮汕地区侨批业资料》，潮汕历史文化研究中心、汕头

市文化局、汕头市图书馆编印，2004 年。

32. 潮汕历史文化研究中心编：《潮汕侨批集成》（第一辑）（36 册），桂林：广西师范大学出版社，2007 年。

33. 潮汕历史文化研究中心编：《潮汕侨批集成》（第二辑）（36 册），桂林：广西师范大学出版社，2010 年。

34. 汕头市档案局、汕头市档案馆等合编：《潮汕侨批业档案选编（1942—1949）》，香港：天马出版有限公司，2010 年。

35. 潮汕历史文化研究中心等编：《梅州侨批档案选编》，香港：天马出版有限公司，2011 年。

36. 潮汕历史文化研究中心等编：《泰国侨批业资料汇萃》，香港：天马出版有限公司，2011 年。

37. 刘进、李文照主编：《江门五邑侨汇档案（1940—1950）》，北京：中国华侨出版社，2011 年。

38.《梅州侨批　世界记忆——魏金华收藏侨批档案汇编》，广东省档案局编印，2014 年。

39. 潮汕历史文化研究中心编：《潮汕侨批集成》（第三辑）（36 册），桂林：广西师范大学出版社，2015 年。

40. 李柏达编著：《古巴华侨银信：李云宏宗族家书》，广州：暨南大学出版社，2015 年。

41. 本书编委会编：《闽南侨批大全》（第一辑），福州：福建人民出版社，2016 年。

42.《中国银行泉州行史资料（1916—1949）》（征求意见稿），中国银行泉州分行行史编委会编印，编印时间不详。

43.《厦门华侨志》编委会编：《厦门华侨志》，厦门：鹭江出版社，1991 年。

44. 福建省地方志编纂委员会编：《福建省志·华侨志》，福州：福建人民出版社，1992 年。

45.《台山县华侨志》，台山侨务办公室编制，1992 年。

46. 漳州市人民政府侨务办公室编：《漳州华侨志》，厦门：厦门大学出版社，1994 年。

47. 广东省地方史志编纂委员会编：《广东省志·华侨志》，广州：广东人民出版社，1996 年。

48. 广州市地方志编纂委员会编：《广州市志》（卷十八），广州：广州出版社，1996 年。

49. 广东省汕头市地方志编纂委员会编：《汕头市志》（4 册），北京：新华出版社，1999 年。

50. 惠阳市人民政府侨务办公室编：《惠阳华侨志》，广州：广东人民出版社，1999 年。

51. 张英龙主编：《珠海侨务志》，珠海：珠海出版社，2009 年。

52. 国家外汇管理局编：《汇价手册》，北京：中国金融出版社，1986 年。

53. 戴维·米勒、韦农·波格丹诺编，中国问题研究所等译：《布莱克维尔政治学百科全书》，北京：中国政法大学出版社，1992 年。

54. 李和平主编：《中国近现代史大典》（上下册），北京：中共党史出版社，1992 年。

55. 于光远主编：《经济大辞典》（上下册），上海：上海辞书出版社，1992 年。

56. 广东历史地图集编委会编：《广东历史地图集》，广州：广东省地图出版社，1995 年。

57. 广东省统计局编：《广东统计年鉴（1995）》，北京：中国统计出版社，1995 年。

58. 国家统计局编：《新中国五十年（1949—1999）》，北京：中国统计出版社，1999 年。

二、报纸期刊、政府公报

1.《申报》

2.《现象报》

3.《前锋日报》

4.《人民日报》

5.《南方日报》

6.《新华月报》

7. （香港）《大公报》

8. （香港）《文汇报》

9. （香港）《华商报》

10. （香港）《经济导报》

11. 岭南大学西南社会经济研究所《社会经济研究》

12. 广州市人民政府秘书处编印《广州市政》

13. 湛江市人民政府秘书处编印《湛江市政》

14. 汕头市人民政府秘书处编印《汕头市政》

15. 中央人民政府财政部税务总局《中央税务公报》（半月刊）

三、学位论文、期刊文章

1. 冯元：《侨汇与广东——1950年至1957年广东省华侨汇款的考察》，中山大学硕士学位论文，1987年。

2. 陈丽园：《1946—1949年广东侨汇逃避问题》，中山大学硕士学位论文，2001年。

3. 钟运荣：《近代侨汇与国家控制——以民国邮政与广东批信局的关系为中心（1928—1945）》，中山大学硕士学位论文，2002年。

4. 焦建华：《私营经济与国家控制：福建批信局与国家邮政及银行之关系研究（1928—1958年)》，厦门大学博士学位论文，2005年。

5. 王冰瑾：《汕头地方政府对侨汇政策的宣传与执行（1958—1966年)》，中山大学硕士学位论文，2013年。

6. 李锦全：《中山大学历史系一九五六学年度的教学和科学研究工作》，《历史研究》1957年第1期。

7. 庄为玑、林金枝、桂光华：《福建晋江专区华侨史调查报告》，《厦门大学学报（社会科学版）》1958年第1期。

8. 《编后记》，《中山大学学报（社会科学版)》1959年第4期。

9. 冯元：《建国初期广东侨汇浅析》，《东南亚历史学刊》1987年第4期。

10. 赵增延：《建国初期侨乡的土地改革》，《中共党史研究》1990年第5期。

11. 林金枝：《侨汇对中国经济发展与侨乡建设的作用》，《南洋问题研究》

1992 年第 2 期。

    12. 董志凯：《国民经济恢复时期的私人投资》，《中国经济史研究》1992 年第 3 期。

    13. 董志凯：《研究 1949—1952 年中国经济的新进展》，《中国经济史研究》1992 年第 4 期。

    14. 武力：《论建国初期的"内外交流"政策》，《中共党史研究》1992 年第 5 期。

    15. 武力：《国民经济恢复时期国家对资金市场的调控》，《中国经济史研究》1993 年第 4 期。

    16. 连心豪：《建国初期对外经贸和海关政策的历史思考》，《厦门大学学报（哲学社会科学版）》1994 年第 2 期。

    17. 武力：《略论五十年代前期高度集中经济体制的形成及其历史作用》，《中共党史研究》1995 年第 5 期。

    18. 武力：《建国初期金融业的社会主义改造》，《当代中国史研究》1996 年第 4 期。

    19. 吕书正：《建国以来中国经济和社会发展的国际比较》，《中共党史研究》2000 年第 5 期。

    20. 袁丁、陈丽园：《1946—49 年国民政府对侨批局的政策》，《南洋问题研究》2001 年第 3 期。

    21. 陈甬军：《中国为什么在 50 年代选择了计划经济体制》，《厦门大学学报（哲学社会科学版）》2001 年第 2 期。

    22. 杨世红：《新中国侨汇工作的历史考察（1949—1966 年）》，《当代中国史研究》2002 年第 3 期。

    23. 尤云弟：《上海侨汇与 1950 年人民胜利折实公债》，《党史研究与教学》2013 年第 4 期。

四、文集、回忆录、专著

    1. 中共中央《毛泽东选集》出版委员会编：《毛泽东选集》（1—4 卷），北京：人民出版社，1960 年。

2.《毛泽东著作选读》（上下册），北京：人民出版社，1986 年。

3. 薄一波：《若干重大决策与事件的回顾》，北京：中共中央党校出版社，1986 年。

4. 陈达：《南洋华侨与闽粤社会》，上海：商务印书馆，1936 年。

5. CHUN-HIS WU. Dollars, dependents and dogma：overseas Chinese remittances to Communist China. The Hoover Institution on War, Revolution and Peace, Stanford, 1967.

6. 杨建成主编，朱继栋译：《三十年代南洋华侨侨汇投资调查报告书（南洋研究史料丛刊·第七集)》，台北："中华学术院"南洋研究所，1983 年。

7. 杨建成主编，赵顺文译：《侨汇流通之研究（南洋研究史料丛刊·第十五集)》，台北："中华学术院"南洋研究所，1984 年。

8. 林蕴晖等编著：《凯歌行进的时期：1949—1989 年的中国》，郑州：河南人民出版社，1989 年。

9. DENNIS A. AHIBURG, Remittances and their impact：a study of Tonga and Western Samoa. Printed in Australia by The Australian National University National Center for Development Studies Research School of Pacific Studies, The Australian National University, 1991.

10. 陈乔之等主编：《中国的东南亚研究：现状与展望》，广州：暨南大学出版社，1992 年。

11. 李国梁、林金枝、蔡仁龙：《华侨华人与中国革命和建设》，福州：福建人民出版社，1993 年。

12. 姜波克：《国际金融新编》，上海：复旦大学出版社，1997 年。

13. R. 麦克法夸尔、费正清编，俞金尧等译：《剑桥中华人民共和国史：革命的中国的兴起（1949—1965 年)》，北京：中国社会科学出版社，1998 年。

14. 易纲、吴有昌：《货币银行学》，上海：上海人民出版社，1999 年。

15. 武康平编著：《货币银行学教程》，北京：清华大学出版社，1999 年。

16. 何沁主编：《中华人民共和国史》（第二版），北京：高等教育出版社，1999 年。

17. 董辅礽主编：《中华人民共和国经济史》，北京：经济科学出版社，1999 年。

18. 林家劲、罗汝材、陈树森等：《近代广东侨汇研究》，广州：中山大学出版社，1999年。

19. 滨下武志著，朱荫贵、欧阳菲译：《近代中国的国际契机——朝贡贸易体系与近代亚洲经济圈》，北京：中国社会科学出版社，1999年。

20. 林毅夫、蔡昉、李周：《中国的奇迹：发展的战略与经济改革》（增订版），上海：上海三联书店、上海人民出版社，1999年。

21. 王广谦主编：《中央银行学》，北京：高等教育出版社，1999年。

22. 庄国土：《华侨华人与中国的关系》，广州：广东高等教育出版社，2001年。

23. 罗伯特·D.帕特南著，王列、赖海榕译：《使民主运转起来》，南昌：江西人民出版社，2001年。

24. 吴承明、董志凯主编：《中华人民共和国经济史（1949—1952）》（第一卷），北京：中国财政经济出版社，2001年。

25. 中国银行行史编辑委员会编著：《中国银行行史（1949—1992年）》（上、下卷），北京：中国金融出版社，2001年。

26. 王炜中、杨群熙、陈骅编著：《潮汕侨批简史》，香港：公元出版有限公司，2007年。

27. 山岸猛著，刘晓民译：《侨汇：现代中国经济分析》，厦门：厦门大学出版社，2013年。

28. 邓锐：《梅州侨批》，北京：中国华侨出版社，2013年。

29. 袁丁、陈丽园、钟运荣：《民国政府对侨汇的管制》，广州：广东人民出版社，2014年。

30. 中共广东省委党史研究室：《中国共产党广东历史》（第二卷）（1949—1978），北京：中共党史出版社，2014年。